図説
やさしい建築数学

今村仁美・大谷一翔 著
Satomi IMAMURA / Issho OTANI

Architectural Mathematics

学芸出版社

はじめに

　建築を勉強する時には、いろいろな分野で数学が深く関わっています。

　そこで、建築の専門的な内容に入る前に、基本的な数学の知識の確認が必要になります。しかし、数学の知識を確認するだけでは、数学を勉強する必要性を感じることは難しいでしょう。

　そこで、本書は、数学の中でも主に建築に関連する項目を取り上げました。

　まず、それらの項目を確認し、次に建築とどのように関係するのかを理解するために、演習問題を取り入れました。

　そうすることで、数学を勉強しながら建築の基礎知識を身につけることができ、専門的な内容にスムーズに入ることができると考えました。

　建築を勉強するための導入として、本書がきっかけになれば幸いです。

--- 本書の構成 ---

本書は、基本的に次のように構成しています。

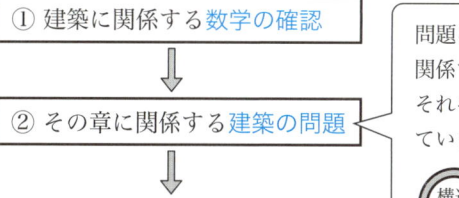

問題には、建築のどの分野に関係するのかがわかるように、それぞれに次のマークを付けています。

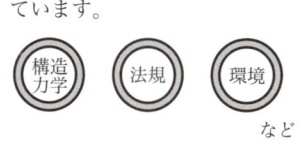

なお

※上のマークは、②以外のところにも建築に関係する項目に付いています。

※各分野の概略は p.6 を参照してください。

目 次

1章 単位や大きさなどの基礎知識… 7

1 量・長さ・広さのはなし　8
　1. 数
　2. 量
　3. 長さ
　4. 広さ（面積）
　5. 木造建築に関する長さと広さ

2 割合のはなし　14
　1.『割』と『倍』と『％』
　2. 縮尺
　3.『比例』と『反比例』

3 平均値のはなし　19

4 単位のはなし　20
　1. 組立単位
　2. 国際単位系（SI単位）

建築の面積に関する基礎知識　23
　1. 建物の床面積の求め方
　2. 延べ面積と容積率
　3. 建築面積と建ぺい率

練習問題　29

2章 数式の基礎知識……………… 31

1 面積と体積　32
　1. 面積と体積を求める公式
　2. 面積の計算
　3. 体積の計算

2 不等式と大小関係　35
　1. 不等式
　2. 大小関係

3 比と比例式　38
　1. 比
　2. 比例式

4 基本的な数式　42

5 平方根　44

6 連立方程式　46
　1. 代入法
　2. 加減法

7 二次方程式　48
　1. 因数分解を用いた二次方程式の解き方
　2. 解の公式を用いた二次方程式の解き方

練習問題　53

3章 三角関数…………………… 55

1 三角形の角度と辺の長さの関係　56

2 三角関数　57
　1. 三角関数の式
　2. 特定角の三角比
　3. 三角関数を用いて辺の長さを求める

3 三角形の面積　62
　1. 三角形の面積を求める公式
　2. 関数電卓を用いて三角関数を計算する

建築に関する三角関数　65
　1. 建物の高さを測る
　2. 屋根の面積を求める
　3. 敷地の面積を求める
　4. 水平面照度を求める

練習問題　69

4章　ベクトル　71

1 ベクトルの性質　72
2 ベクトルの合成　73
  1. ベクトルの表示
  2. ベクトルの足し算
  3. ベクトルの引き算
  4. ベクトルの合成と大きさ
3 ベクトルの作図と角度　77
  1. ベクトルの作図
  2. ベクトルの角度

建築に関するベクトルと三角関数　79

  1. 斜めにはたらく力を水平・垂直方向に分解する（分力）
  2. 水平・垂直方向にはたらく力を合わせる（合力）

練習問題　85

5章　平面角と立体角　87

1 平面角　88
  1. 弧度法（平面角）
  2. 弧度法を用いて扇形の面積を求める
2 立体角　91

練習問題　92

6章　指数と対数　93

1 指数と対数の関係　94
2 指数　95
  1. 指数の基本式
  2. 指数の公式
  3. 指数のグラフ

3 対数　98
  1. 対数の基本式
  2. 対数の公式
  3. 常用対数の計算
  4. 常用対数のグラフ

建築に関する指数と対数　103

  1. 音のレベル
  2. 対数を用いたグラフ

練習問題　105

7章　微分・積分　107

1 微分　109
  1. 微分の概略
  2. 微分の公式の導き方
  3. 微分の公式
2 極大・極小とその傾き　115
3 積分　116
  1. 積分の概略
  2. 不定積分と定積分
  3. 不定積分の公式の導き方
  4. 不定積分の公式
  5. 定積分の公式の導き方
  6. 定積分の公式

建築に関する微分と積分　123

（そのまえに！）

1 構造力学の基礎知識　124
  1.-1 外部から部材に加わる力の種類
  1.-2 力のつり合い
  1.-3 反力
  2.-1 部材の内部にはたらく力の種類
  2.-2 せん断力
  2.-3 曲げモーメント
  2.-4 曲げモーメントとせん断力のまとめ

■2 せん断力と曲げモーメントの関係　131
　　1. 片持梁・集中荷重の場合
　　2. 片持梁・等分布荷重の場合
■3 積分を用いて公式を導く　134
　　1. 積分を用いて断面一次モーメントの
　　　公式を導く
　　2. 積分を用いて断面二次モーメントの
　　　公式を導く
■4 曲げモーメントの極大点と極大値を
　　求める　138

　練習問題　140

8章　グラフ……………………… 143

■1 基本的な関数のグラフ　144
　　1. 比例のグラフ
　　2. 反比例のグラフ
　　3. $y = x^2$ のグラフ
　　4. $y = n$ のグラフ
■2 グラフの傾き　148
　　1. 一次関数の傾き
　　2. tan を用いて直線の傾き（角度）を
　　　求める
　　3. 微分を用いて傾きを求める
■3 関数の最大値と最小値　151
　　1. 一次関数の最大値と最小値
　　2. 二次関数の最大値と最小値
　　3. 二次関数のグラフの頂点
■4 その他のグラフ　154

　練習問題　155

　解答と解説　157
　索　引　173

数学に関係する建築の科目

● 建築計画（設計）
建物を設計する場合に、建物の面積
や高さなどを求めます。これは、法
規や積算などにも使います。

● 法規
建物の安全や周辺の環境を損なわな
いように、建物を計画するうえで、
さまざまな規制を設けています。

● 構造力学
地震や台風または建物自体の重さな
どで建物が崩壊することがないよう、
部材にはたらく力などを計算し、安
全を確認します。

● 環境
人々が快適に生活できるように、室
内環境（温度や風、音など）に基準
を設けています。

● 積算
建物を計画するうえで、建築材料や
部材などがどれだけ必要かを割り出
すために、各部分の体積や面積を求
めます。

● 測量
敷地の面積などを求めるために、測
量機器を用いて敷地を測り、面積な
どを求めます。

その他、建築設備などの分野でも
数学が必要です。

1章　単位や大きさなどの基礎知識

1 量・長さ・広さのはなし

数や量などを表す単位には、さまざまな種類があります。

1. 数

a. 戸建て住宅

1戸（こ）

b. 集合住宅・ビル

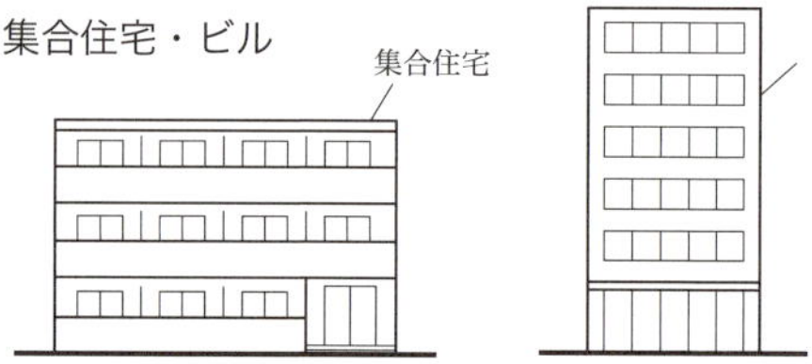

集合住宅　ビル

1棟（とう）
※「ひとむね」ともいいます。

c. 扉

1本・1枚・1面（めん）など

d. ふすま・障子

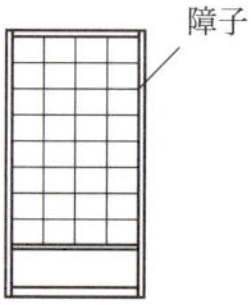

障子

1枚・1張（はり）など
※「ひとはり」と読みます。

> ラーメン屋などを数えるときは1軒（けん）、2軒と数えますね！

2. 量

① 液体の量 ※本書では、間違いがないようにリットル ℓ は L と表現します。

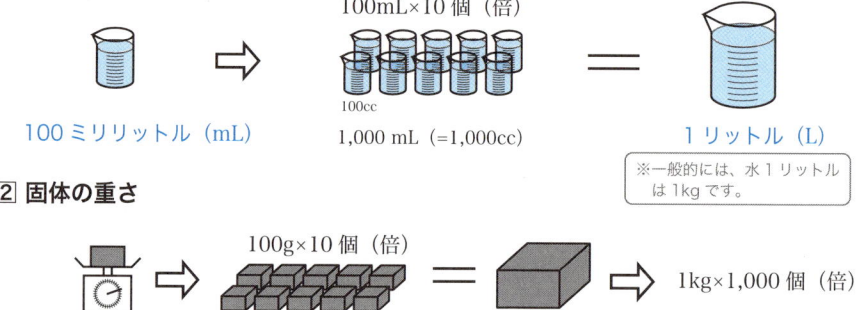

100ミリリットル（mL）　100mL×10個（倍）　1,000 mL (=1,000cc)　1リットル（L）

※一般的には、水1リットルは1kgです。

② 固体の重さ

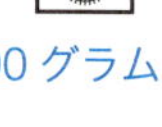

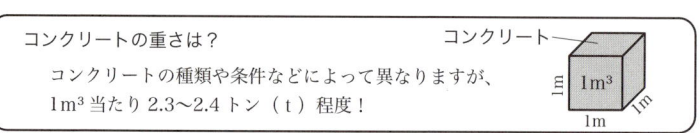

100グラム（g）　100g×10個（倍）　1,000 g 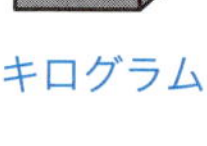　1キログラム（kg）　1kg×1,000個（倍）　1トン（t）

コンクリートの重さは？
コンクリートの種類や条件などによって異なりますが、1m³ 当たり 2.3～2.4トン（t）程度！

コンクリート　1m³

3. 長さ

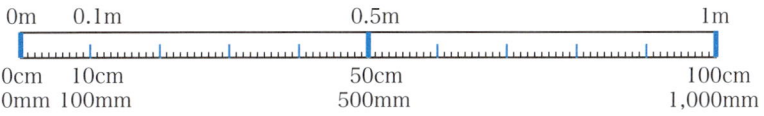

もう少し長くなると！　1,000m ＝ 1 km

マラソンの走行距離は!?
42.195 km

ゴルフやアメリカンフットボールなどでは、距離を表す単位として『ヤード (yd)』が用いられています。

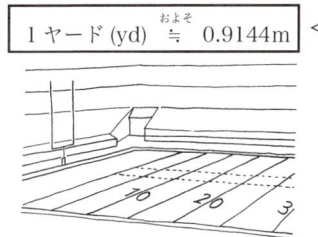

1 ヤード (yd) ≒ 0.9144m

1 ヤード ＝ 3 フィート (ft)
⇓
1 フィート ＝ 12 インチ (in)
⇓
1 インチ ≒ 2.54 cm

フィートは足の意味で単位として用いられています。
1 フィート ≒ 30.48cm

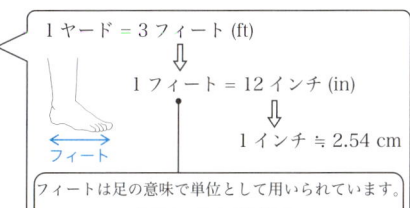

4. 広さ（面積）

※下図の比率は正確ではありません。

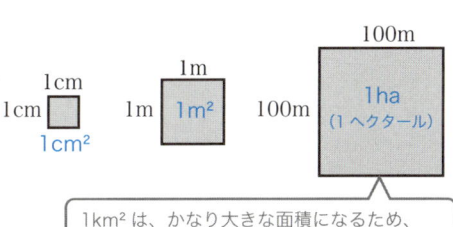

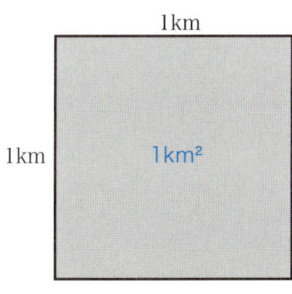

1km² は、かなり大きな面積になるため、大規模な建築物や土地の広さを表す場合には『ha(ヘクタール)』を用いることが多い。

東京ドームの面積は？

46,755 m² ⇨ およそ 4.7 ha

※上記の面積は建築面積（p.27）によります。

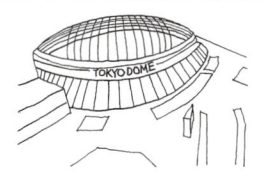

5. 木造建築に関する長さと広さ

設計

1 長さを表す単位

『尺＝長さ』・『貫＝重さ』

日本では、メートル法が用いられるようになるまでは『尺貫法』が用いられており、現在でも木造建築物の大きさを表す場合などは、尺貫法によるものが多い。

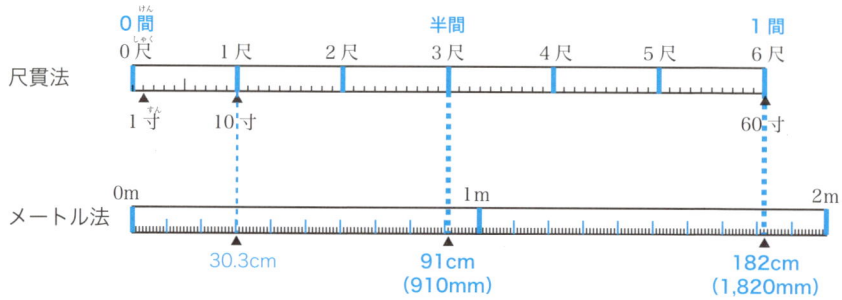

2 木造建築物の広さの単位

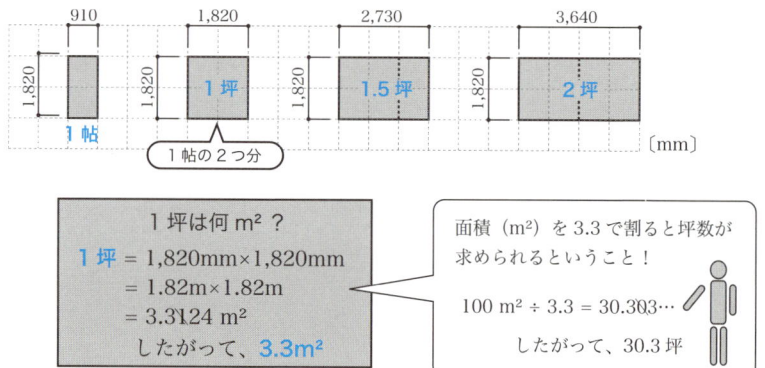

3 和室（畳敷き）の広さの単位

和室の広さを表す単位には、「〇畳」ではなく、「〇帖」が多く用いられています。また、畳の大きさは、地域やモジュール（次ページ）などによって異なる場合があります。

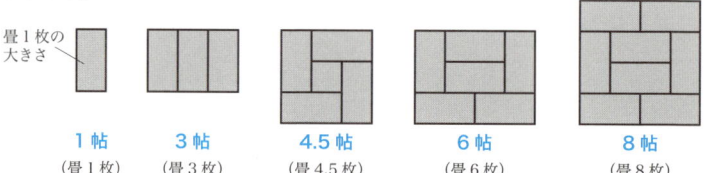

4 木造建築物のモジュール

木造建築物では、尺貫法が用いられていることから、910mm（3尺）のモジュールを用いて計画することが多い!!

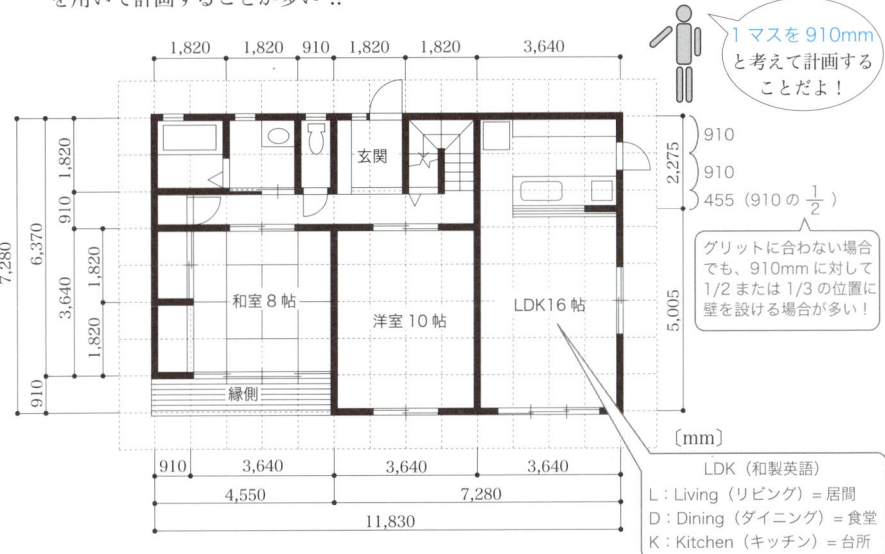

問題 床面積を計算し、坪数も求めましょう。

① 床面積を求める。（p.24〜p.25 参照）　　小数第3位を四捨五入

$$\underline{4.55\text{m} \times 6.37\text{m}}_{\text{Aの部分の面積}} + \underline{7.28\text{m} \times 7.28\text{m}}_{\text{Bの部分の面積}} = 81.9819 \text{ m}^2$$

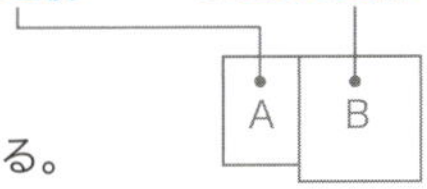

したがって、 81.98 m²

面積を計算する場合は、m（メートル）に変換してから計算するんだよ。

② 坪数を求める。

$$81.98\text{m}^2 \div \underline{3.3\text{m}^2}_{\text{1坪 = 3.3 m}^2（前ページ②参照）} = 24.842\text{ 坪}$$

したがって、 24.84 坪

できるだけ面積計算は簡単に！

全体の面積から、面積に算入されない部分を引く方が簡単な場合もある!!
上の図面の場合

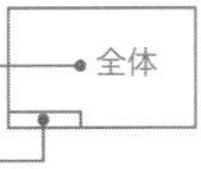

$$\underline{11.83 \times 7.28}_{\text{全体の面積}} - \underline{(4.55 \times 0.91)}_{\text{縁側の面積}} = 81.9819 \text{ m}^2$$

地域によって、同じ6帖の部屋でも大きさが違う?!

地域によって、畳の大きさの基準などが異なっていたため、表記が6帖と同じであっても部屋の大きさが異なっていました。

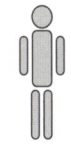

※現在は910mmのモジュールを用いることが多い!

関数電卓 (p.16参照) を用いない場合でも、面積は一度で計算する！

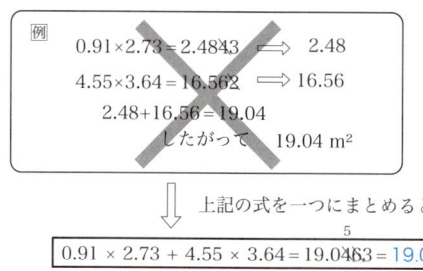

途中で四捨五入をすると、答えが違ってくる場合があるからなんだよ！

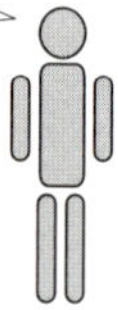

↓ 上記の式を一つにまとめると！

$$0.91 \times 2.73 + 4.55 \times 3.64 = 19.0463 = 19.05 \text{ m}^2$$

↓

一般的な電卓に付いている『M+』『M−』『MRC』のメモリー機能を使おう！

電卓をたたく順序　※機種によって異なる場合があります。

0.91×2.73 ⇒ M+ ⇒ 4.55×3.64 ⇒ M+ ⇒ MRC

解説！　※マイナスが混じっている式で説明します。

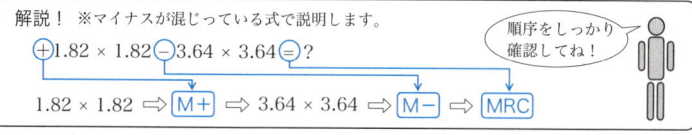

1.82×1.82 ⇒ M+ ⇒ 3.64×3.64 ⇒ M− ⇒ MRC

順序をしっかり確認してね！

注) 新たな計算を始めるときは、画面に『M』の表示がないことを確認しましょう。

　『M』の表示が出ていると、前回の値がメモリーされたままになっているので、
　それに足していくことになります。

　※機種によって異なる場合がありますが、『MRC』を何度か押すとクリアになります。

寸法線は何のため？

寸法線は、建物の大きさ(面積)や部屋の大きさを計算するときなどに、それぞれの寸法が一目でわかるようにするためのものです。

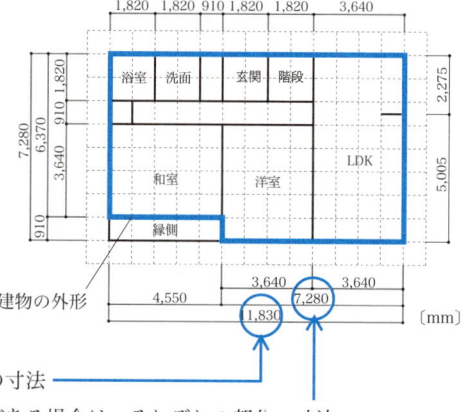

必要な寸法

平面図の場合

・建物の全長の寸法
・建物に凹凸がある場合は、それぞれの部分の寸法
・各部屋の寸法

三十三間堂（さんじゅうさんげんどう）

三十三間堂の『間』は、長さを表す単位ではなく、社寺建築の柱間の数を表す建築用語！

三十三間堂は、正面から見た身舎（もや）の柱間が33間（33ヵ所）あることからその名称となりました。
ただし、周囲に庇を支える柱があるため、外から見ると35間あります。
また、身舎の四方に庇が廻っていることから、『三十三間四面堂』ともいわれています。

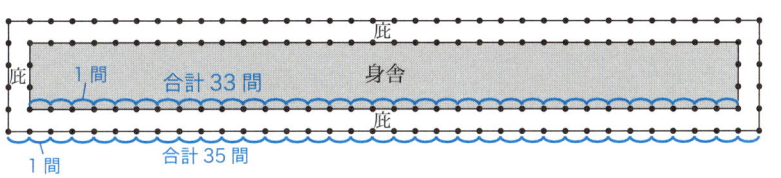

三十三間堂の1間（柱間）の長さは、およそ2間（12尺）。

間口○○間！

3×6尺＝18尺ということ！
＝
1間（p.10 参照）

店舗や住宅などを正面から見たときの幅を『間口3間』などと言います。

京都などで奥に細長い家が並んでいるのは、昔、正面から見た家の間口の幅によって税金が決められていたため、少しでも税金を安くして広さを確保するための知恵と言われています。

間口が狭くて細長い家は『うなぎの寝床』と呼ばれています。

2　割合のはなし

『商品の価格が2割引』や『80％程度完成』などというフレーズをよく耳にします。これらは全体に対する割合を表し、『割』・『％』・『倍』などの単位が用いられています。

1. 『割』と『倍』と『％』

1　『割』と『％』の違い

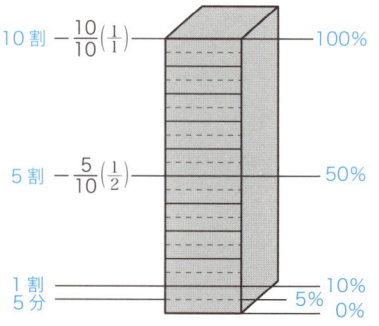

「％」や「割」はどうやって計算する？

◎ 250gは1kgに対して何％？

$$1\text{kg} \Rightarrow \frac{250\text{g}}{1{,}000\text{g}} \times 100 = 25\ \%$$

◎ 5,000m² は 1ha に対して何割？

$$1\text{ha} \Rightarrow \frac{5{,}000\text{m}^2}{10{,}000\text{m}^2} \times 10 = 5\ 割$$

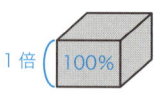

打率が2割5分6厘とは、25.6％打っているということだね！

2　『倍』と『％』の違い

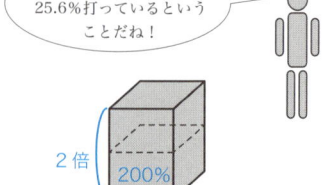

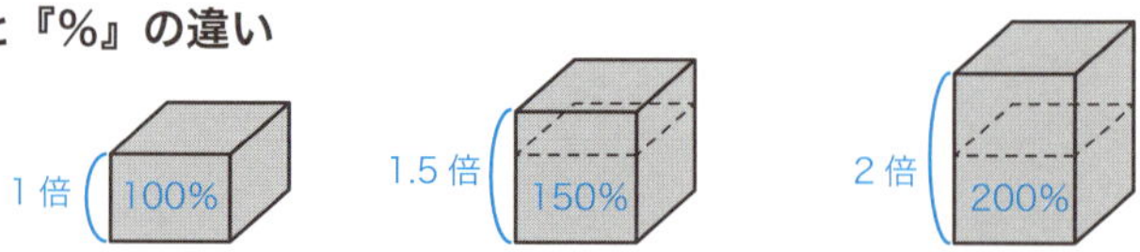

2. 縮尺　　　　　　　　　　　　　　　　　　　　　　　　設計

平面図や立面図などに『S=1:100』などの記号が記載されています。
これは、実際の寸法の $\frac{1}{100}$ の割合で図面が描かれているという意味です。

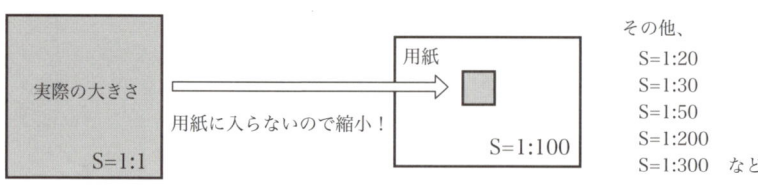

その他、
S=1:20
S=1:30
S=1:50
S=1:200
S=1:300　など

三角スケール

三角スケールには建築でよく用いられる縮尺に合わせて、
6パターンの縮尺の目盛りがついています。

縮尺は、1:100 より 1/100 とした方が計算しやすい！

(1) 実際の長さが 1,000mm（1m）のとき、図面上では何 mm？

a. 縮尺が 1:100（1/100）の場合は？

$$1{,}000\text{mm} \times \frac{1}{100} = 10\text{mm}$$

S=1:100

b. 縮尺が 1:20（1/20）の場合は？

$$1{,}000\text{mm} \times \frac{1}{20} = 50\text{mm}$$

S=1:20

分母の値が小さくなるほど、図面上の長さは長くなるんだね！

| 問題 | 5,400mm は、S=1:50（1/50）では何 mm？ |

$$5{,}400\text{mm} \times \frac{1}{50} = 108 \text{ mm}$$

(2) 縮尺 1:100（1/100）では、面積はどうなる？

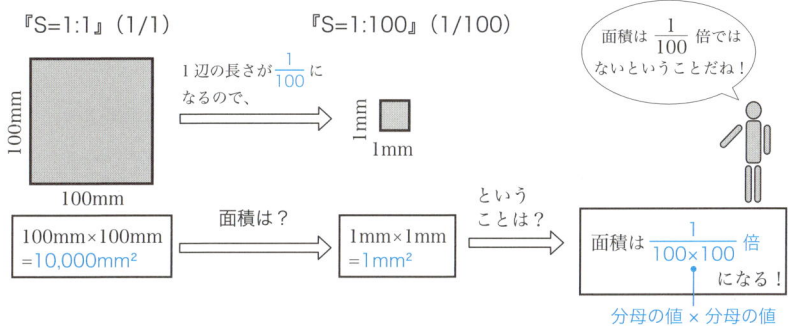

面積は $\frac{1}{100}$ 倍ではないということだね！

『S=1:1』(1/1) → 『S=1:100』(1/100)

1辺の長さが $\frac{1}{100}$ になるので、

100mm × 100mm = 10,000mm² → 面積は？ → 1mm × 1mm = 1mm² → ということは？ → 面積は $\frac{1}{100 \times 100}$ 倍になる！

分母の値 × 分母の値

(3) 縮尺を変更する場合の長さの倍率は？

縮尺を 1:100（1/100）から 1:20（1/20）に変更する場合は？

$$\frac{\text{変更後の縮尺}}{\text{変更前の縮尺}} = \frac{\frac{1}{20}}{\frac{1}{100}} = \frac{1}{20} \times \frac{100}{1} = \frac{100}{20} = 5 \text{ 倍}$$

変更前の分母の値 / 変更後の分母の値

縮尺の大小関係がわかると考えやすいね！

| 問題 | 1:50（1/50）⇒ 1:100（1/100）に縮尺を変更する場合、長さの倍率は？ |

$$\frac{\text{変更前の分母の値}}{\text{変更後の分母の値}} = \frac{50}{100} = \frac{1}{2} \text{ 倍}$$

用紙の大きさを変更して拡大または縮小コピーをする場合の倍率は？

(1) A3 サイズは A4 サイズの何％拡大？

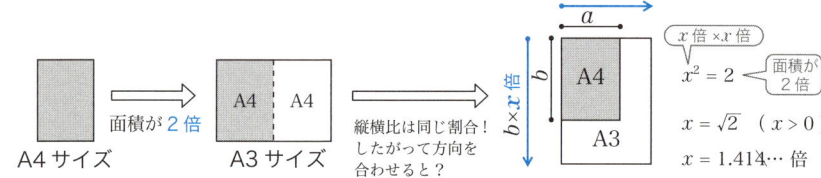

したがって、 **141％拡大**

(2) A4 サイズは A3 サイズの何％縮小？

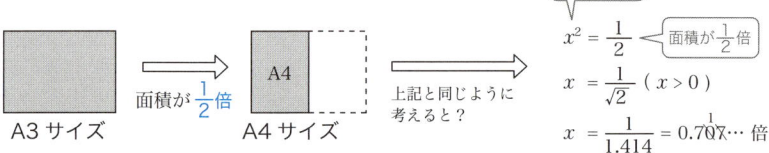

したがって、 **71％縮小**

関数電卓

関数電卓は、建築に関係する計算を行う場合に、非常に便利な電卓です。ぜひ、使いこなせるようになりましょう。
ただし、建築士の試験では関数電卓の持ち込みができないので、面積の計算などは、一般的な電卓を用いて計算する方法も確認しておきましょう。
(p.12 上 参照)

※関数電卓は、メーカーや機種によって、操作ボタンの
　表示や操作手順が異なる場合があります。

3.『比例』と『反比例』

1 比例

2つの量に対して、それらの一方が他方の定数倍となることをいいます。

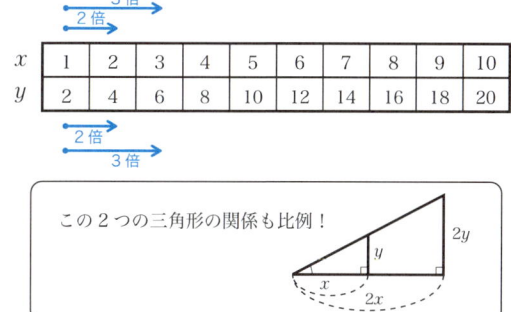
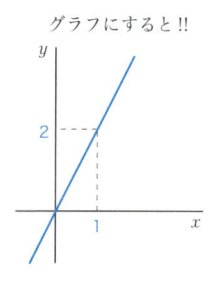

グラフにすると!!

2 反比例

2つの量に対して、それらの一方が他方の逆数に比例していることをいいます。

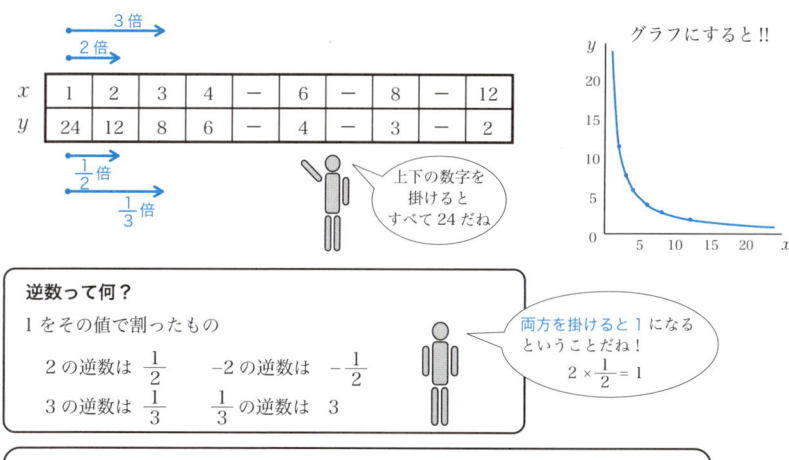

逆数って何？
1をその値で割ったもの
2の逆数は $\frac{1}{2}$　　-2の逆数は $-\frac{1}{2}$
3の逆数は $\frac{1}{3}$　　$\frac{1}{3}$ の逆数は 3

両方を掛けると1になるということだね！
$2 \times \frac{1}{2} = 1$

もう少し簡単に反比例を説明すると！
100%のオレンジジュースを水でうすめると、オレンジの濃度はどうなるでしょう？

量は増えているのに、濃度は薄くなっていく！

◎ 自然界でもっとも美しい『黄金比』

オウムガイの殻の比率なども黄金比と言われています。また、建物や名刺の大きさなどにも取り入れられています。

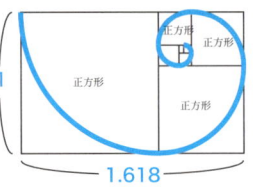

どのような比率か描いてみましょう！

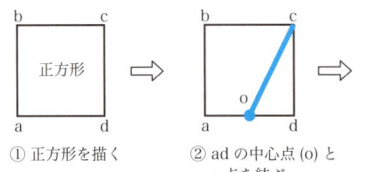

① 正方形を描く　② adの中心点(o)とc点を結ぶ　③ o点を中心にd点まで回転させる　④ この比率が黄金比！

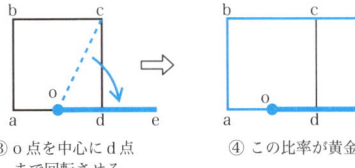

黄金比と白銀比を比較すると！

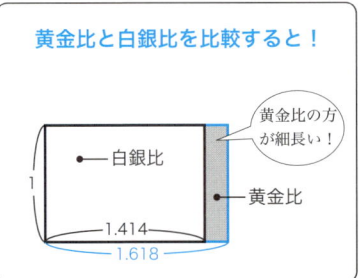

黄金比の方が細長い！

ギリシャのパルテノン神殿も黄金比！

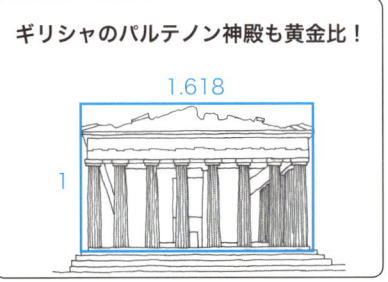

◎ 日本建築に古くから用いられていた『白銀比』

白銀比は、古来から日本建築の平面の縦横比などに取り入れられ、日本人には馴染みの深い比率と言われています。

日本のBサイズの用紙の大きさも、白銀比！

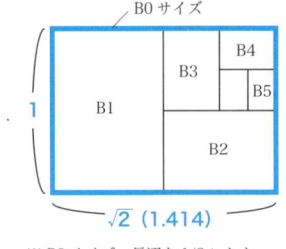

※ B0サイズの長辺を1/2にしたものがB1サイズ！
以下、同じように小さくなります。

外国では紙の大きさの基準が違うんだよ！

Bサイズは日本基準
Aサイズは国際基準

法隆寺の五重塔の1層目と5層目の屋根の幅の比率も白銀比！

このバランスが白銀比！

3 平均値のはなし

複数の値を合計し、合計した回数で割ると平均値が求められます。

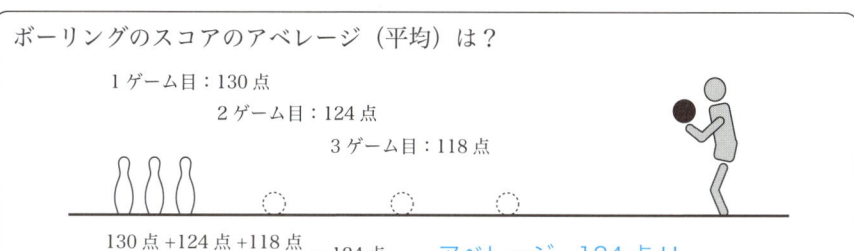

ボーリングのスコアのアベレージ（平均）は？

1ゲーム目：130点
2ゲーム目：124点
3ゲーム目：118点

$$\frac{130点+124点+118点}{3回} = 124点$$

アベレージ 124点!!

建築に関係する平均値は？

(1) 平均地盤面からの建物の高さ　　　法規

地盤面が傾斜している場合の建物の高さは、平均地盤面からの高さになります。

① $H_0 = \dfrac{建物各面の傾斜部の面積の合計}{建物周囲の各辺の長さの合計}$
　　　$= \dfrac{A+B+C}{a+b+c+d}$　（右図参照）

② 建物の高さ $(H) = H_1 - H_0$

高低差が3m以上ある場合は、3m以内ごとに平均地盤面を求める。

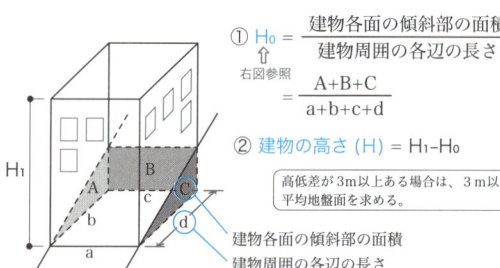
建物各面の傾斜部の面積
建物周囲の各辺の長さ

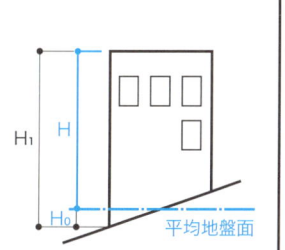
平均地盤面

(2) 平均の天井高さ　　　法規

1室で天井の高さが異なる場合は、その平均の高さが天井高さになります。

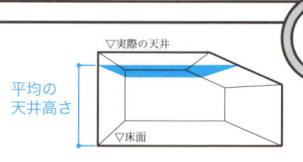
▽実際の天井
平均の天井高さ
▽床面

例 室の断面の形状が一定の場合

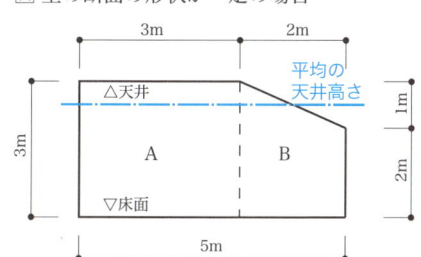

① 室の断面の面積は？
　Aの面積 $= 3×3 = 9\ m^2$
　Bの面積 $= (2+3)×2×\dfrac{1}{2} = 5\ m^2$
　　　　　　$A+B = 14\ m^2$

② 天井の平均高さは？
$$\frac{室の断面積}{室の幅} = \frac{14 m^2}{5 m} = 2.8\ m$$

したがって、 2.8 m

4 単位のはなし

1. 組立単位

基本単位や補助単位を組み合わせてできる単位を組立単位といいます。
次ページ参照

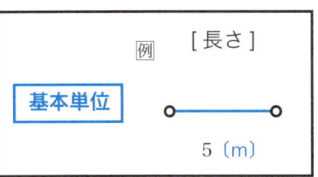

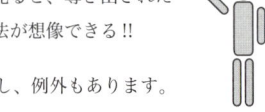

単位を見ると、導き出された計算方法が想像できる!!

※ただし、例外もあります。

長さを組み合わせると!

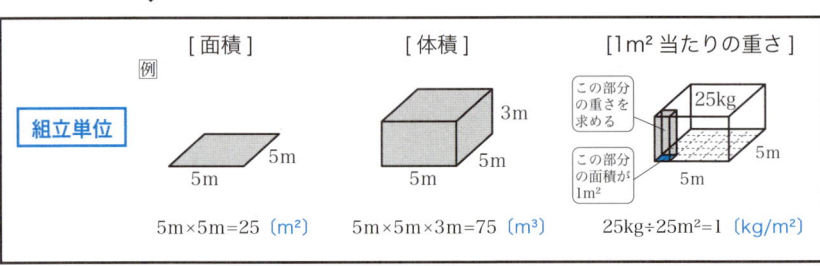

組立単位の種類の例

(1) 同じ単位を掛ける

$m \times m = m^2$（ヘイホウメートル）　　$m \times m \times m = m^3$（リッポウメートル）

(2) 違う単位を掛ける

$m^2 \times K = m^2 \cdot K$

(3) 同じ単位または違う単位で割る

$m \div s$（秒）$= m/s$（メートル　パー（毎）ビョウ）

$kg \div m^2 = kg/m^2$（キログラム　パー（毎）ヘイホウメートル）

(4) 組合わせる

$N \div (m^2 \times cm) = N/m^2 \cdot cm$

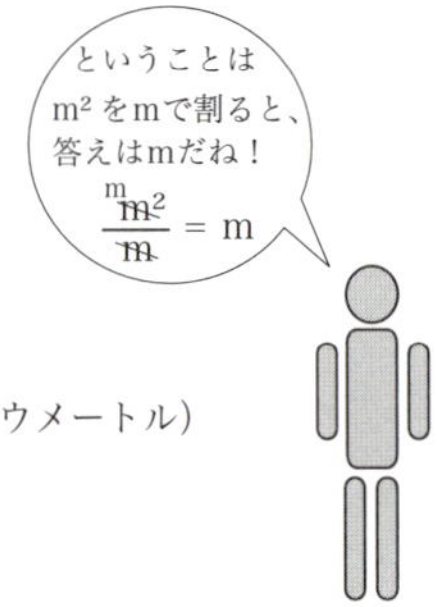

ということは m^2 を m で割ると、答えは m だね！

$$\frac{m^2}{m} = m$$

2. 国際単位系（SI単位）

単位は、その国独自のもの（尺貫法など）もありますが、世界で共通して使用することができるように、『国際単位系（SI単位）』が設けられています。

1 基本単位

量を表す基本となる単位をいいます。

量	単位の名称	単位の記号
長さ	メートル	m
質量（重さ）	キログラム	kg
時間	秒	s
電流	アンペア	A
熱力学温度	ケルビン	K
物質量	モル	mol
光度	カンデラ	cd

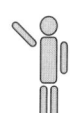

上表は、国際度量衡委員会が1960年に定めた単位！
『SI』と呼ばれている！

2 補助単位

基本単位を用いて組立単位を作るときに用いる単位をいいます。
※組立単位を作るときに必ず用いるというものではありません。

量	単位の名称	単位の記号
平面角	ラジアン	rad
立体角	ステラジアン	sr

5章参照

構造力学でよく出てくる単位『N』（ニュートン）

ニュートンは組立単位！

$N = kg \cdot m/s^2$

1キログラムの質量をもつ物体に1メートル毎秒毎秒(m/s^2)の加速度を生じさせる力

(1 kN = 1,000 N)

1章 単位や大きさなどの基礎知識

4 単位のはなし

(1) 長さの単位

〔mm〕	10mm	100mm	1,000mm		
〔cm〕	1cm	10cm	100cm		
〔m〕		0.1m	1m	100m	1,000m
〔km〕				0.1km	1km

(2) 面積の単位

〔mm²〕	100mm²				
〔cm²〕	1cm²	100cm²	10,000cm²		
〔m²〕		0.01m²	1m²	1,000m²	10,000m²
〔ha〕				0.1ha	1ha

(3) 重さの単位

〔g〕	1g	10g	100g	1,000g	
〔kg〕			0.1kg	1kg	1,000kg
〔t〕				0.001t	1t

(4) 時間の単位

〔秒〕	1秒	60秒	600秒	3,600秒	
〔分〕		1分	10分	60分	120分
〔時間〕				1時間	2時間

(5) 量の単位

〔mL〕	1mL	10mL	100mL	1,000mL
〔cc〕	1cc	10cc	100cc	1,000cc
〔L〕			0.1L	1L

(6) 割合の単位

〔割合〕	1割	5割	10割		
〔%〕	10%	50%	100%	150%	200%
〔倍〕		0.5倍	1倍	1.5倍	2倍
〔分数〕	$\frac{1}{10}$	$\frac{5}{10}\left(\frac{1}{2}\right)$	$\frac{10}{10}$ (1)	$\frac{15}{10}\left(\frac{3}{2}\right)$	$\frac{20}{10}$ (2)

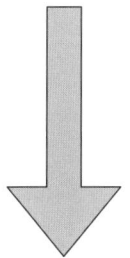

建物の面積に関する基礎知識

建物の計画をするにあたり、面積の計算や敷地に対する建物の割合などが重要なポイントになってきます。
そこで、面積に関するポイントをいくつか取り上げました。

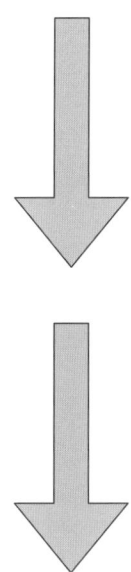

1章 単位や大きさなどの基礎知識

1. 建物の床面積の求め方

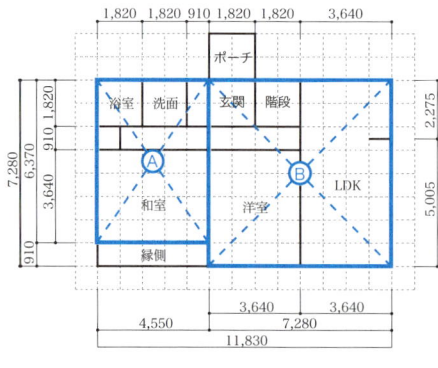

1階平面図

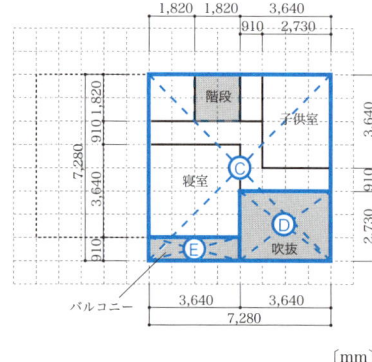

2階平面図

〔mm〕

床面積を計算するときの注意点！

(1) 図面の寸法は通常 mm（ミリメートル）で表示されますが、床面積の計算をする場合は桁数が大きくなりすぎるため、m(メートル) に変換してから計算します。
（p.11 参照）

$$910\,\text{mm} \implies 0.91\,\text{m}$$
$$1,820\,\text{mm} \implies 1.82\,\text{m}$$
$$3,640\,\text{mm} \implies 3.64\,\text{m}$$

(2) 床面積は、小数点第2位まで表示します。（第3位を四捨五入）

床面積：81.9819 ⟹ 81.98|19 ⟹ 81.98 m²

(3) 2階の床面積を計算するときは、階段や吹抜などに注意しましょう。

・階段：床面積に算入する
・吹抜：床面積に算入しない

※1階の床面積にはどちらも算入します。
　ただし、地階がある場合などでは異なります。

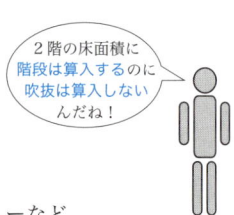

(4) 屋外部分は算入しません。

玄関ポーチ・縁側・テラス・中庭・バルコニーなど

前ページの図面の各階の床面積を計算してみましょう。

◎1階床面積　Ⓐの面積　$4.55 \times 6.37 = 28.9835$
　　　　　　Ⓑの面積　$7.28 \times 7.28 = 52.9984$

（注意！この段階ではまだ四捨五入はしない。）

　　　　　　Ⓐ＋Ⓑ $= 28.9835 + 52.9984 = 81.9819$

したがって、1階床面積　81.98 m²

◎2階床面積　Ⓒの面積　$7.28 \times 7.28 = 52.9984$
吹抜の面積 → Ⓓの面積　$3.64 \times 2.73 = 9.9372$
バルコニーの面積 → Ⓔの面積　$3.64 \times 0.91 = 3.3124$

（単位を忘れずに！）

　　　　　　Ⓒ－Ⓓ－Ⓔ $= 52.9984 - 9.9372 - 3.3124 = 39.7488$（5）

したがって、2階床面積　39.75 m²

実際に計算する場合は、式を一度に立てる！

◎1階床面積　$4.55 \times 6.37 + 7.28 \times 7.28 = 81.9819$ m²
◎2階床面積　$7.28 \times 7.28 - 3.64 \times 2.73 - 3.64 \times 0.91 = 39.7488$ m²

（電卓の使い方も確認してね！（p.12））

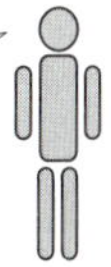

問題　次の平面図の各階の床面積を求めましょう。

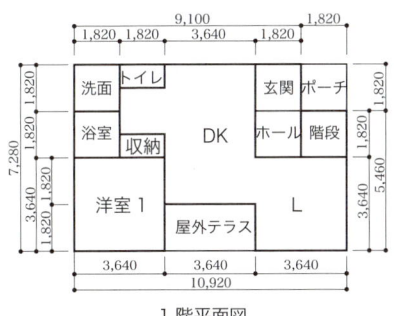
1階平面図

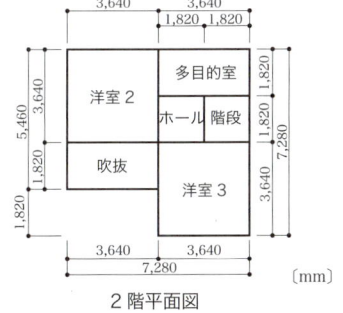
2階平面図
〔mm〕

◎1階の床面積

$\underline{10.92 \times 7.28}_{全体の面積} - (\underline{3.64 \times 1.82}_{屋外テラス} + \underline{1.82 \times 1.82}_{ポーチ})$

$= 69.5604$

したがって、1階の床面積　69.56 m²

◎2階の床面積

$\underline{3.64 \times 3.64}_{洋室2} + \underline{3.64 \times 7.28}_{右半分（洋室3・多目的室・階段・ホール）}$

$= 39.7488$（5）

したがって、2階の床面積　39.75 m²

2. 延べ面積と容積率

建築基準法（右下参照）は、敷地に対してどのくらいのボリュームが建てられるかを規制しています。

1 延べ面積

延べ面積：各階の床面積の合計。

※各階の床面積の算出方法は p.24〜p.25 を参照。

右図の場合
延べ面積：1階床面積 + 2階床面積

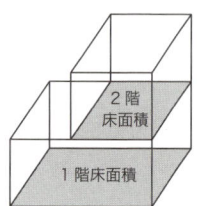

2 容積率

容積率：敷地に対する延べ面積の割合。

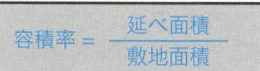

$$容積率 = \frac{延べ面積}{敷地面積}$$

容積率のイメージ

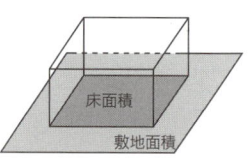
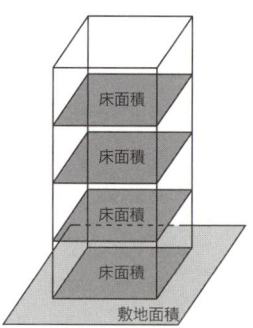

容積率：50%または $\frac{5}{10}$　　容積率：200%または $\frac{20}{10}$

容積率は、建築基準法によって土地や地域ごとに定められており、その値以下になるように設計しなければならない！

建築基準法で定められている容積率

用途地域（次ページ参照）によって定められている。

例　$\frac{5}{10}$、$\frac{20}{10}$、$\frac{40}{10}$、$\frac{100}{10}$　など

その他、敷地の前の道路幅によっても容積率が異なります。

建築基準法って何？

建築基準法は、建物の安全や地域の環境を損なわないようにするなどの目的で、建物に対してさまざまな規制を行う法律です。

問題1　次の建物の容積率を求めましょう。

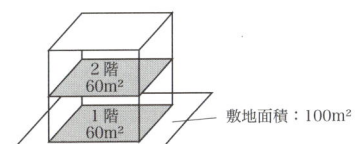

敷地面積：100m²

延べ面積：60+60 = 120 m²

敷地面積：100 m²

容積率 = $\dfrac{120}{100} = \dfrac{12}{10}$ （120%）

問題2　次の建物の容積率を求めましょう。

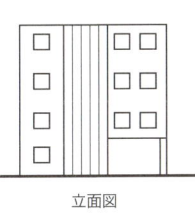

立面図

敷地面積：60 m²

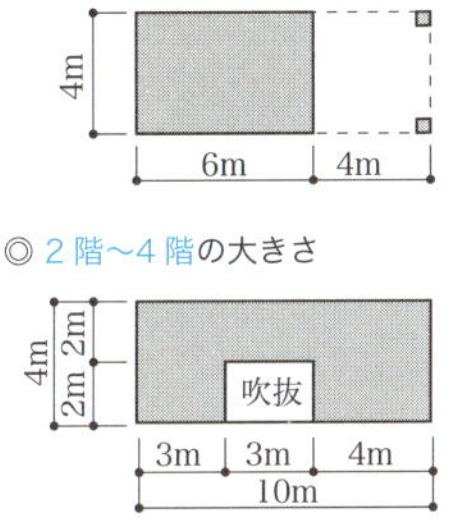

◎ 1階の大きさ

◎ 2階〜4階の大きさ

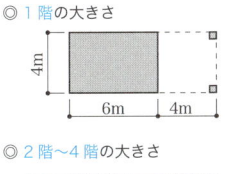

① 延べ面積を求める。

　1階の床面積
　　6×4 = 24 m²

　2階〜4階の床面積
　　{10×4 −(3×2)} × 3 = 102 m²
　　　全体　　吹抜　　3階(3層)

　延べ面積　24 + 102 = 126 m²

② 容積率を求める。

$\dfrac{126}{60} = \dfrac{21}{10}$ （210%）

用途地域って何？

建築基準法では、無秩序な土地の開発を防ぐために、地域に応じた『用途地域』を定め、用途地域ごとにさまざまな規制を定めています。

　例えば、住居専用地域の場合　・パチンコ屋は建てられない。
　　　　　　　　　　　　　　　・高層の建物は建てられない。　など

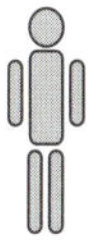

3. 建築面積と建ぺい率　　　　　　　　　　　　　　　　　法規

建築基準法は、敷地に対して建物がどれだけの面積を占有できるかを規制しています。

1 建築面積

建築面積：建物の外壁や柱の中心線で囲まれた水平投影面積。

建築面積を求める場合の注意点

1階が外部でも上階に部屋などがあると建築面積に算入される。

その他に、庇やバルコニーなどは、先端から1mまでは算入されないなどの基準がありますが、ここではその説明は省略します。

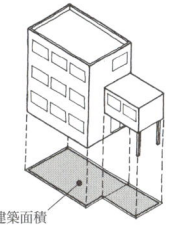

建築面積

1章　単位や大きさなどの基礎知識

建築の面積に関する基礎知識

② 建ぺい率

建ぺい率：敷地面積に対する建築面積の割合。

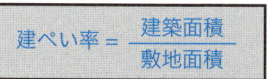

※建ぺい率や容積率は、30%や $\frac{3}{10}$ などと表現するため、どちらでも対応できるようにしましょう。

（%は一般的に用いられる） （分数は建築基準法で用いられる）

容積率と建ぺい率の違いを確認しよう！

建ぺい率のイメージ

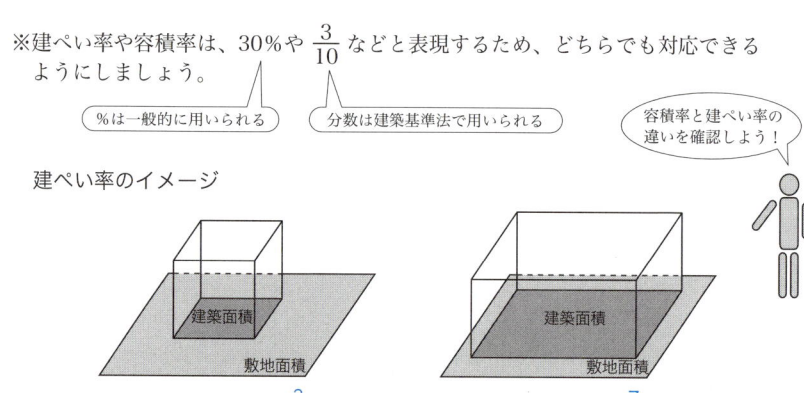

建ぺい率：30% または $\frac{3}{10}$ 　建ぺい率：70% または $\frac{7}{10}$

建ぺい率は、建築基準法によって用途地域（前ページ参照）ごとに定められており、その値以下になるように設計しなければならない！

問題1　次の建物の建ぺい率を求めましょう。

建築面積：60 m²
敷地面積：100 m²

建ぺい率 = $\frac{60}{100} = \frac{6}{10}$ (60%)

問題2　次の建物の建ぺい率を求めましょう。

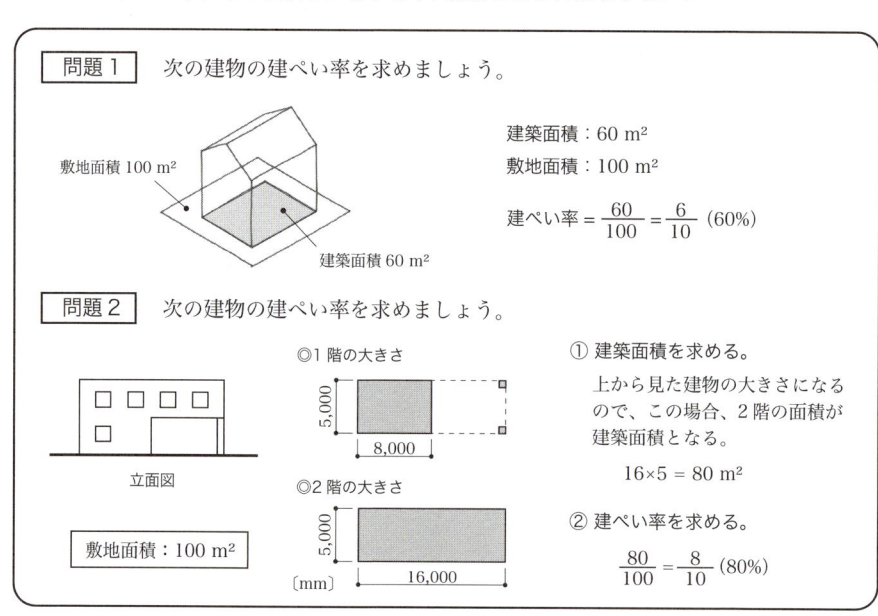

① 建築面積を求める。

上から見た建物の大きさになるので、この場合、2階の面積が建築面積となる。

16×5 = 80 m²

② 建ぺい率を求める。

$\frac{80}{100} = \frac{8}{10}$ (80%)

練習問題

問題1 次の値を、それぞれの単位に変換しましょう。

(1) 10 mL
　　_____ L

(2) 32 kg
　　_____ g
　　_____ t

(3) 240 kN
　　_____ N

(4) 34,200 m²
　　_____ ha

(5) 1,680 mm
　　_____ m
　　_____ cm
　　_____ yd
　　_____ ft

(6) 2,730 mm
　　_____ 間

間や尺をmに変換してから計算しましょう！

問題2 次の問に答えましょう。

(1) 2間×5間の面積を m² と坪数で答えましょう。

① _____ m²
② _____ 坪

(2) 1帖が3尺×6尺のとき、6帖の面積を m² と坪数で答えましょう。

① _____ m²
② _____ 坪

問題3 次の値を％に変換しましょう。

(1) $\frac{8}{20}$ _____ ％

(2) 8割5分 _____ ％

(3) 1.3倍 _____ ％

解説 p.158〜p.159
解答　1　(1) 0.01 L　　(2) 32,000 g　0.032 t　　(3) 240,000 N　　(4) 3.42 ha
　　　　　(5) 1.68 m　168 cm　1.84 yd　5.51 ft　　(6) 1.5 間
　　　2　(1) ① 33.12 m²　② 10.04 坪　　(2) ① 9.94 m²　② 3.01 坪
　　　3　(1) 40 ％　　(2) 85 ％　　(3) 130 ％

問題4　次のように縮尺を変更する場合、それぞれの図面上の長さは何倍にすればよいでしょう。

(1) S = 1:10　　　　　(2) S = 1:150　　　　(3) S = 1:400
　　　⇩　　　　　　　　　　⇩　　　　　　　　　　⇩
　　S = 1:15　　　　　　S = 1:200　　　　　　S = 1:300

_____倍　　　　　　_____倍　　　　　　_____倍

問題5　次の建物について、平均地盤面からの高さを求めましょう。
（斜面の形状は一定とします。）　※計算はm（メートル）で行いましょう。

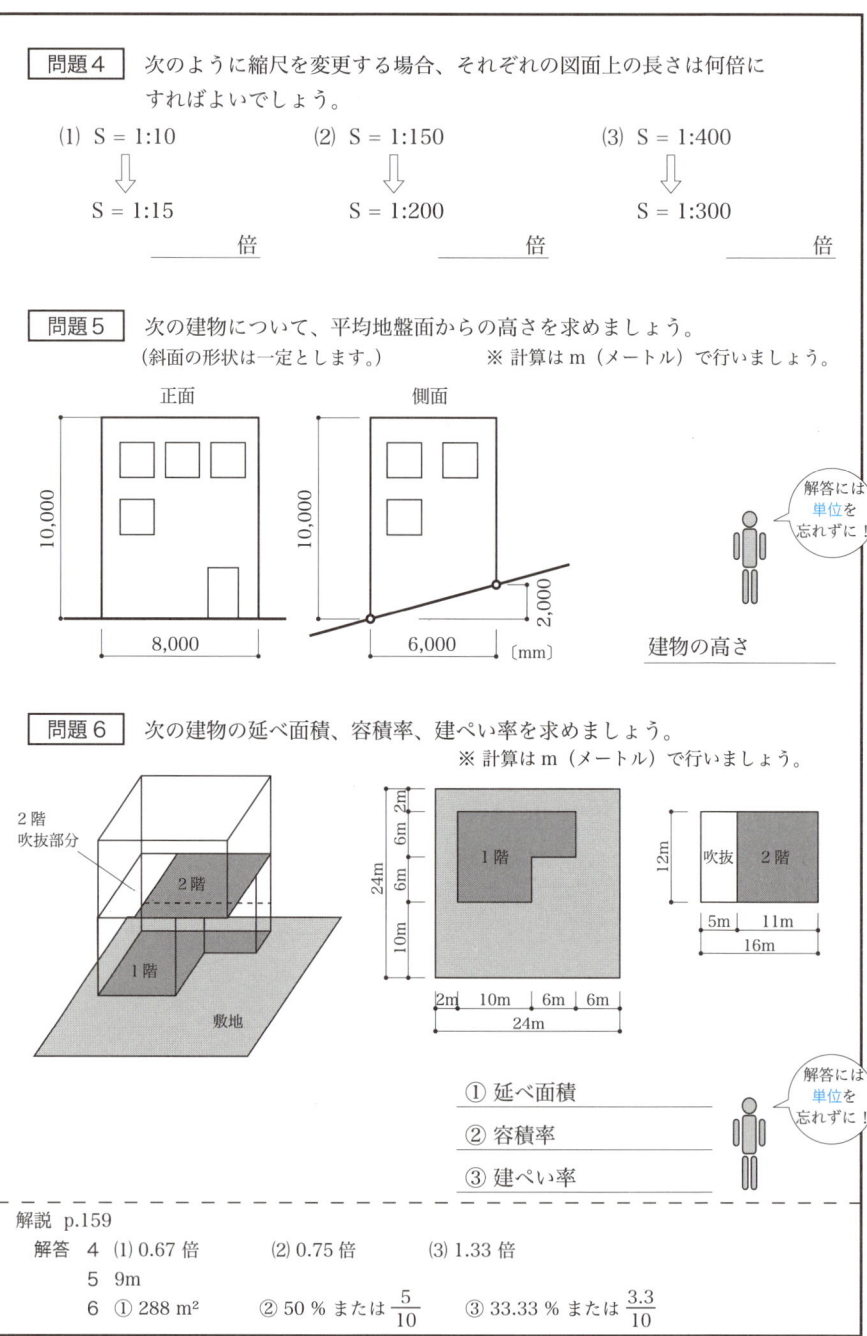

建物の高さ _____

問題6　次の建物の延べ面積、容積率、建ぺい率を求めましょう。
※計算はm（メートル）で行いましょう。

① 延べ面積 _____

② 容積率 _____

③ 建ぺい率 _____

解説 p.159
解答　4　(1) 0.67倍　　(2) 0.75倍　　(3) 1.33倍
　　　5　9m
　　　6　① 288 m²　　② 50% または $\frac{5}{10}$　　③ 33.33% または $\frac{3.3}{10}$

2章　数式の基礎知識

1 面積と体積

1. 面積と体積を求める公式

面積	正方形		1辺×1辺 = $a \times a = a^2$
	長方形		長辺×短辺 = $a \times b = ab$
	三角形		底辺×高さ×$\frac{1}{2}$ = $a \times b \times \frac{1}{2} = \frac{1}{2}ab$
	円形		半径×半径×3.14(π) = $r \times r \times \pi = \pi r^2$
	平行四辺形		底辺×高さ = $a \times b = ab$
	台形		(上底+下底)×高さ×$\frac{1}{2}$ = $(a+b) \times c \times \frac{1}{2} = \frac{1}{2}(a+b) \cdot c$
体積	直方体		底面積×高さ = $A \times h = Ah$
	円柱		底面積×高さ = $A \times h = Ah$
	四角すい		底面積×高さ×$\frac{1}{3}$ = $A \times h \times \frac{1}{3} = \frac{1}{3}Ah$
	円すい		底面積×高さ×$\frac{1}{3}$ = $A \times h \times \frac{1}{3} = \frac{1}{3}Ah$

面積や体積は、敷地や建物などの面積計算や構造計算、積算などでよく用います。しっかり計算方法を確認しましょう。

2. 面積の計算

(1) 敷地の面積

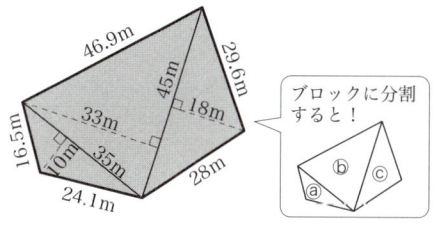

ⓐ $35 \times 10 \times \dfrac{1}{2} = 175 \text{m}^2$

ⓑ $45 \times 33 \times \dfrac{1}{2} = 742.5 \text{m}^2$

ⓒ $45 \times 18 \times \dfrac{1}{2} = 405 \text{m}^2$

ⓐ+ⓑ+ⓒ = $1,322.5 \text{m}^2$

単位を忘れずに！

したがって、 $1,322.5 \text{ m}^2$

(2) 建物の面積

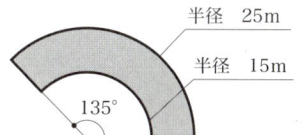

$(25 \times 25 \times 3.14 - 15 \times 15 \times 3.14) \times \dfrac{135}{360} = 471 \text{m}^2$

外側の円の面積　内側の円の面積　　360°のうち135°

したがって、 471 m^2

円周率3.14ではなく、関数電卓 (p.16) でπを用いて計算してみましょう。
$(25 \times 25 \times \pi - 15 \times 15 \times \pi) \times \dfrac{135}{360} = 150\pi = 471.2\overset{4}{3}88$

したがって、471.24m^2

(3) 鋼管の断面積

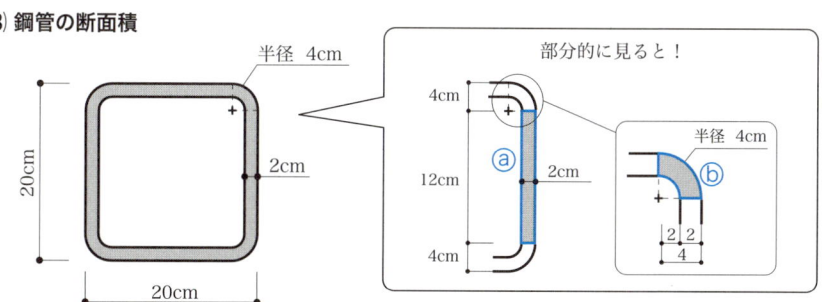

ⓐ $12 \times 2 = 24 \text{cm}^2$

ⓑ $(4 \times 4 \times 3.14 - 2 \times 2 \times 3.14) \times \dfrac{90}{360} = 9.42 \text{cm}^2$

外側の円の面積　内側の円の面積　　360°のうち90°

ⓐ×4カ所 + ⓑ×4カ所 = 133.68cm^2

したがって、 133.68 cm^2

3. 体積の計算

(1) 基礎の体積 ※m(メートル)に変換して計算しましょう。

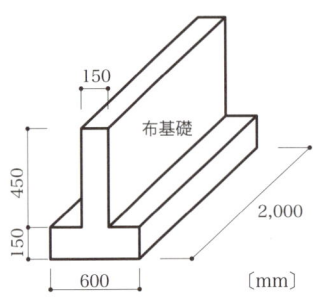

① 布基礎の断面積を求める。

$0.15m×0.45m + 0.6m×0.15m = 0.1575m^2$

② 布基礎の断面積に長さを掛ける。

$0.1575m^2×2m = 0.315m^3$

したがって、 $\boxed{0.315 \ m^3}$

単位を忘れずに！

(2) 鋼管の体積 ※cm(センチメートル)に統一して計算しましょう。

※ φ(ファイ)は直径を表します。

① 鋼管の断面積を求める。　　鋼管内側の半径

$10cm×10cm×π － 8cm×8cm×π = 36π \ cm^2$
　　鋼管外側の半径

② 鋼管の断面積に長さを掛ける。
　　　　　　　　　　　　　3.14
$36π \ cm^2×300cm = 10,800π \ cm^3$
　　　　　　　　　　　$= 33,912 cm^3$

したがって、 $\boxed{33,912 \ cm^3}$

(3) 構造体の体積（柱と梁の体積の合計） ※m(メートル)に変換して計算しましょう。

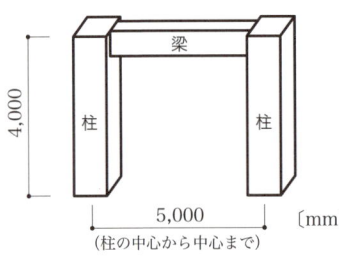

柱の断面の大きさ　　梁の断面の大きさ

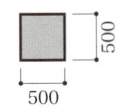 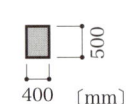

① 柱の体積を求める。

　$\underline{0.5m×0.5m}×4m = 1.0m^3$
　　柱の断面積
　　柱が2本なので、 $1.0m^3×2 = 2.0m^3$

② 梁の体積を求める。

　梁の長さは？

　　柱の中心から中心までが5mなので、
　　柱の部分を引くと、
　　$5m－(0.25m+0.25m) = 4.5m$

　梁の体積は？

　　$\underline{0.4m×0.5m}×4.5m = 0.9m^3$
　　　梁の断面積

② 柱と梁の体積の合計を求める。

　$2.0m^3+0.9m^3 = 2.9m^3$ 　　　$\boxed{2.9 \ m^3}$

2 不等式と大小関係

不等式は、建築に関係するあらゆる分野に関係します。
より安全に、また、より快適に生活するために、たとえば、基準となる値に対して、実際の計画が上回っているかを確認します。

設計時の基準例

最低基準を上回るように設計する。

最低限の基準 ≦ 実際の値（・部材の強度 ・室内の環境 など）

一定の範囲に収まるように設計する。

最低限度 ≦ 実際の値 ≦ 最高限度

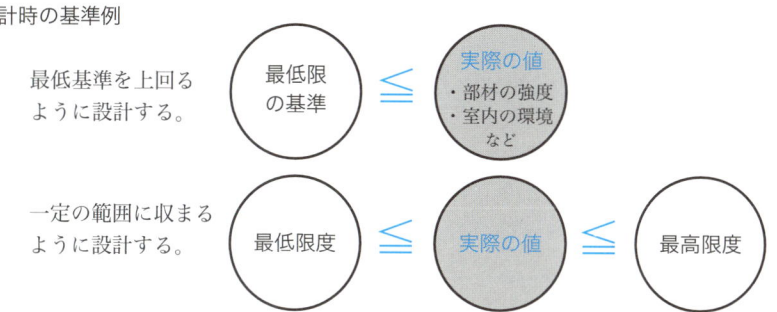

1. 不等式

1 不等式の記号

A < B	A > B	A ≦ B	A ≧ B
AはBより小さい（Bを含まない）	AはBより大きい（Bを含まない）	AはB以下（Bを含む）	AはB以上（Bを含む）

2 不等式の関係

不等式の両辺にマイナスの数値を掛けたり割ったりすると不等号の向きが反対になります。

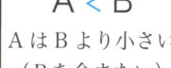

A > B の場合

→ ① 両辺に C>0 の値を乗（×）除（÷）する場合（プラスの値ということ）

不等号の向きはそのまま

$AC > BC$ （例 $10 > 2 \xrightarrow{\times 2} 20 > 4$）

$\frac{A}{C} > \frac{B}{C}$ （例 $10 > 2 \xrightarrow{\div 2} 5 > 1$）

→ ② 両辺に C<0 の値を乗除する場合（マイナスの値ということ）

不等号の向きが反対

$AC < BC$ （例 $10 > 2 \xrightarrow{\times(-2)} -20 < -4$）

$\frac{A}{C} < \frac{B}{C}$ （例 $10 > 2 \xrightarrow{\div(-2)} -5 < -1$）

不等号の向きが反対に！

両辺に同じ値を足したり引いたりする場合は、その値がプラスでもマイナスでも不等号の向きは変わらないですね！

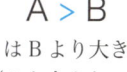

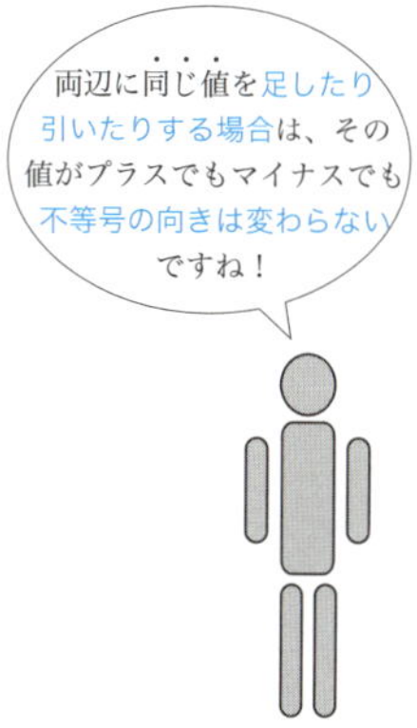

2. 大小関係

いろいろな数値の大小関係は不等号で表します。

$$D < C < B < A$$

※マイナスや分数、小数の場合は、勘違いしやすいので注意しましょう。

次の値の大小を不等号を用いて並べ替えましょう。

(1) マイナスの場合

-15 、-1.5 、-2.5 、-5 $\Longrightarrow$ $-15 < -5 < -2.5 < -1.5$

数直線上に表すと！

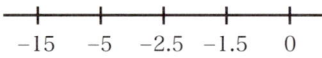

数直線上に表すとわかりやすいね！

(2) 分数の場合

$\dfrac{3}{10}$ 、$\dfrac{1}{2}$ 、$\dfrac{4}{5}$ 、$\dfrac{7}{20}$ $\Longrightarrow$ $\dfrac{3}{10} < \dfrac{7}{20} < \dfrac{1}{2} < \dfrac{4}{5}$

分母をそろえると！

$\dfrac{3}{10} = \dfrac{6}{20}$ 、$\dfrac{1}{2} = \dfrac{10}{20}$ 、$\dfrac{4}{5} = \dfrac{16}{20}$ 、$\dfrac{7}{20} = \dfrac{7}{20}$

分母の 10、2、5、20 の最小公倍数は『20』

分母をそろえる（通分する）とわかりやすいね！

問題 次の値の大小を不等号を用いて並べ替えましょう。 　分母をはらってみよう！

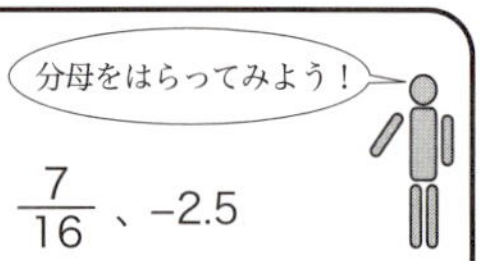

(1) -0.8 、0.08 、0.25 、-0.25

数直線上に表すと！

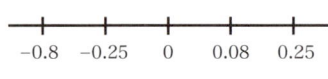

⇩ したがって、

$-0.8 < -0.25 < 0.08 < 0.25$

(2) $-\dfrac{5}{8}$ 、0.8 、$\dfrac{7}{16}$ 、-2.5

⇩ 16を掛けると！

-10 、12.8 、7 、-40

⇩ 並び替えると！

$-40 < -10 < 7 < 12.8$

⇩ したがって、

$-2.5 < -\dfrac{5}{8} < \dfrac{7}{16} < 0.8$

1 採光について

住宅の部屋や学校の教室などでは、床面積に対して窓の面積がどれだけ必要かが決められています。

$$窓の面積 \geq 床面積 \times 割合$$

『最低限必要な窓の面積』ということ！

割合は、用途によって決められています。
- 住宅の居室の割合：$\frac{1}{7}$
- 学校の教室の割合：$\frac{1}{5}$
など

右図のリビングの窓の面積が、採光に対して足りているかを確認しましょう。
※採光補正係数などの計算は省略します。

住宅の居室の割合：$\frac{1}{7}$
窓の面積：4m²
リビングの床面積：25m²

① 最低限必要な窓の面積は？

$$25\text{m}^2 \times \frac{1}{7} = 3.5714\cdots$$

したがって、3.57m²

② 実際の窓の面積と比べると？

$$\boxed{4 \text{ m}^2 > 3.57 \text{ m}^2}$$

実際の窓の方が大きいので OK！

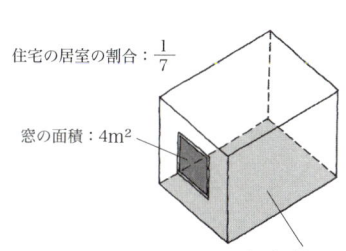

2 鉄筋比について

鉄筋コンクリート造では、柱や梁の断面積に対して鉄筋の量がどれだけ必要かが決められています。

$$\frac{\text{鉄筋の断面積の合計}}{\text{柱の断面積}} \times 100 \geq 0.8$$

この値が『鉄筋（主筋）の断面積比』！

柱の断面積に対して、鉄筋の断面積の合計が 0.8％以上必要ということだね！

右図の柱の鉄筋の断面積比が0.8％以上かどうか確認しましょう。

鉄筋1本の断面積：15cm²（合計12本）
柱の断面積：3,600cm²
鉄筋コンクリート造の柱

① 鉄筋（主筋）の断面積の合計は？

$15 \times 12 = 180\text{cm}^2$

② 鉄筋（主筋）の断面積比は？

$$\frac{180}{3,600} \times 100 = 5\%$$

したがって、$\boxed{5\% > 0.8\%}$

コンクリートの断面積に対して、鉄筋の量が足りているので OK！

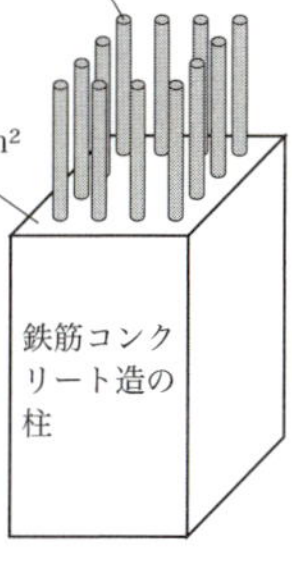

3　比と比例式

比例式を理解すれば、難しい公式を用いなくても計算できる場合があるので、しっかり確認しましょう。

比例は、p.17 で説明しているので、ここでは、式の組立方法などを説明します。

水平距離が2倍になると！　高さも2倍になる！

> 同じ形の三角形（相似）の場合、片方が2倍になると、もう一方も同じ割合で大きくなるということだね！

1. 比

1　比の関係

(1) 比の値

AとBが実数の場合

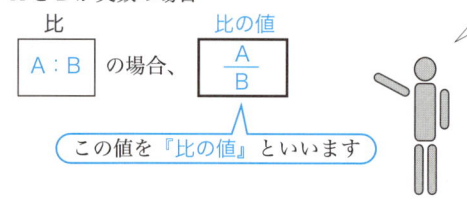

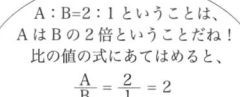

比 $A:B$ の場合、比の値 $\dfrac{A}{B}$

この値を『比の値』といいます

> $A:B=2:1$ ということは、AはBの2倍ということだね！ 比の値の式にあてはめると、$\dfrac{A}{B}=\dfrac{2}{1}=2$ やはりAはBの2倍ということだね！

> だから、縮尺で『100分の1』を表す場合に、『1：100』と『1/100』の両方の表現が用いられるんだね！

(2) 比を整理する方法

それぞれの値を同じ数値で割っても（掛けても）それぞれの大きさの関係は変わらない。

$$A:B:C=\dfrac{A}{C}:\dfrac{B}{C}:\dfrac{C}{C}$$

問題　それぞれの比を整理し、比の値を求めましょう。

(1) $32:8$ $\xrightarrow{\text{8で割ると！}}$ $\dfrac{32}{8}:\dfrac{8}{8}=4:1$　比の値は $\dfrac{4}{1}=4$

(2) $\dfrac{5}{7}:\dfrac{7}{21}$ $\xrightarrow{\text{21を掛けると！}}$ $\dfrac{5}{7}\times\overset{3}{21}:\dfrac{7}{21}\times21=15:7$　比の値は $\dfrac{15}{7}$

(3) $0.3:0.8$ $\xrightarrow{\text{10を掛けると！}}$ $0.3\times10:0.8\times10=3:8$　比の値は $\dfrac{3}{8}$

> 7と21の最小公倍数 21を掛けるんだね！

2 等式から比の式を導く方法

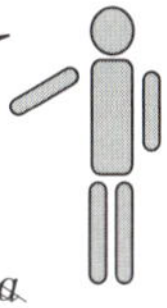

> 構造力学で出てくるよ！

① 式を整理する。

$$\frac{2P_1 x^2}{2a} = \frac{P_2 x^2}{2a} = \frac{P_3 x^2}{6a}$$

それぞれに共通の値や項の逆数を掛けると！

$$\frac{x^2}{2a} \quad \diagdown\!\!\!\!\diagup \quad \frac{2a}{x^2}$$

共通の値　逆数

$$\frac{2P_1 x^2}{2a} \times \frac{2a}{x^2} = \frac{P_2 x^2}{2a} \times \frac{2a}{x^2} = \frac{P_3 x^2}{6a} \times \frac{2a}{x^2}$$

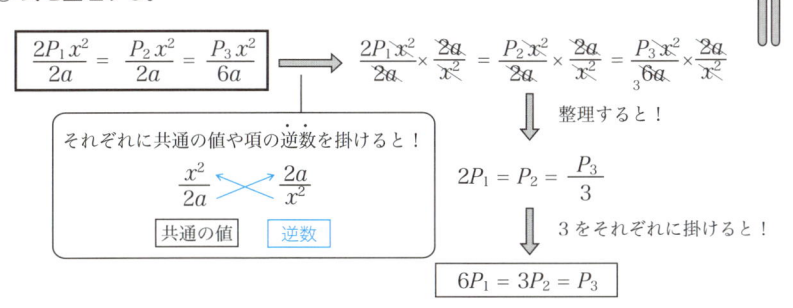

整理すると！

$$2P_1 = P_2 = \frac{P_3}{3}$$

3をそれぞれに掛けると！

$$6P_1 = 3P_2 = P_3$$

② 整理された等式から比の式を導く。

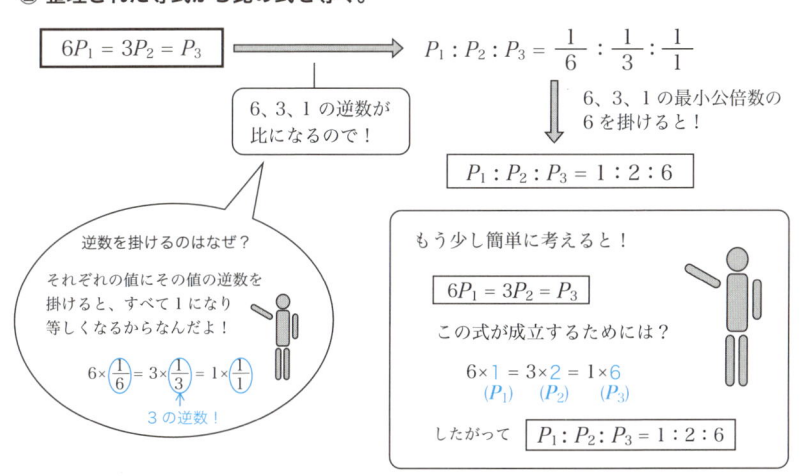

$$6P_1 = 3P_2 = P_3$$

6、3、1の逆数が比になるので！

$$P_1 : P_2 : P_3 = \frac{1}{6} : \frac{1}{3} : \frac{1}{1}$$

6、3、1の最小公倍数の6を掛けると！

$$P_1 : P_2 : P_3 = 1 : 2 : 6$$

> 逆数を掛けるのはなぜ？
> それぞれの値にその値の逆数を掛けると、すべて1になり等しくなるからなんだよ！
> $$6 \times \boxed{\frac{1}{6}} = 3 \times \boxed{\frac{1}{3}} = 1 \times \boxed{\frac{1}{1}}$$
> 3の逆数！

もう少し簡単に考えると！

$$6P_1 = 3P_2 = P_3$$

この式が成立するためには？

$$6 \times \underline{1} = 3 \times \underline{2} = 1 \times \underline{6}$$
$$(P_1) \quad (P_2) \quad (P_3)$$

したがって $P_1 : P_2 : P_3 = 1 : 2 : 6$

問題 次の等式を比の式に変換しましょう。

① 式を整理する。

$$\frac{P_1}{4ab} = \frac{2P_2}{ab} = \frac{3P_3}{3ab}$$

分母を払うために $12ab$ を掛けると！

$$\frac{P_1}{\underset{1}{\cancel{4ab}}} \times \overset{3}{\cancel{12ab}} = \frac{2P_2}{\cancel{ab}} \times \overset{12}{\cancel{12ab}} = \frac{3P_3}{\underset{1}{\cancel{3ab}}} \times \overset{4}{\cancel{12ab}}$$

$$3P_1 = 24P_2 = 12P_3$$

$$P_1 = 8P_2 = 4P_3$$

② 整理された式を等式にする。

1、8、4の逆数が比になるので、

$$P_1 : P_2 : P_3 = \frac{1}{1} : \frac{1}{8} : \frac{1}{4}$$

分母の最小公倍数の8を掛けると！

$$P_1 : P_2 : P_3 = 8 : 1 : 2$$

2章 数式の基礎知識　3 比と比例式

2. 比例式

1 比例式の例

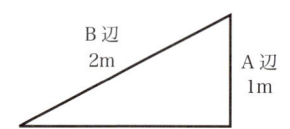

B辺 2m
A辺 1m

この場合の比例式は、

A辺:B辺=1:2

2 比例式の計算

元の形と同じ比率で拡大した場合の x の長さを求めましょう。

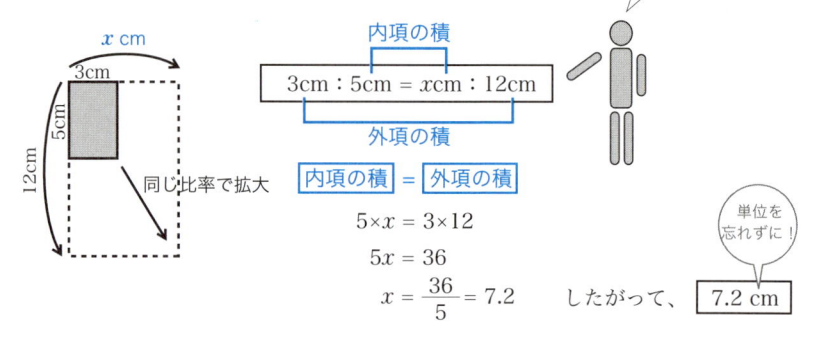

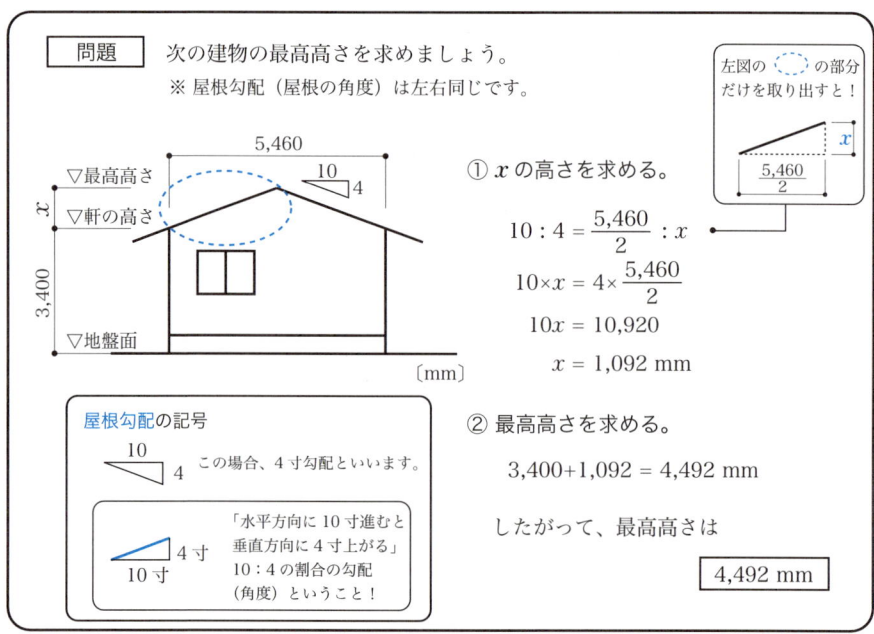

x cm
3cm
5cm
12cm
同じ比率で拡大

内項の積
3cm : 5cm = $x$cm : 12cm
外項の積

内項の積 = 外項の積

$5 \times x = 3 \times 12$
$5x = 36$
$x = \dfrac{36}{5} = 7.2$ したがって、7.2 cm

内項の積と外項の積は等しくなるんだね！

単位を忘れずに！

問題 次の建物の最高高さを求めましょう。
※ 屋根勾配（屋根の角度）は左右同じです。

5,460
10 / 4
▽最高高さ
x
▽軒の高さ
3,400
▽地盤面
〔mm〕

左図の ⌒ の部分だけを取り出すと！
x
5,460 / 2

① x の高さを求める。

$10 : 4 = \dfrac{5,460}{2} : x$

$10 \times x = 4 \times \dfrac{5,460}{2}$

$10x = 10,920$

$x = 1,092$ mm

② 最高高さを求める。

$3,400 + 1,092 = 4,492$ mm

したがって、最高高さは

4,492 mm

屋根勾配の記号

10 / 4 この場合、4寸勾配といいます。

4寸 / 10寸 「水平方向に10寸進むと垂直方向に4寸上がる」10:4の割合の勾配（角度）ということ！

◎ 35cm 上がる場合のスロープの長さ（水平距離）は？

設計

平面計画で、出入口にスロープを設ける場合には、意外にスペースが必要になります。
実際に、35cm 上がるときのスロープの長さを求めてみましょう。

例 スロープの勾配 1/15 の場合

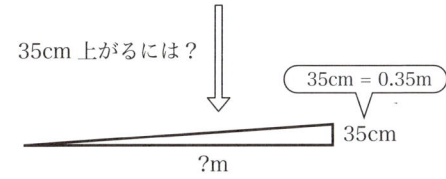

> 1m上がるのに 15mの長さが必要ということ！

35cm 上がるには？

35cm = 0.35m

$1 : 15 = 0.35 : x$
$1 \times x = 15 \times 0.35$
$x = 5.25$ m

したがって、水平距離は、

5.25 m

ポイント！
スロープの長さ = 勾配の分母の値 × 高さ（段差）
（水平距離）

ちなみに階段は？

設計

◎ 踏面 250mm、蹴上げ 220mm、段数 15 段の場合の階段の長さと高さは？

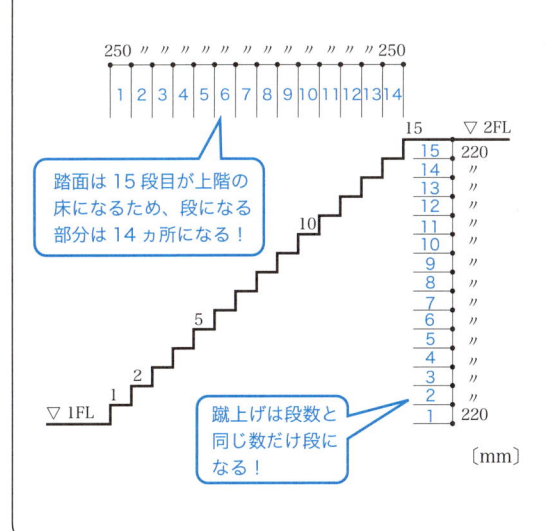

> 踏面は 15 段目が上階の床になるため、段になる部分は 14 ヵ所になる！

> 蹴上げは段数と同じ数だけ段になる！

(1) 階段の長さ（水平距離）を求める。

　長さ = 踏面の寸法 ×(段数−1)
　　　= 250×(15−1)
　　　= 3,500mm = 3.5 m

(2) 階段の高さ（垂直距離）を求める。

　高さ = 蹴上げの寸法 × 段数
　　　= 220×15
　　　= 3,300mm = 3.3 m

4 基本的な数式

建築に用いられる数学では、アルファベットを用いて数式を立て、それを整理していくことが、多くあります。
基本的な式の展開と整理をしっかり確認し、アルファベットが混じっている式でも、問題なく解き進めていけるようにしましょう。

1 基本的な展開式

1次式
① $a+b = a+b$
② $a \times b = ab$
③ $a(b+c) = a \times (b+c) = ab+ac$
④ $(a+b) \times \dfrac{1}{c} = \dfrac{a+b}{c}$
⑤ $\dfrac{a+b}{c} \times \dfrac{d}{e} = \dfrac{(a+b)d}{ce} = \dfrac{ad+bd}{ce}$

2次式
⑥ $(x+a)(x+b) = x^2+(a+b)x+ab$
⑦ $(x+a)(x-a) = x^2-a^2$
⑧ $(ax+b)(cx+d) = acx^2+(ad+bc)x+bd$
⑨ $(a+b)^2 = a^2+2ab+b^2$
⑩ $(a-b)^2 = a^2-2ab+b^2$

3次式
⑪ $(a+b)^3 = a^3+3a^2b+3ab^2+b^3$
⑫ $(a-b)^3 = a^3-3a^2b+3ab^2-b^3$

> **ちょっと復習**
> $\dfrac{1}{3} + \dfrac{1}{2} = ?$
> 分母が異なる場合は、分母を統一（通分）してから計算する！
> $\dfrac{2}{6} + \dfrac{3}{6} = \dfrac{5}{6}$
> では、
> $\dfrac{2}{5} + \dfrac{5}{12} = ?$

しっかり確認しておきましょう！

2 分数が含まれている場合は、なるべく簡単にしていくことが重要！

分数を含む等式の分母の払い方を見てみましょう。

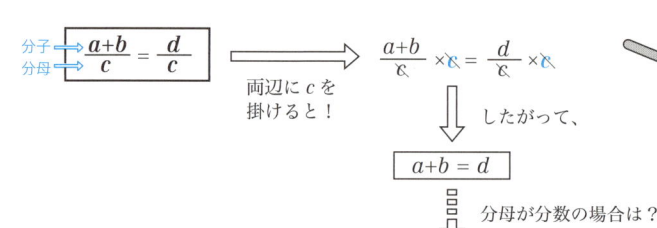

分子 → $\dfrac{a+b}{c} = \dfrac{d}{c}$ ← 分母

両辺に c を掛けると！

$\dfrac{a+b}{\cancel{c}} \times \cancel{c} = \dfrac{d}{\cancel{c}} \times \cancel{c}$

したがって、

$a+b = d$

分母が分数の場合は？

分母と同じ値や項を両辺に掛けると分母を払うことができるね！

分母が分数の場合はどうする？

$$\frac{1}{\frac{1}{a}} = 1 \div \frac{1}{a} = 1 \times a = a$$

〇囲み: $\frac{1}{a}$ 分母が分数

こんな考え方も！

$$\frac{1}{\frac{1}{a}} = \frac{1}{\frac{1}{a}} \times 1 = \frac{1}{\frac{1}{a}} \times \frac{a}{a} = \frac{1 \times a}{\frac{1}{a} \times a} = \frac{a}{\frac{a}{a}} = \frac{a}{1} = a$$

『1』を掛けてみると！ ※1を掛けても値は変わらないため
『1』は『$\frac{a}{a}$』に置き換えることができる！
$\frac{a}{a} = 1$

2章 数式の基礎知識
4 基本的な数式

問題 前ページの基本的な展開式を参考に次の式を求めましょう。

(1) $3(4a + \frac{2}{3}b) = 12a + 2b$

(2) $(x+5)(x+3) = x^2 + (5+3)x + 15 = x^2 + 8x + 15$

(3) $(x+4)(x-4) = x^2 - 16$

(4) $(x+3)(2x+4) = 2x^2 + (4+6)x + 12 = 2x^2 + 10x + 12$

(5) $\frac{2b+c}{2a} \times \frac{4}{a} = \frac{4(2b+c)}{2a^2} = \frac{2(2b+c)}{a^2} = \frac{4b+2c}{a^2}$

(6) $(a+3)^2 = \underline{a^2} + 2 \times a \times 3 + \underline{3^2} = a^2 + 6a + 9$

(7) $(2a-3b)^2 = \underline{(2a)^2} + 2 \times 2a \times (-3b) + \underline{(-3b)^2} = 4a^2 - 12ab + 9b^2$

(8) $(x+2)^3 = \underline{x^3} + 3 \times x^2 \times 2 + 3 \times x \times 2^2 + \underline{2^3} = x^3 + 6x^2 + 12x + 8$

(9) $(x-2b)^3 = \underline{x^3} + 3 \times x^2 \times (-2b) + 3 \times x \times (-2b)^2 + \underline{(-2b)^3} = x^3 - 6bx^2 + 12b^2x - 8b^3$

(10) $\frac{2b}{\frac{3}{2a}} = 2b \times \frac{2a}{3} = \frac{4ab}{3}$ 　　$\boxed{\frac{2b}{\frac{3}{2a}} = \frac{2b}{\frac{3}{2a}} \times \frac{2a}{2a} = \frac{2b \times 2a}{\frac{3}{2a} \times 2a} = \frac{4ab}{3}}$

有理数と無理数ってなに？

有理数（ゆうりすう）：分数で表すことができ、その解が割り切れる、または、途中から同じ並びの数が繰り返されるもの。

$$\frac{1}{2} = \underline{0.5} \qquad \frac{1}{7} = 0.\underline{142857}\underline{142857}142\cdots$$

割り切れる　　繰り返し　繰り返し

無理数（むりすう）：分数で表すことができず、その解が割り切れず、また、繰り返すことなく続くもの。

$$\sqrt{2} = 1.41421356\cdots \qquad \sqrt{3} = 1.7320508\cdots$$

繰り返さない

5 平方根

1 平方根のしくみ

平方根とは、ある数値を2乗するともとの数値になるものをいいます。

平方根の記号：$\sqrt{\ }$（ルート）

$(\sqrt{1})^2 = \sqrt{1} \times \sqrt{1} = 1$
$(\sqrt{2})^2 = \sqrt{2} \times \sqrt{2} = 2$
$(\sqrt{3})^2 = \sqrt{3} \times \sqrt{3} = 3$
$(\sqrt{4})^2 = \sqrt{4} \times \sqrt{4} = 4$

ということは！

ルートの中が次のような数値でないと整数にはならない！

$\sqrt{0} = \sqrt{0 \times 0} = 0$
$\sqrt{1} = \sqrt{1 \times 1} = 1$
$\sqrt{4} = \sqrt{2 \times 2} = 2$
$\sqrt{9} = \sqrt{3 \times 3} = 3$
…
$\sqrt{100} = \sqrt{10 \times 10} = 10$

$a = b^2$ となる場合、一般に、b を a の平方根という

$b = \pm\sqrt{a}$

三角関数（3章）の計算では、$\sqrt{2}$ と $\sqrt{3}$ が頻繁に用いられるため、その値を覚えておきましょう！

$\sqrt{2} = 1.41421356\cdots$ ひとよひとよにひとみごろ
$\sqrt{3} = 1.73210508\cdots$ ひとなみにおごれや

2 平方根の計算

$a^2 = 64$
$a = \pm\sqrt{64} = \pm 8$

2乗をすると a になるということは？
$8 \times 8 = 64$
$(-8) \times (-8) = 64$
したがって、a の値は「＋」と「－」の両方の可能性がある！！

問題 次の面積の a の長さを求めましょう。

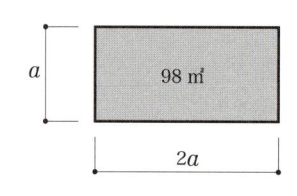

（長方形：縦 a、横 $2a$、面積 98 ㎡）

$a \times 2a = 98$
$2a^2 = 98$
$a^2 = \dfrac{98}{2} = 49$
$a = \pm\sqrt{49}$
$a = 7$

辺の長さなので、$a > 0$ と考えると！

したがって、a の長さは $\boxed{7 \text{ m}}$

こう考えると平方根の意味がわかりやすいね！

3 平方根の公式

① $\sqrt{a} \times \sqrt{b} = \sqrt{ab}$

② $\dfrac{\sqrt{a}}{\sqrt{b}} = \sqrt{\dfrac{a}{b}}$

③ $a\sqrt{x} + b\sqrt{x} = (a+b)\sqrt{x}$

> こんな場合は？
> ④ $a\sqrt{b} \times c\sqrt{d} = ac\sqrt{bd}$
> ⑤ $a\sqrt{b} = \sqrt{a^2} \times \sqrt{b} = \sqrt{a^2 b}$
> ⑥ $\sqrt{ab^2} = \sqrt{a} \times \sqrt{b^2} = b\sqrt{a}$

ルートの中はできるだけ簡単に！

$\sqrt{40} = \sqrt{4 \times 10} = \sqrt{2^2 \times 10} = \sqrt{2^2} \times \sqrt{10} = 2 \times \sqrt{10} = 2\sqrt{10}$

$\sqrt{135} = \sqrt{3 \times 3 \times 3 \times 5} = \sqrt{3^2 \times 3 \times 5} = \sqrt{3^2} \times \sqrt{15} = 3 \times \sqrt{15} = 3\sqrt{15}$

↑素因数分解（p.49 下参照）　　↑2乗になるものを見つけてルートを外す！

> 関数電卓を使えば簡単に計算できるよ！

4 平方根の有理化

分母が無理数（p.43 下）の場合は、分母を有理数にするために、分母と分子に同じ値を掛けます。

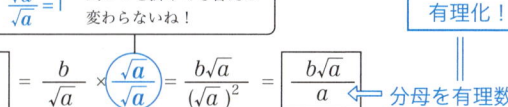

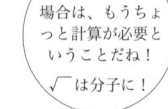

$\dfrac{\sqrt{a}}{\sqrt{a}} = 1$ 式に1を掛けても答えは変わらないね！

(1) $\dfrac{b}{\sqrt{a}} = \dfrac{b}{\sqrt{a}} \times \dfrac{\sqrt{a}}{\sqrt{a}} = \dfrac{b\sqrt{a}}{(\sqrt{a})^2} = \dfrac{b\sqrt{a}}{a}$ ← 分母を有理数に！

有理化！

(2) $\dfrac{2}{\sqrt{3}} = \dfrac{2}{\sqrt{3}} \times \dfrac{\sqrt{3}}{\sqrt{3}} = \dfrac{2\sqrt{3}}{(\sqrt{3})^2} = \dfrac{2\sqrt{3}}{3}$

(3) $\dfrac{2}{\sqrt{3}+\sqrt{7}} = \dfrac{2(\sqrt{3}-\sqrt{7})}{(\sqrt{3}+\sqrt{7})(\sqrt{3}-\sqrt{7})} = \dfrac{2(\sqrt{3}-\sqrt{7})}{(\sqrt{3})^2-(\sqrt{7})^2} = \dfrac{2(\sqrt{3}-\sqrt{7})}{3-7} = -\dfrac{\sqrt{3}-\sqrt{7}}{2}$

符号を逆にして掛ける！　p.42 基本的な展開式⑦参照

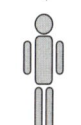

> √ が分母にある場合は、もうちょっと計算が必要ということだね！
> √ は分子に！

問題 次の式を求めましょう。

(1) $\sqrt{5} \times \sqrt{5} = 5$

(2) $2\sqrt{3} \times \sqrt{5} = 2\sqrt{15}$

(3) $2\sqrt{60} = 2\sqrt{2 \times 2 \times 3 \times 5} = 2\sqrt{2^2 \times 15} = 2 \times 2\sqrt{15} = 4\sqrt{15}$

2乗になるものを見つけてルートを外すんでしたね！

(4) $\dfrac{\sqrt{15}}{\sqrt{3}} = \sqrt{\dfrac{15}{3}} = \sqrt{5}$

(5) $2\sqrt{3} + 5\sqrt{3} - 3\sqrt{3} = (2+5-3)\sqrt{3} = 4\sqrt{3}$

(6) $3\sqrt{5} \times 2\sqrt{5} - 2\sqrt{5} = 6\sqrt{5 \times 5} - 2\sqrt{5} = 6 \times 5 - 2\sqrt{5} = 30 - 2\sqrt{5}$

(7) $\dfrac{1}{\sqrt{3}} \times \dfrac{3}{\sqrt{2}} = \dfrac{3}{\sqrt{6}} = \dfrac{3}{\sqrt{6}} \times \dfrac{\sqrt{6}}{\sqrt{6}} = \dfrac{3\sqrt{6}}{6} = \dfrac{\sqrt{6}}{2}$　⇐ 有理化ですね！

6 連立方程式

x, y などの未知数が 2 つある時、それらを含む方程式が 2 つ以上あれば、未知数を求めることができます。

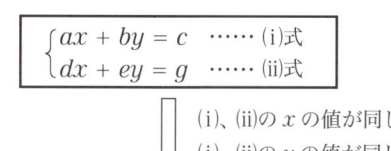

$$\begin{cases} ax + by = c & \cdots\cdots \text{(i)式} \\ dx + ey = g & \cdots\cdots \text{(ii)式} \end{cases}$$

⬇ (i)、(ii)の x の値が同じ
(i)、(ii)の y の値が同じ ）場合

$x、y$ の値を求めることができる！

> 2 つの式の x と y の値がそれぞれ同じだから成立するんだね！

◎ $x、y$ を求める方法として『代入法』と『加減法』の 2 つの方法で説明します。

$$\begin{cases} 5x+3y = 8 & \cdots\cdots \text{(i)} \\ 3x+2y = 5 & \cdots\cdots \text{(ii)} \end{cases}$$

まずは『代入法』から！

1. 代入法

どちらかの式を x または y について解き、その値をもう一方の式に代入します。

例 (i)式を x について解く場合

① x について解くと？

(i)式　　$5x+3y = 8 \implies 5x = 8-3y$　　$x = \dfrac{8-3y}{5}$ ……(iii)

② (ii)式に(iii)式を代入すると？

(ii)式　　$3 \times \dfrac{8-3y}{5} + 2y = 5$

$\dfrac{24-9y}{5} + 2y = 5$ ）両辺に 5 を掛けると！

$24-9y+10y = 25$

$y = 25-24$

$y = 1$

③ $y=1$ を(iii)式に代入すると？

$x = \dfrac{8-3y}{5}$ ……(iii)　　$x = \dfrac{8-3}{5}$

$= 1$

したがって、　$x=1、y=1$

2. 加減法

2つの式の x または y の係数を等しくすることで、x または y を消去し、もう一方の値を求めることができます。

$$\begin{cases} 5x+3y = 8 & \cdots\cdots \text{(i)} \\ 3x+2y = 5 & \cdots\cdots \text{(ii)} \end{cases}$$

例 2つの式の y の係数を等しくする場合

① $3y$ と $2y$ の係数を同じにするためには？

(i)式 ×2 $10x+6y = 16$ ……(i)'
(ii)式 ×3 $9x+6y = 15$ ……(ii)'

② 2つの式の y を消去するには？

(i)'式 − (ii)'式

$$\begin{array}{r} 10x+6y = 16 \\ -)\ \ 9x+6y = 15 \\ \hline x\ \ \ \ \ \ \ \ = 1 \end{array}$$

③ $x=1$ を(i)式に代入すると

$5x+3y = 8$……(i)　　$5×1+3y = 8$
$3y = 8-5$
$3y = 3$
$y = 1$

したがって、$x=1$、$y=1$

『代入法』と『加減法』の計算がしやすい方を選択しましょう！

問題 代入法または加減法を用いて、次の連立方程式を求めましょう。

(1) $\begin{cases} 4x+2y = 5 & \cdots\cdots \text{(i)} \\ x+3y = 5 & \cdots\cdots \text{(ii)} \end{cases}$

代入法で解いてみましょう！

(ii)式より
$x = 5-3y$ ……(iii)

(i)式に代入
$4(5-3y)+2y = 5$
$20-12y+2y = 5$
$-10y = -15$
$y = \dfrac{15}{10} = \dfrac{3}{2}$

(iii)式に代入
$x = 5-3×\dfrac{3}{2} = \dfrac{10-9}{2} = \dfrac{1}{2}$

したがって、$x=\dfrac{1}{2}$、$y=\dfrac{3}{2}$

(2) $\begin{cases} 5x+3y = -12 & \cdots\cdots \text{(i)} \\ -7x-6y = 6 & \cdots\cdots \text{(ii)} \end{cases}$

加減法で解いてみましょう！

(i)式 ×2

$$\begin{array}{r} 10x+6y = -24 \ \ \cdots\cdots \text{(i)}×2 \\ +)\ -7x-6y = 6 \ \ \cdots\cdots \text{(ii)} \\ \hline 3x\ \ \ \ \ \ \ \ = -18 \\ x = -6 \end{array}$$

(i)式に代入
$5×(-6)+3y = -12$
$-30+3y = -12$
$3y = 18$
$y = 6$

したがって、$x=-6$、$y=6$

7 二次方程式

二次方程式は、構造力学などで頻繁にでてきます。基本をしっかり確認しましょう。

◎ 二次方程式とは

次の式のように、xについて左辺が2次式で、右辺が0の等式をいいます。

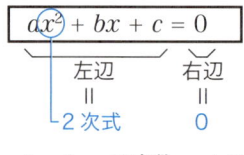

$$ax^2 + bx + c = 0$$

左辺　　右辺
‖　　　‖
2次式　　0

（a、b、cは定数、$a \neq 0$）

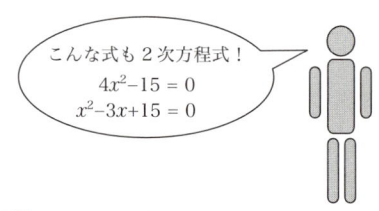

こんな式も2次方程式！
$4x^2 - 15 = 0$
$x^2 - 3x + 15 = 0$

※ 式を満たすxの値をその方程式の『解』といいます。

2次方程式をいろいろな方法で解いてみましょう。

1. 因数分解を用いた二次方程式の解き方

展開式では、式を展開していくのに対し、因数分解では、展開の逆をします。したがって、基本的な展開式(p.42)を用いて解きましょう。

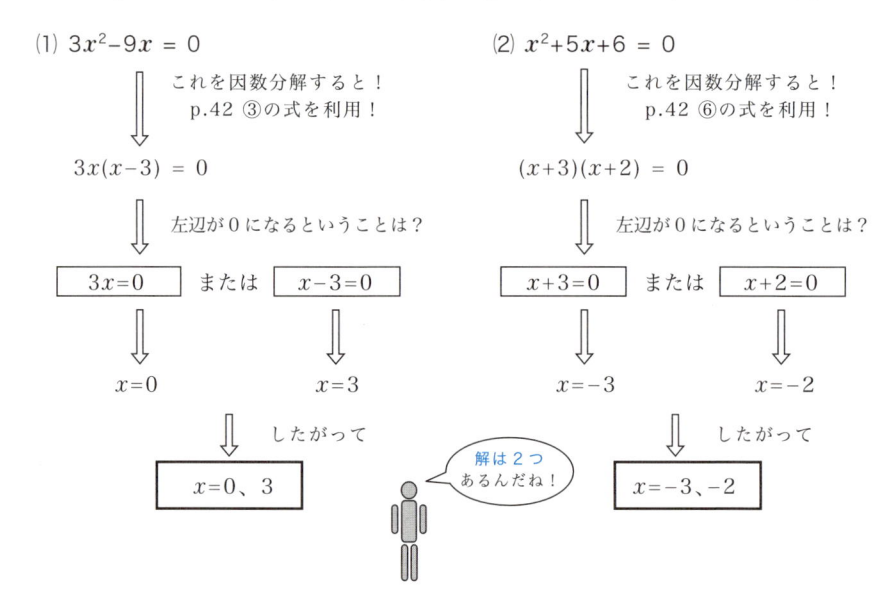

(1) $3x^2 - 9x = 0$

⇩ これを因数分解すると！
p.42 ③の式を利用！

$3x(x-3) = 0$

⇩ 左辺が0になるということは？

$3x = 0$ または $x - 3 = 0$

⇩　　　　　　　⇩

$x = 0$　　　　$x = 3$

⇩ したがって

$x = 0、3$

(2) $x^2 + 5x + 6 = 0$

⇩ これを因数分解すると！
p.42 ⑥の式を利用！

$(x+3)(x+2) = 0$

⇩ 左辺が0になるということは？

$x + 3 = 0$ または $x + 2 = 0$

⇩　　　　　　　⇩

$x = -3$　　　$x = -2$

⇩ したがって

$x = -3、-2$

解は2つあるんだね！

問題　因数分解を用いて次の方程式を解きましょう。

(1) $(2x+4)(3x+1) = 0$

⇓ 左辺が0になるということは？

$2x+4=0$　または　$3x+1=0$
$2x=-4$　　　　　$3x=-1$
$x=-2$　　　　　$x=-\dfrac{1}{3}$

⇓ したがって、

$\boxed{x=-2、-\dfrac{1}{3}}$

(2) $\dfrac{1}{2}x(x+4) = 0$

⇓ 両辺に2を掛けると！

$x(x+4)=0$

⇓ 左辺が0になるということは？

$x=0$　または　$x+4=0$

⇓ したがって、

$\boxed{x=0、-4}$

(3) $x^2+6x+8 = 0$

⇓ これを因数分解すると！ p.42 ⑥の式を利用！

$(x+2)(x+4) = 0$

⇓ 左辺が0になるということは？

$x+2=0$　または　$x+4=0$

⇓ したがって、

$\boxed{x=-2、-4}$

(4) $2x^2-5x+3 = 4x-1$

⇓ 式を整理すると！

$2x^2-9x+4 = 0$

⇓ これを因数分解すると！ p.42 ⑧の式を利用！

$(2x-1)(x-4) = 0$

⇓ 左辺が0になるということは？

$2x-1=0$　または　$x-4=0$

⇓ したがって、

$\boxed{x=\dfrac{1}{2}、4}$

2章 数式の基礎知識

7 二次方程式

整数の素因数分解と平方根の整理

(1) 168を素因数分解すると？

```
2 ) 168
2 )  84
2 )  42
3 )  21
       7
```

⇓ したがって

$\boxed{168 = 2^3 \times 3 \times 7}$

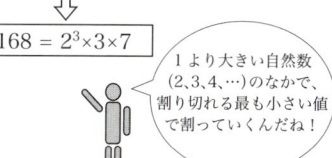

1より大きい自然数(2、3、4、…)のなかで、割り切れる最も小さい値で割っていくんだね！

(2) $\sqrt{168}$ を整理すると？

$\sqrt{168}$

⇓ ルートの中の値を素因数分解すると！

$\sqrt{168} = \sqrt{2^2 \times 2 \times 3 \times 7}$

⇓ したがって

$\boxed{\sqrt{168} = 2\sqrt{42}}$

2乗になる数値を見つけて、ルートを外すんだね！

2. 解の公式を用いた二次方程式の解き方

二次方程式の解を求めるための公式を、『解の公式』といいます。

① 解の公式

二次方程式

$$ax^2 + bx + c = 0$$

解の公式は？ ⬇ $a \neq 0$ の場合

$$x = \frac{-b \pm \sqrt{b^2 - 4ac}}{2a} \quad (a \neq 0)$$

※ただし、$b^2 - 4ac \geq 0$ の場合に限ります。（次ページ参照）

② 解の公式の計算

解の公式を用いて計算する場合は、まず式を二次方程式の形式に整理しましょう。

(1) $2x^2 + x = -4x - 3$

⬇ 式を整理すると！

$2x^2 + x + 4x + 3 = 0$

$\underset{a}{2}x^2 + \underset{b}{5}x + \underset{c}{3} = 0$

⬇ 上式より、$a=2$、$b=5$、$c=3$ なので、解の公式に代入すると！

$$x = \frac{-5 \pm \sqrt{5^2 - 4 \times 2 \times 3}}{2 \times 2} = \frac{-5 \pm \sqrt{1}}{4} = \frac{-5 \pm 1}{4}$$

したがって、$\boxed{x = -1 \ 、 -\frac{3}{2}}$

a、b、cの それぞれの符号 (+、−) に気をつけてね！

(2) $\frac{1}{3}x^2 + \frac{2}{9}x - \frac{1}{18} = 0$

⬇ 両辺に 18 を掛けて整理すると！

$\underset{a}{6}x^2 + \underset{b}{4}x - \underset{c}{1} = 0$

⬇ 上式より、$a=6$、$b=4$、$c=-1$ なので、解の公式に代入すると！

$$x = \frac{-4 \pm \sqrt{4^2 - 4 \times 6 \times (-1)}}{2 \times 6} = \frac{-4 \pm \sqrt{40}}{12} = \frac{\overset{2}{-4} \pm 2\sqrt{10}}{\underset{6}{12}} = \frac{-2 \pm \sqrt{10}}{6}$$

ルートの中が整数になっていれば、そのままでもいいんだよ！

したがって、$\boxed{x = \frac{-2 \pm \sqrt{10}}{6}}$

解の公式で、ルートの中の値が『$b^2-4ac \geq 0$』の条件が付くのはなぜ？

※ b^2-4ac を判別式といいます。

> ルートの中が −（マイナス）になると、x の値が求められないからです！

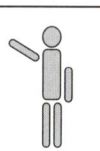

⬇ 簡単に説明すると！

a. $\boxed{b^2-4ac > 0}$ の場合 ⇒ 解が2つ求められる。

例 $x^2+4x-5 = 0$ の場合
$b^2-4ac = 4^2-4\times1\times(-5) = 36 > 0$
⬇ 解の公式に代入すると！
$x = \dfrac{-4\pm\sqrt{36}}{2} = \dfrac{-4\pm 6}{2}$
したがって、$x=-5$、1

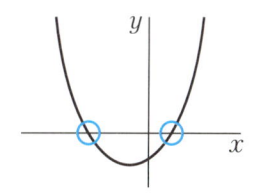

2ヵ所で x 軸と交差する。

b. $\boxed{b^2-4ac = 0}$ の場合 ⇒ 解が1つ求められる。（重解ともいう）

例 $x^2+2x+1 = 0$ の場合
$b^2-4ac = 2^2-4\times1\times1 = 0$
⬇ 解の公式に代入すると！
$x = \dfrac{-2\pm\sqrt{0}}{2\times 1} = \dfrac{-2}{2} = -1$
したがって、$x=-1$

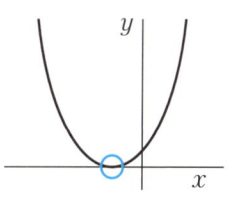

1ヵ所で x 軸と接する。

c. $\boxed{b^2-4ac < 0}$ の場合 ⇒ 計算できない。= 実数の解がない。

例 $x^2+2x+6 = 0$ の場合
$b^2-4ac = 2^2-4\times1\times6 = -20 < 0$
⬇ 解の公式に代入すると！
$x = \dfrac{-2\pm\sqrt{-20}}{2}$
実数の解がない。

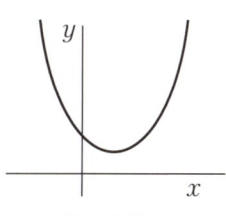

x 軸と交差しない。

問題 解の公式を用いて、次の二次方程式を解きましょう。

(1) $(x-2)(x+3) = 0$

⬇ p.42 を参考に、式を展開すると！

$x^2+x-6 = 0$

⬇ $a=1$、$b=1$、$c=-6$ となるので、解の公式に代入すると！

$$x = \frac{-1\pm\sqrt{1^2-4\times1\times(-6)}}{2\times1} = \frac{-1\pm\sqrt{1+24}}{2} = \frac{-1\pm\sqrt{25}}{2} = \frac{-1\pm5}{2}$$

したがって、 $\boxed{x = -3、2}$

(2) $2x^2+2x = x^2-4x+4$

⬇ 式を整理すると！

$x^2+6x-4 = 0$

⬇ $a=1$、$b=6$、$c=-4$ となるので、解の公式に代入すると！

$$x = \frac{-6\pm\sqrt{6^2-4\times1\times(-4)}}{2\times1} = \frac{-6\pm\sqrt{36+16}}{2} = \frac{-6\pm\sqrt{52}}{2} = \frac{\overset{-3}{-6}\pm2\sqrt{13}}{\underset{}{2}} = -3\pm\sqrt{13}$$

したがって、 $\boxed{x = -3\pm\sqrt{13}}$

(3) $(x+2)^2+5(x+1) = 0$

⬇ p.42 を参考に、式を展開してから整理すると！

$x^2+4x+4+5x+5 = 0$

$x^2+9x+9 = 0$

⬇ $a=1$、$b=9$、$c=9$ となるので、解の公式に代入すると！

$$x = \frac{-9\pm\sqrt{9^2-4\times1\times9}}{2\times1} = \frac{-9\pm\sqrt{81-36}}{2} = \frac{-9\pm\sqrt{45}}{2} = \frac{-9\pm3\sqrt{5}}{2}$$

したがって、 $\boxed{x = \dfrac{-9\pm3\sqrt{5}}{2}}$

練習問題

問題1 次の問に答えましょう。　　※計算はm（メートル）で行いましょう。

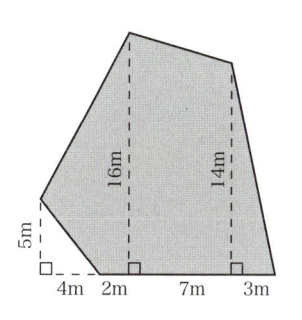

(1) 面積を求めましょう。

(2) 鉄筋コンクリート造の柱と梁の体積の合計を求めましょう。

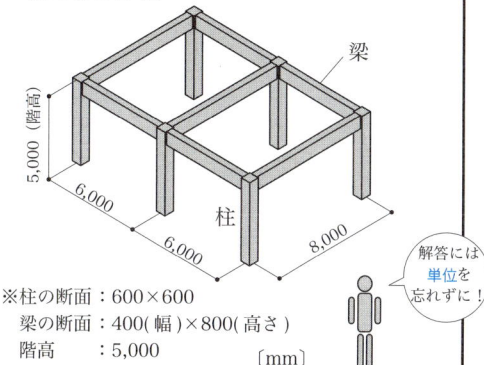

※柱の断面：600×600
梁の断面：400(幅)×800(高さ)
階高　　：5,000
〔mm〕

問題2 次の値の大小を不等号を用いて並び替えましょう。

(1) $\dfrac{7}{9}$、1.2、0.68

(2) -2.7、$-\dfrac{8}{3}$、$-\dfrac{11}{4}$

問題3 次の等式を比の式に変換しましょう。

(1) $2a = 3b = \dfrac{2}{5}c$

(2) $\dfrac{2Q_A \cdot h^3}{3EI} = \dfrac{Q_B \cdot h^3}{3EI} = \dfrac{Q_C \cdot h^3}{12EI}$

問題4 次の比例式中の x を求めましょう。

(1) $x : 1.5 = 2 : 1$

(2) $\dfrac{2}{5} : \dfrac{3}{8} = x : 15$

問題5 スロープの勾配が 1 / 12 のとき、60cm あがるのに必要な長さ（水平距離）を求めましょう。
※計算は m（メートル）で行いましょう。

解説 p.159〜p.160

解答　1　(1) 179 m²　(2) 24.82 m³　　2 (1) $0.68 < \dfrac{7}{9} < 1.2$　(2) $-\dfrac{11}{4} < -2.7 < -\dfrac{8}{3}$
　　　3　(1) 3 : 2 : 15　(2) 1 : 2 : 8
　　　4　(1) $x=3$　(2) $x=16$
　　　5　7.2 m

2章 数式の基礎知識

問題6 次の式の A と x を求めましょう。

(1) $A^2 = 3$ (2) $(x+5)^2 = 8$

問題7 次の式を有理化しましょう。

(1) $\dfrac{1}{\sqrt{2}}$ (2) $\dfrac{8}{\sqrt{5}+\sqrt{3}}$

問題8 次の連立方程式を解きましょう。

(1) $\begin{cases} x+y = 3 \\ 2x+5y = 9 \end{cases}$ (2) $\begin{cases} 5x+2y = 24 \\ 3x+2y = 8 \end{cases}$ (3) $\begin{cases} 2P+2Q = 7 \\ -4P+3Q = 0 \end{cases}$

※代入法で計算しましょう。　　※加減法で計算しましょう。　　※加減法で計算しましょう。

問題9 因数分解を用いて、次の二次方程式を解きましょう。

(1) $(x+5)(x-3) = 0$ (2) $x^2+8x+12 = 0$ (3) $x^2+10x = -21$

問題10 解の公式を用いて、次の二次方程式を解きましょう。

(1) $x^2-3x+1 = 0$ (2) $x^2+x = -x+2$ (3) $(x-1)^2 = 0$

解説 p.161〜p.162

解答　6　(1) $\pm\sqrt{3}$　　(2) $\pm 2\sqrt{2}-5$

　　　7　(1) $\dfrac{\sqrt{2}}{2}$　　(2) $4(\sqrt{5}-\sqrt{3})$

　　　8　(1) $x=2, y=1$　　(2) $x=8, y=-8$　　(3) $P=\dfrac{3}{2}$、$Q=2$

　　　9　(1) $x=-5, 3$　　(2) $x=-2, -6$　　(3) $x=-3, -7$

　　　10　(1) $x=\dfrac{3\pm\sqrt{5}}{2}$　　(2) $x=-1\pm\sqrt{3}$　　(3) $x=1$

3章　三角関数

1 三角形の角度と辺の長さの関係

三角形には、特定の角度や辺の長さの比を持つものがあります。

1 特定の角度と辺の長さの比を持つ三角形

これらの三角形は、角度から辺の長さの比がわかったり、辺の長さの比から角度がわかったりします。

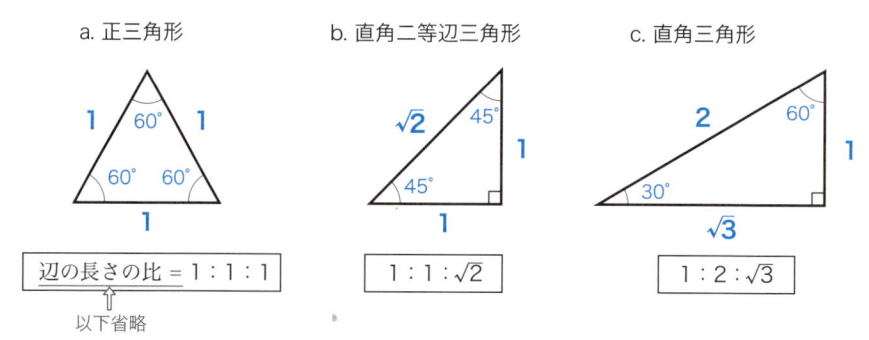

a. 正三角形　　　　b. 直角二等辺三角形　　　c. 直角三角形

辺の長さの比 = 1 : 1 : 1　↑以下省略

$1 : 1 : \sqrt{2}$

$1 : 2 : \sqrt{3}$

2 特定の辺の長さの比を持つ直角三角形

直角三角形で、2辺の長さの比がいずれかの場合、容易にもう一辺の長さを知ることができます。

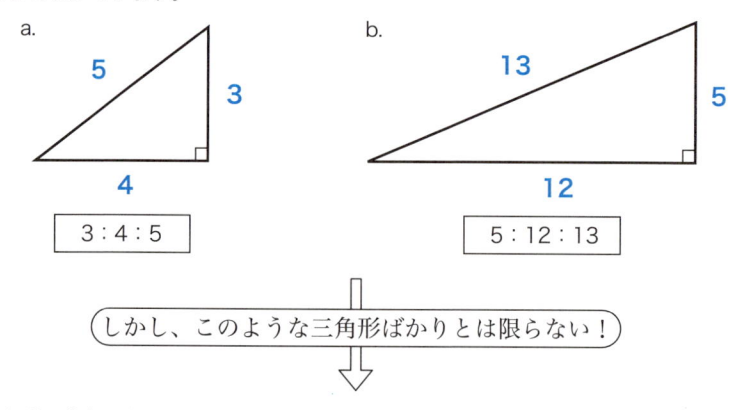

a. 3 : 4 : 5

b. 5 : 12 : 13

⇩

しかし、このような三角形ばかりとは限らない！

⇩

三角形の内角の和が180°であることから、上記以外の角度や辺の長さの比を持つ三角形でも、角度や辺の長さを求めることができます。

⇩

三角関数を用いて計算をする！

2　三角関数

三角関数は、内角の一角が直角であることを前提として、直角の位置が右下になるように配置して考えます。

直角三角形の直角の位置と辺の名称

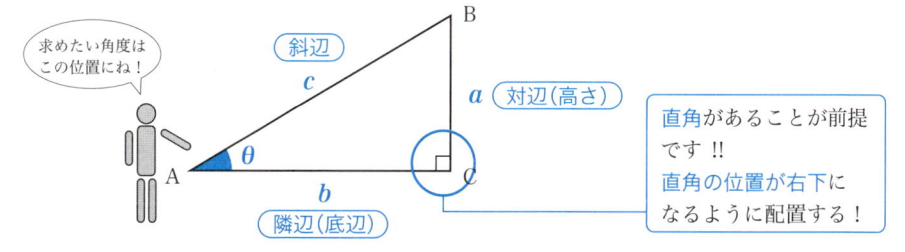

（求めたい角度はこの位置にね！）

- 斜辺：c
- 対辺（高さ）：a
- 隣辺（底辺）：b
- 角：θ（頂点A）、頂点B、頂点C（直角）

直角があることが前提です!!
直角の位置が右下になるように配置する！

1. 三角関数の式

三角関数では、sin（サイン）、cos（コサイン）、tan（タンジェント）の3つの用語を用います。

(1) 上図の角 A の角度 θ を求める場合

$$\sin\theta = \frac{a\,(対辺)}{c\,(斜辺)}$$

$$\cos\theta = \frac{b\,(隣辺)}{c\,(斜辺)}$$

$$\tan\theta = \frac{a\,(対辺)}{b\,(隣辺)}$$

このように、角 A の角度を求める場合、辺の位置に関わらず、3辺のうち、2辺の長さがわかっていると、角 A の角度を求めることができます。

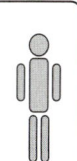

---

sin（サイン）、cos（コサイン）、tan（タンジェント）の覚え方

それぞれの頭文字を筆記体で書いてみてください。

いずれも、
- 分子 ⇔ 書き終わりの辺
- 分母 ⇔ 書き始めの辺

となっていることに気づきましたか？

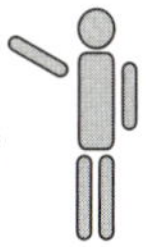

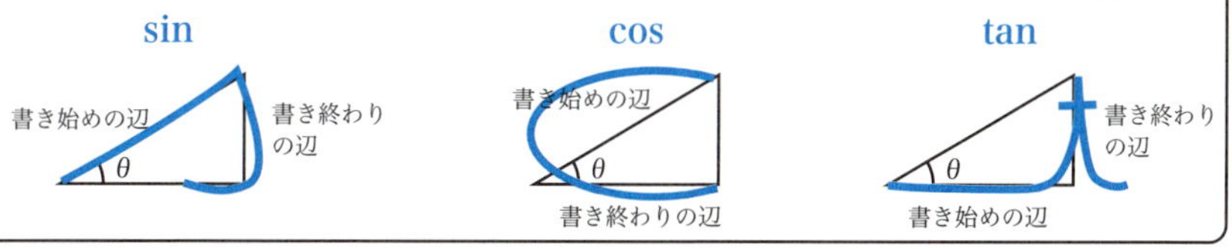

sin：書き始めの辺／書き終わりの辺／θ

cos：書き始めの辺／書き終わりの辺／θ

tan：書き始めの辺／書き終わりの辺／θ

(2) 下図の角 B の角度 θ を求める場合

求めたい角が、左下になるように図を回転させます。

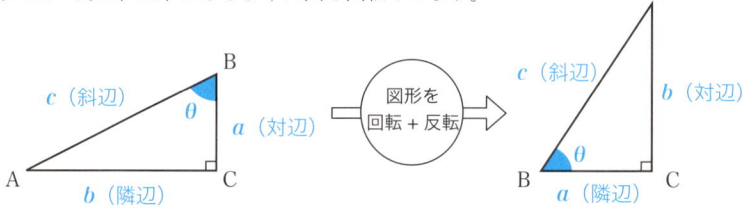

$$\sin\theta = \frac{b\,(対辺)}{c\,(斜辺)}$$

$$\cos\theta = \frac{a\,(隣辺)}{c\,(斜辺)}$$

$$\tan\theta = \frac{b\,(対辺)}{a\,(隣辺)}$$

実際に数値が入った図形で見てみましょう！

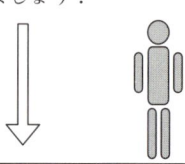

問題 次の直角三角形の角 A と角 B の角度 θ を sin、cos、tan を用いて、それぞれ求めましょう。

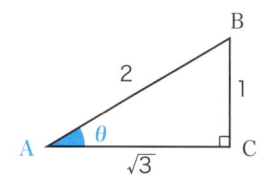

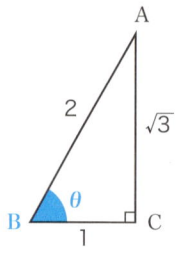

(1) 角 A の角度 θ

$$\sin\theta = \frac{対辺}{斜辺} = \frac{1}{2}$$

$$\cos\theta = \frac{隣辺}{斜辺} = \frac{\sqrt{3}}{2}$$

$$\tan\theta = \frac{対辺}{隣辺} = \frac{1}{\sqrt{3}}$$

回転＋反転させると！

(2) 角 B の角度 θ

$$\sin\theta = \frac{対辺}{斜辺} = \frac{\sqrt{3}}{2}$$

$$\cos\theta = \frac{隣辺}{斜辺} = \frac{1}{2}$$

$$\tan\theta = \frac{対辺}{隣辺} = \frac{\sqrt{3}}{1}$$

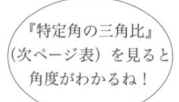

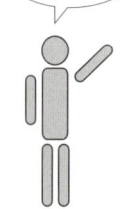

『特定角の三角比』(次ページ表) を見ると角度がわかるね！

2. 特定角の三角比

次の角度を持つ直角三角形に関する三角関数を
『特定角の三角比』といいます。

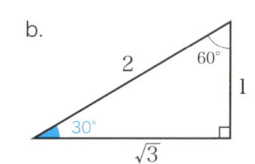

a. 45°-45°-90°の直角三角形（辺の比 1 : 1 : √2）
b. 30°-60°-90°の直角三角形（辺の比 √3 : 1 : 2）
c. 60°-30°-90°の直角三角形（辺の比 1 : √3 : 2）

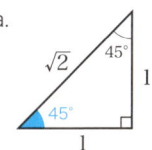

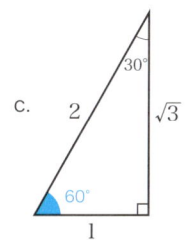

特定角の三角比の表

関数＼角度	0°	30°	45°	60°	90°
sin	0	$\frac{1}{2}$	$\frac{1}{\sqrt{2}}$	$\frac{\sqrt{3}}{2}$	1
cos	1	$\frac{\sqrt{3}}{2}$	$\frac{1}{\sqrt{2}}$	$\frac{1}{2}$	0
tan	0	$\frac{1}{\sqrt{3}}$	$\frac{1}{1}$	$\frac{\sqrt{3}}{1}$	∞

上表の値

$\sqrt{2} \fallingdotseq 1.4142$ $\frac{1}{\sqrt{2}} \fallingdotseq 0.7071$ $\frac{\sqrt{3}}{2} \fallingdotseq 0.8660$

$\sqrt{3} \fallingdotseq 1.7321$ $\frac{1}{\sqrt{3}} \fallingdotseq 0.5774$ ∞ = 無限大

※上表以外の角度の場合は、関数電卓（p.16）を用いて計算しましょう。
　（関数電卓の使い方は p.64 を参照）

a. 90°とはどういう状況？

Bの角度が90°になるには？

B-Cを縮める ⇒ B-Cを縮める ⇒ B-Cの長さが0になるとBの角度は90°になる！

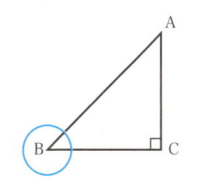

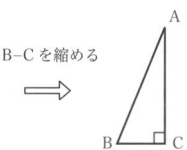

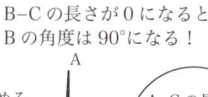

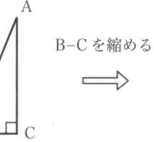

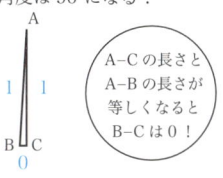

（A-Cの長さとA-Bの長さが等しくなるとB-Cは0！）

b. 0°とはどういう状況？

Bの角度が0°になるには？

A-Cを縮める ⇒ A-Cを縮める ⇒ A-Cの長さが0になるとBの角度は0°になる！

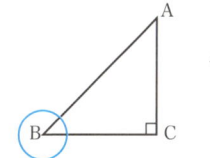

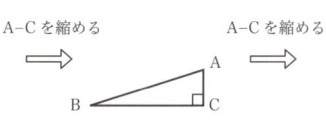

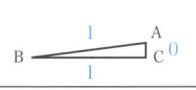

3. 三角関数を用いて辺の長さを求める

三角関数は、角度を求めるだけではなく、辺の長さを求める場合にも用います。

実際に数値が入った図形で見てみましょう！

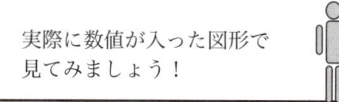

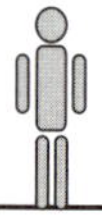

問題 次の直角三角形で、角Aの角度が30°、斜辺cの長さが10mの場合、対辺aと隣辺bの辺の長さを求めましょう。

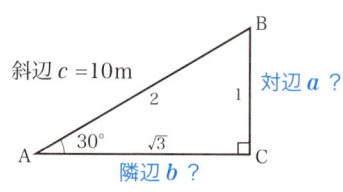

斜辺c = 10m　対辺a？
隣辺b？

どの辺の長さがわかっているかでsin、cos、tanのどれを用いて計算するかを決めるんだね！

(1) 対辺aを求める。

① 基本となる式は？

$$\frac{a}{c} = \sin\theta$$

両辺にcを掛けると

$$\frac{a}{\cancel{c}} \times \cancel{c} = \sin\theta \times c$$

$$\boxed{a = c\sin\theta}$$

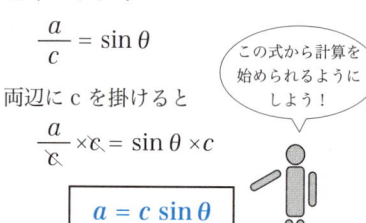

この式から計算を始められるようにしよう！

② c=10m、∠A=30°を代入すると！

$a = 10\sin 30°$
$= 10 \times \dfrac{1}{2}$
$= 5$

したがって、対辺aは $\boxed{5\ \text{m}}$

(2) 隣辺bを求める。

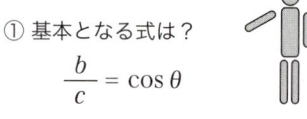

① 基本となる式は？

$$\frac{b}{c} = \cos\theta$$

両辺にcを掛けると

$$\frac{b}{\cancel{c}} \times \cancel{c} = \cos\theta \times c$$

$$\boxed{b = c\cos\theta}$$

② c=10m、∠A=30°を代入すると！

$b = 10\cos 30°$
$= 10 \times \dfrac{\sqrt{3}}{2}$
$= 5\sqrt{3} = 8.6602\cdots$

したがって、隣辺bは $\boxed{8.66\ \text{m}}$

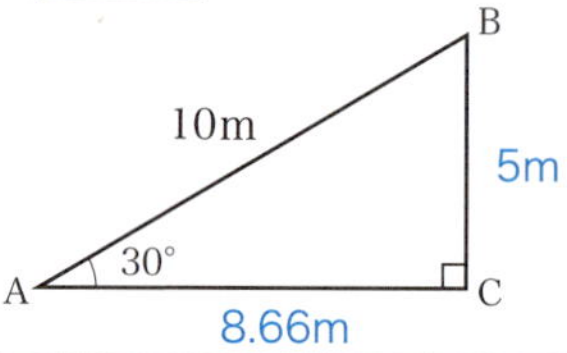

10m　5m
30°
8.66m

問題　建物から木までの距離を求めましょう。

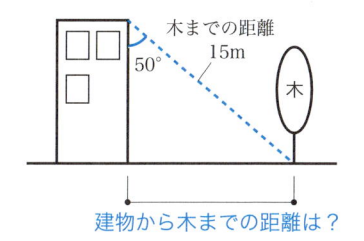

① 距離と角度の関係だけを図にすると？

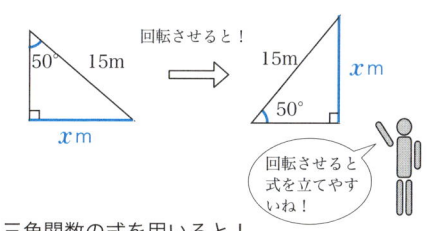

回転させると式を立てやすいね！

② 三角関数の式を用いると！

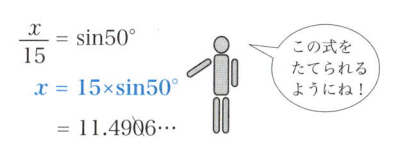

$$\frac{x}{15} = \sin 50°$$

$$x = 15 \times \sin 50°$$

$$= 11.4906\cdots$$

この式をたてられるようにね！

したがって、建物から木までの距離は、11.49 m

3章 三角関数

2 三角関数

『60進法』と『10進法』の違いは？

(1) 30° 30′ 30″ は 60進法！

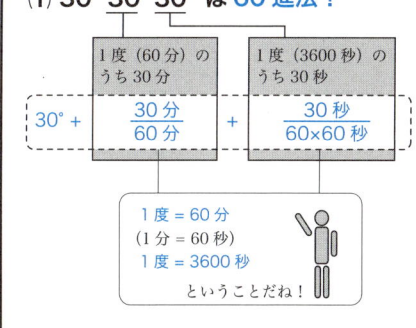

- 度　分　秒
- 1度(60分)のうち 30分
- 1度(3600秒)のうち 30秒

$$30° + \frac{30 分}{60 分} + \frac{30 秒}{60 \times 60 秒}$$

1度 = 60分
(1分 = 60秒)
1度 = 3600秒
ということだね！

(2) 30.55° は 10進法！

- 度
- 100%のうち 55%

$$30° + \frac{55}{100} \ (=0.55)$$

実際に計算をして確認しましょう。

① 15°45′15″ を 10進法に変換すると？

$$15 + \frac{45}{60} + \frac{15}{60 \times 60} = 15.7541\overset{2}{6}\cdots$$

度　分　　　秒

したがって、15.7542°

② 15.7542° を 60進法に変換すると？

$$0.7542 \times 60 = 45.252 \implies 45 分$$

$$0.252 \times 60 = 15.12 \implies 15 秒$$

したがって、15° 45′ 15″

15° 45′ 15″ ⇄ 15.7542°
（10進法に変換／60進法に変換）

3 三角形の面積

1. 三角形の面積を求める公式

① 一般的な式

三角形の面積 = 底辺 × 高さ × $\frac{1}{2}$

$S = b \times h \times \frac{1}{2} = \frac{1}{2} bh$

$$S = \frac{1}{2} bh \quad \cdots\cdots (i)$$

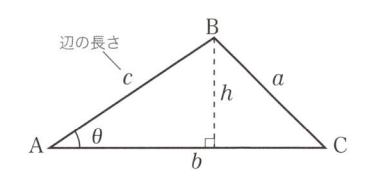

② 三角関数を用いた式

高さがわからない場合でも、2辺とその間の角度（なす角）がわかれば、三角関数を用いて計算することができます。

右上図より、

$\frac{h}{c} = \sin \theta$ （角Aの角度）

$h = c \sin \theta$

①の(i)式の h に $c \sin \theta$ を代入すると！

$$S = \frac{1}{2} b c \sin \theta$$

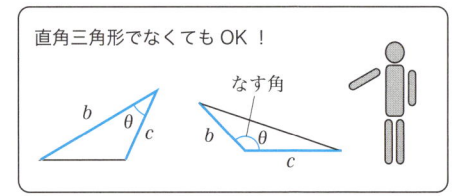

直角三角形でなくてもOK！

③ ヘロンの公式

三角形の3辺の長さがすべてわかるときの面積を求める公式。

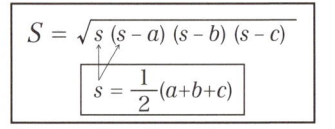

$$S = \sqrt{s(s-a)(s-b)(s-c)}$$

$$s = \frac{1}{2}(a+b+c)$$

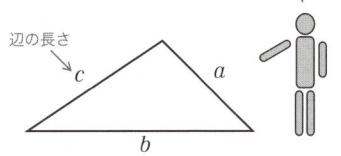

ヘロンという人が発見したんだよ！

三平方の定理

直角三角形の辺で2辺の長さがわかっている場合に、もう1辺の長さを求める公式。

$$c^2 = a^2 + b^2$$

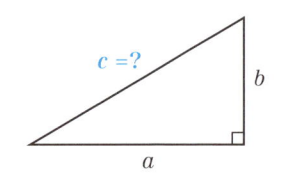

$c = ?$

問題1　次の三角形の面積を求めましょう。ただし、直角三角形ではありません。

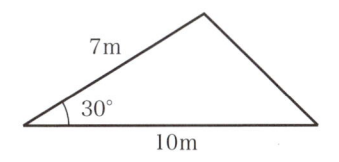

① h（右図）を求める。

$$h = 7 \times \sin 30°$$
$$= 7 \times \frac{1}{2}$$
$$= 3.5 \text{m}$$

> p.60 (1)対辺を求めるで確認してね！

② 面積を求める。

$$S = 10 \times 3.5 \times \frac{1}{2}$$
$$= 17.5 \text{m}^2$$

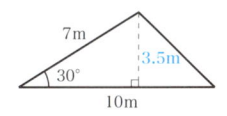

したがって、三角形の面積は　17.5 m^2

問題2　ヘロンの公式を用いて、次の直角三角形の面積を求めましょう。

$c = ?$, $b = 5\text{m}$, $a = 12\text{m}$

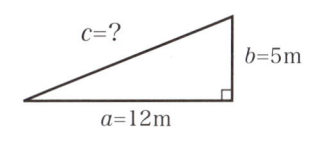

① 三平方の定理で残りの辺の長さを求める。

$$c^2 = 12^2 + 5^2$$
$$c^2 = 169$$
$$c = \pm\sqrt{169} = \pm 13 \text{ m}$$

辺の長さなので $c > 0$　したがって、$c = 13\text{m}$

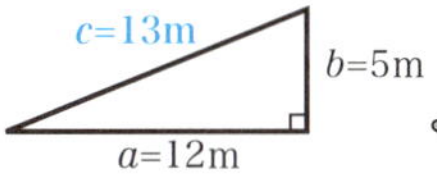

> これは特定の辺の長さの比を持つ三角形（p.56 [2]）でしたね！

② ヘロンの公式で面積を求める。

$$s = \frac{1}{2}(12+5+13) = \frac{1}{2} \times 30 = 15$$

$$S = \sqrt{15(15-12)(15-5)(15-13)}$$

$$S = \sqrt{15 \times 3 \times 10 \times 2} = \sqrt{900} = 30 \text{ m}^2$$

> 単位を忘れずに！

したがって、三角形の面積は　30 m^2

3章 三角関数

3 三角形の面積

2. 関数電卓を用いて三角関数を計算する

※関数電卓（p.16）の種類によっては、操作するボタンの表示が異なる場合があります。

1 直角三角形の1辺と角度がわかっている場合で、もう1辺を求める。

(1) sin

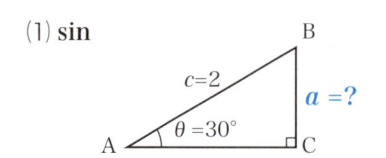

$a = 2 \sin 30°$ ⇦ p.60(1) 参照

$\boxed{2} \Rightarrow \boxed{\sin} \Rightarrow \boxed{3}\boxed{0} \Rightarrow \boxed{=}$

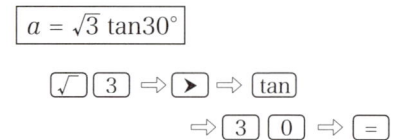

(2) cos

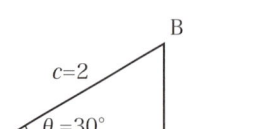

$b = 2 \cos 30°$ ⇦ p.60(2) 参照

$\boxed{2} \Rightarrow \boxed{\cos} \Rightarrow \boxed{3}\boxed{0} \Rightarrow \boxed{=}$

(3) tan

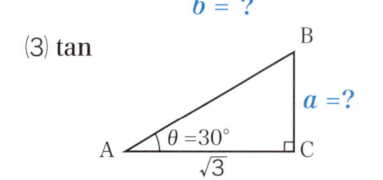

$a = \sqrt{3} \tan 30°$

$\boxed{\sqrt{}}\boxed{3} \Rightarrow \boxed{▶} \Rightarrow \boxed{\tan} \Rightarrow \boxed{3}\boxed{0} \Rightarrow \boxed{=}$

2 直角三角形の2辺がわかっている場合で、角度を求める。

2辺から角度を求めることを三角関数の逆関数といいます。

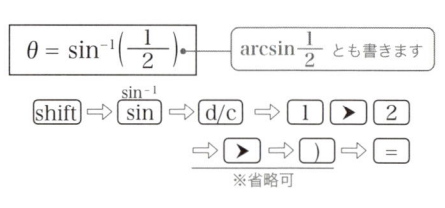

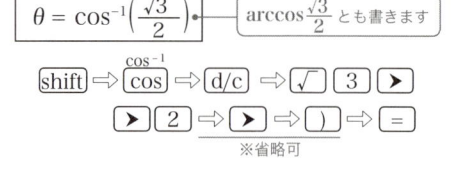

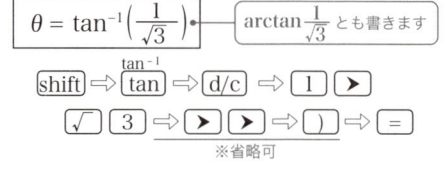

(1) sin

$\sin \theta = \dfrac{1}{2}$

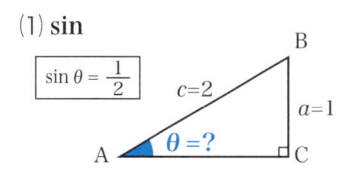

$\theta = \sin^{-1}\left(\dfrac{1}{2}\right)$ — arcsin$\dfrac{1}{2}$ とも書きます

$\boxed{\text{shift}} \Rightarrow \boxed{\overset{\sin^{-1}}{\sin}} \Rightarrow \boxed{\text{d/c}} \Rightarrow \boxed{1}\boxed{▶}\boxed{2}$
$\Rightarrow \boxed{▶} \Rightarrow \boxed{)} \Rightarrow \boxed{=}$
※省略可

(2) cos

$\cos \theta = \dfrac{\sqrt{3}}{2}$

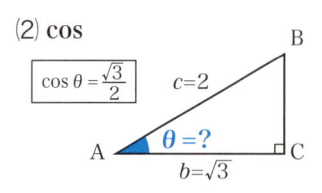

$\theta = \cos^{-1}\left(\dfrac{\sqrt{3}}{2}\right)$ — arccos$\dfrac{\sqrt{3}}{2}$ とも書きます

$\boxed{\text{shift}} \Rightarrow \boxed{\overset{\cos^{-1}}{\cos}} \Rightarrow \boxed{\text{d/c}} \Rightarrow \boxed{\sqrt{}}\boxed{3}\boxed{▶}$
$\boxed{▶}\boxed{2} \Rightarrow \boxed{▶} \Rightarrow \boxed{)} \Rightarrow \boxed{=}$
※省略可

(3) tan

$\tan \theta = \dfrac{1}{\sqrt{3}}$

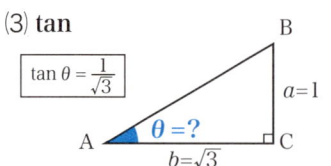

$\theta = \tan^{-1}\left(\dfrac{1}{\sqrt{3}}\right)$ — arctan$\dfrac{1}{\sqrt{3}}$ とも書きます

$\boxed{\text{shift}} \Rightarrow \boxed{\overset{\tan^{-1}}{\tan}} \Rightarrow \boxed{\text{d/c}} \Rightarrow \boxed{1}\boxed{▶}$
$\boxed{\sqrt{}}\boxed{3} \Rightarrow \boxed{▶}\boxed{▶} \Rightarrow \boxed{)} \Rightarrow \boxed{=}$
※省略可

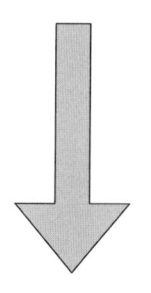

建築に関する三角関数

三角関数は、建築計画や構造力学にも深く関わっています。建築計画では、建物の高さや敷地の面積などを求めることができ、また、構造力学では、力の方向や大きさなどを求めることができます。

いろいろな分野に関係するので、しっかり理解しましょう。

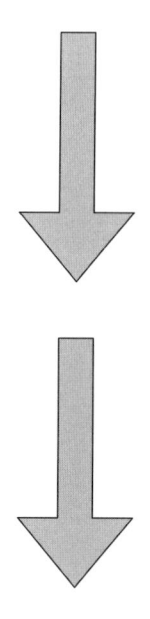

1. 建物の高さを測る　　測量

三角関数を用いて、建物の高さを求めましょう。

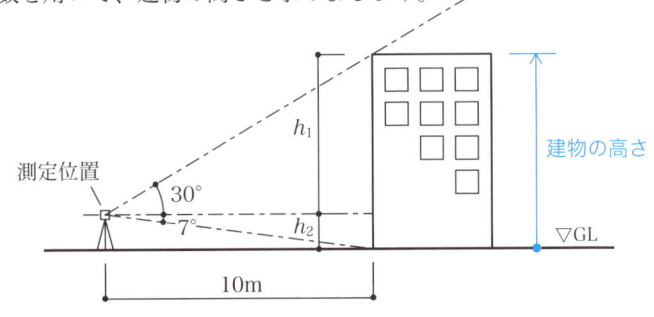

① h_1 の高さを求める。

$$\frac{h_1}{10} = \tan 30°$$

$$h_1 = 10 \times \tan 30° = 10 \times \frac{1}{\sqrt{3}} = \frac{10}{\sqrt{3}} \times \frac{\sqrt{3}}{\sqrt{3}} = \frac{10\sqrt{3}}{3} = 5.7735\cdots$$

有理化 (p.45 ④) でしたね！

② h_2 の高さを求める。

$$\frac{h_2}{10} = \tan 7°$$

$$h_2 = 10 \times \tan 7° = 1.2278\cdots$$

③ 建物全体の高さを求める。

$$h_1 + h_2 = 5.7735 + 1.2278 = 7.0013$$

単位を忘れずに！

したがって、建物の高さは $\boxed{7.00\ \text{m}}$

2. 屋根の面積を求める　　積算

三角関数を用いて、屋根の面積を求めましょう。
※メートルに変換して計算しましょう。

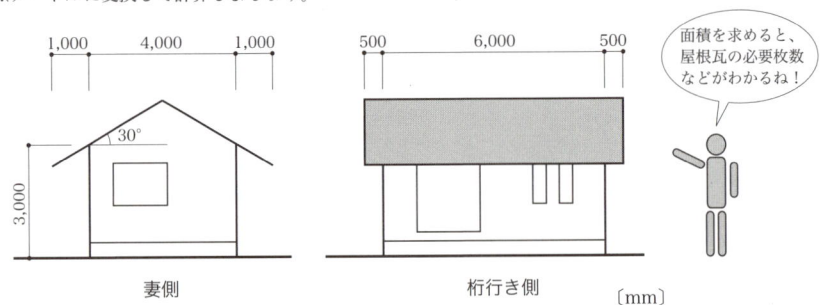

面積を求めると、屋根瓦の必要枚数などがわかるね！

妻側　　　桁行き側　　〔mm〕

※ 屋根勾配（屋根の角度）は左右同じです。

① 妻側の屋根の青いラインの長さを求める。

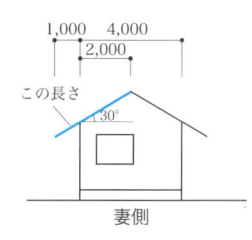

◎ 青いラインの関係を三角形で表すと？

回転させると！

◎ 青いラインの長さ x を求める式は？

$$\cos 30° = \frac{3}{x}$$

$$x = \frac{3}{\cos 30°} = \frac{3}{\frac{\sqrt{3}}{2}} = 3 \times \frac{2}{\sqrt{3}} = \frac{6}{\sqrt{3}} \times \frac{\sqrt{3}}{\sqrt{3}} = \frac{\overset{2}{6}\sqrt{3}}{\underset{1}{3}}$$

$$= 2\sqrt{3} = 3.4641\cdots$$

② 屋根全体の面積を求める。

（桁行き側の長さ）

$3.4641 \times 7 \times 2 = 48.4974$ （50）

片側の面積

したがって、屋根の面積は $48.50\ m^2$

3. 敷地の面積を求める　　　　　　　　　　測量

O 点を測定点とする敷地の面積を求めましょう。

① それぞれに分割する。

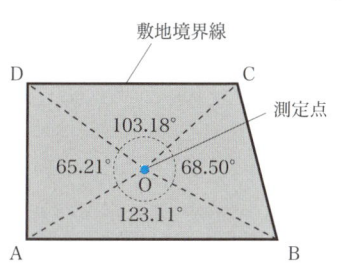

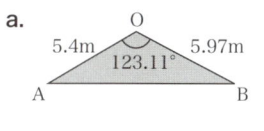

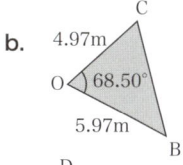

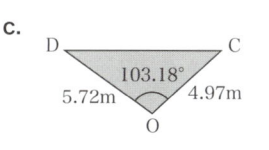

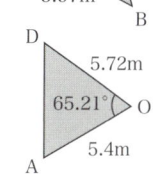

a. O, 5.4m, 5.97m, 123.11°, A, B

b. C, 4.97m, O, 68.50°, 5.97m, B

c. D, 103.18°, C, 5.72m, 4.97m, O

d. D, 5.72m, 65.21°, O, A, 5.4m

測定点から敷地境界線の
ポイントまでの距離

　O–A の距離：5.4m
　O–B の距離：5.97m
　O–C の距離：4.97m
　O–D の距離：5.72m

② それぞれの面積を計算し、合計する。
（P.62 ② 参照）

a. $S = \frac{1}{2} \times 5.4 \times 5.97 \times \sin 123.11° = 13.5016\cdots$

b. $S = \frac{1}{2} \times 5.97 \times 4.97 \times \sin 68.5° = 13.8031\cdots$

c. $S = \frac{1}{2} \times 4.97 \times 5.72 \times \sin 103.18° = 13.8397\cdots$

d. $S = \frac{1}{2} \times 5.72 \times 5.4 \times \sin 65.21° = 14.0208\cdots$

a+b+c+d $= 55.1652\cdots$ （7）

したがって、敷地の面積は $55.17\ m^2$

4. 水平面照度を求める　　　　　　　　　　　　　　　　　環境

$$\text{水平面照度} = \frac{\text{光度}}{(\text{点光源からの距離})^2}$$

点光源（光度：i）

点光源からの距離：r

受照面　P点

⇩ P 点が点光源の直下の場合は？

水平面照度 $E = \dfrac{i}{r^2}$　　単位は lx（ルクス）

⇩ 角度があると？

水平面照度 $E = \dfrac{i}{r^2} \cos\theta$

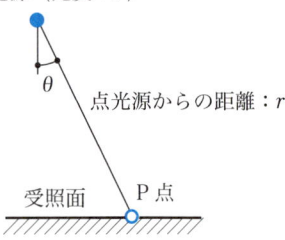

E：照度〔lx（ルクス）〕(lm/m^2)　⇐ P 点の明るさ
i：光度〔cd（カンデラ）〕(lm/sr)　⇐ 光の強さ
r：光源からの距離〔m〕　　　　　　(p.91 下 参照)

問題　次のような点光源に照らされた床上の A 点と B 点の水平面照度をそれぞれ求めましょう。

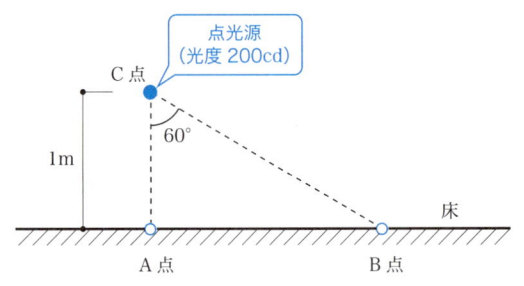

点光源（光度 200cd）

C 点　60°　1m　床　A 点　B 点

(1) A 点の水平面照度を求める。

$$\text{水平面照度} = \frac{\text{光度}}{(\text{点光源からの距離})^2} = \frac{200}{1^2} = 200$$

単位を忘れずに！

したがって、水平面照度は、 **200 lx**

(2) B 点の水平面照度を求める。

① 点光源から B 点までの距離は？

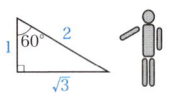

60° 辺の比 $1 : 2 : \sqrt{3}$　特定角 60° を持つ三角形なので（p.59 ① 参照）　⇒ 点光源から B 点までの距離は 2m

② 水平面照度は？

$$\text{水平面照度} = \frac{200}{2^2} \cos 60° = 25$$

したがって、水平面照度は、 **25 lx**

練習問題

問題1 次の三角形の辺の長さの比を確認し、それぞれの値を求めましょう。

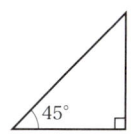

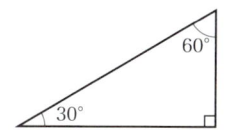

① sin45° =   ④ sin30° =   ⑦ sin60° =
② cos45° =   ⑤ cos30° =   ⑧ cos60° =
③ tan45° =   ⑥ tan30° =   ⑨ tan60° =

問題2 sin、cos、tan を用いて、次の三角形の角度 θ を求めましょう。

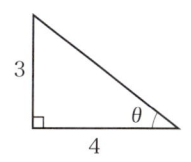

① $\sin\theta$ =
② $\cos\theta$ =
③ $\tan\theta$ =

問題3 次の三角形の辺の長さ x を求めましょう。

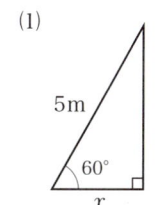

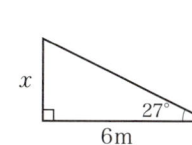

(1)

(2)

解答には単位を忘れずに！

解説 p.162〜 p.163

解答　1　① $\dfrac{1}{\sqrt{2}}$　② $\dfrac{1}{\sqrt{2}}$　③ $1\left(\dfrac{1}{1}\right)$　④ $\dfrac{1}{2}$　⑤ $\dfrac{\sqrt{3}}{2}$　⑥ $\dfrac{1}{\sqrt{3}}$　⑦ $\dfrac{\sqrt{3}}{2}$　⑧ $\dfrac{1}{2}$　⑨ $\sqrt{3}\left(\dfrac{\sqrt{3}}{1}\right)$

　　　　2　① $\dfrac{3}{5}$　② $\dfrac{4}{5}$　③ $\dfrac{3}{4}$

　　　　3　(1) 2.5m　　(2) 3.06m

問題4　次の三角形の面積を求めましょう。

(1)

50°
4

(2)

13　14
15

(3)

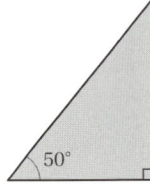

2　135°
5

※(1)は、一般的な三角形の面積の公式を用いて計算しましょう！

問題5　次の敷地の面積を求めましょう。

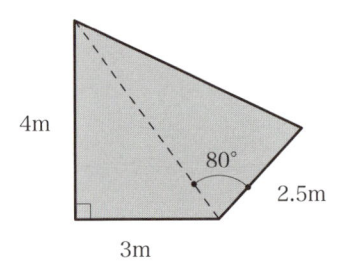

4m
80°
2.5m
3m

解答には**単位**を忘れずに！

解説 p.163

解答　4　(1) 9.53　　(2) 84　　(3) $\dfrac{5\sqrt{2}}{2}$

　　　5　12.16m²

4章 ベクトル

1 ベクトルの性質

1 ベクトルとは？

　　　　　　　　　大きさ と **方向** の両方を併せもつ量

ベクトルの例

a. 力
左方向に 100kg の力で押す
方向　大きさ

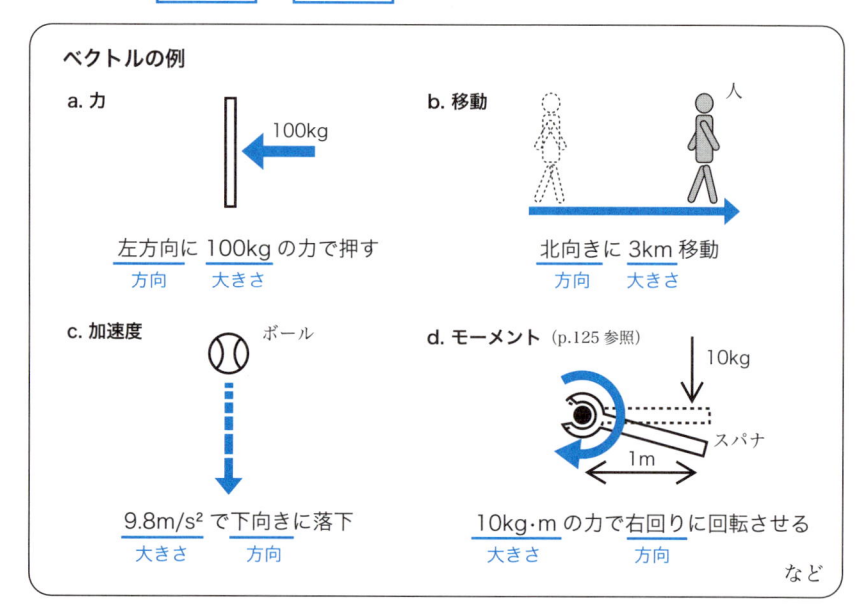

b. 移動
北向きに 3km 移動
方向　大きさ

c. 加速度
9.8m/s² で下向きに落下
大きさ　方向

d. モーメント (p.125参照)
10kg·m の力で右回りに回転させる
大きさ　　　方向

など

2 ベクトルの平行移動

ベクトルは平行移動できる!!

どこから歩き始めても、北向きに3km移動したことになるため、作用する位置が違っても、同じベクトルと言えます。

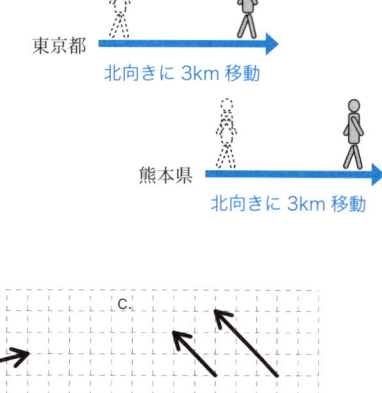

東京都　北向きに 3km 移動
熊本県　北向きに 3km 移動

ということは！

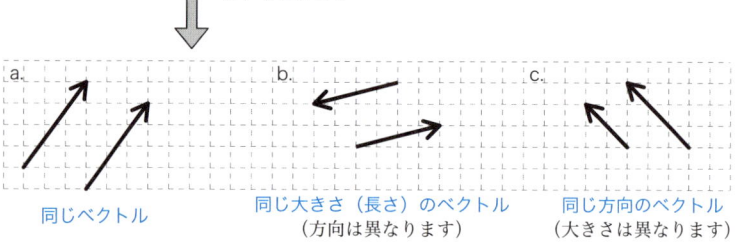

a. 同じベクトル
b. 同じ大きさ（長さ）のベクトル（方向は異なります）
c. 同じ方向のベクトル（大きさは異なります）

2　ベクトルの合成

1. ベクトルの表示

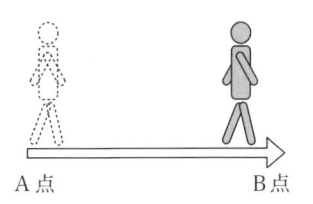

A点からB点へ移動した場合の表示記号

$$\vec{AB}$$

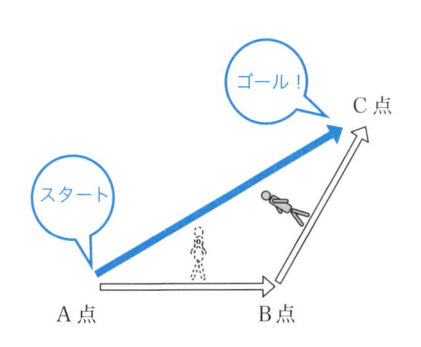

A点からB点を経由してC点へ移動すると、結果としてA点からC点へ移動したことになります。

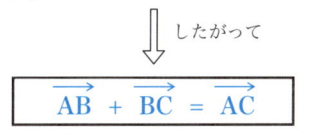

したがって

$$\vec{AB} + \vec{BC} = \vec{AC}$$

※これを**ベクトルの合成**といいます。

次の式の場合、図形上では2通りの考え方ができます。

$$\vec{AB} + \vec{BC} = \vec{AC}$$

a. 三角形の一辺

どちらも矢印の方向と長さは同じだね！

b. 平行四辺形の対角線

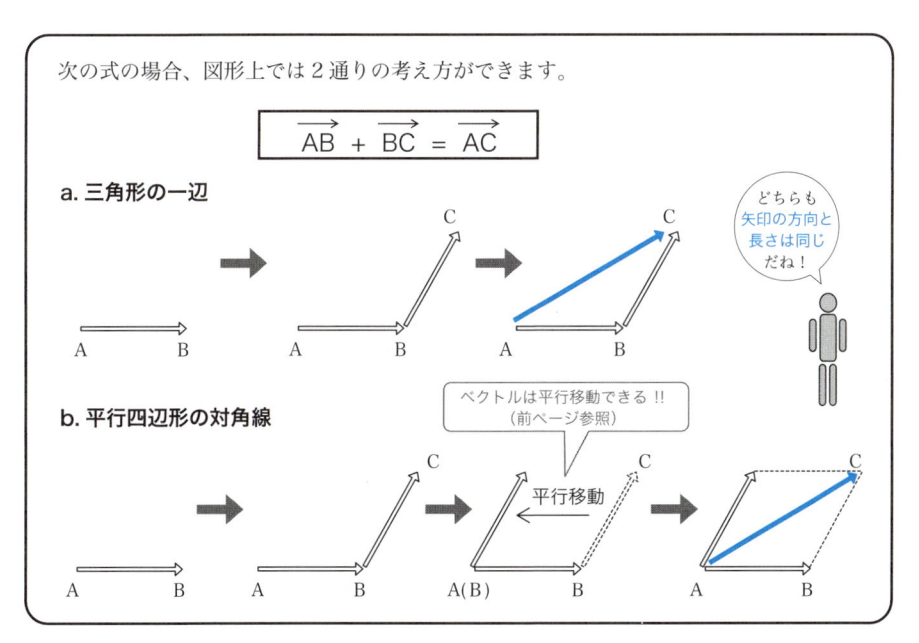

ベクトルは平行移動できる!!
（前ページ参照）

平行移動

2. ベクトルの足し算

> 座標は成分表示と読むことができる！
>
> A 点の座標は $\overrightarrow{OA}$ の成分表示

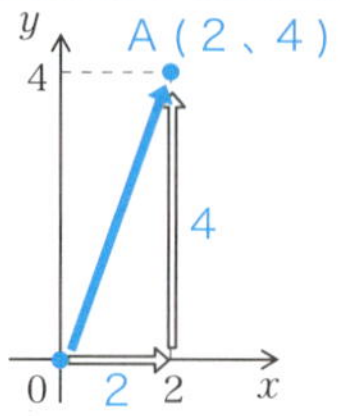

1 ベクトルの成分表示

(1) (3 、3)

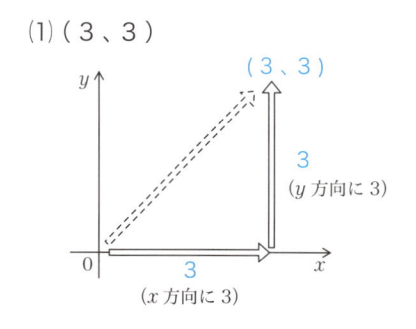

(2) (3 、−4)

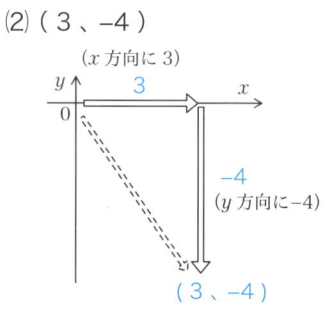

2 ベクトルの足し算

(1) (3 、4) + (5 、2) = (3+5 、4+2) = (8 、6)

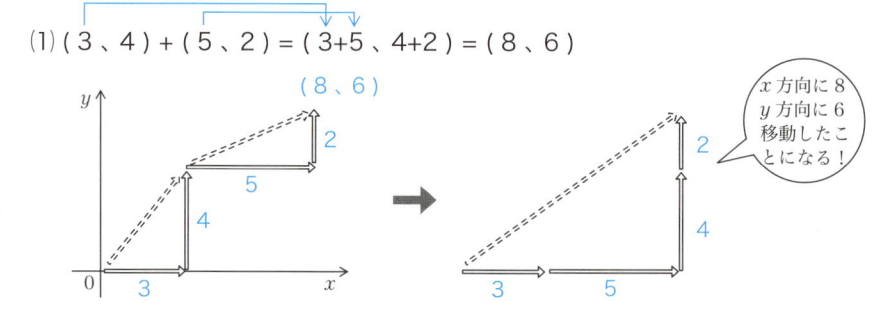

x 方向に 8
y 方向に 6
移動したことになる！

(2) (4 、3) + (−2 、3) = (4+(−2) 、3+3) = (2 、6)

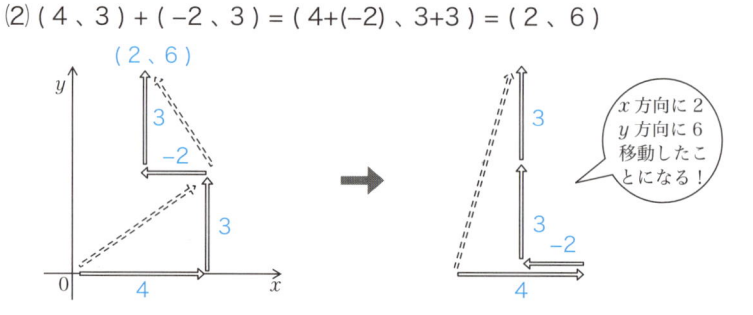

x 方向に 2
y 方向に 6
移動したことになる！

3. ベクトルの引き算

◎ $\vec{AB}$ を求めるには？

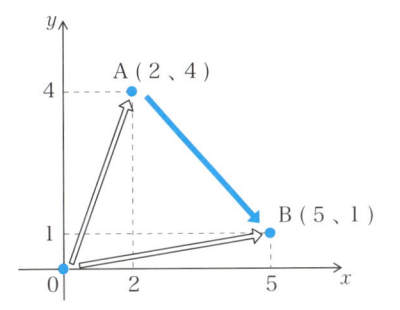

3点の関係
$$\vec{OA} + \vec{AB} = \vec{OB}$$

⬇

$\vec{AB}$ を求めるには？

$\vec{AB} = \vec{OB} - \vec{OA}$
　　　$= (5、1) - (2、4) = (5-2、1-4) = (3、-3)$

✗ $\vec{AB} = \vec{OA} - \vec{OB}$ とはならないので注意する。

座標間の移動は、ベクトルの引き算で求めることができる！

したがって、

⬇

A(2、4) → B(5、1)
(x 方向に 3)　3
(y 方向に -3)　-3

$\vec{AB} = (3、-3)$

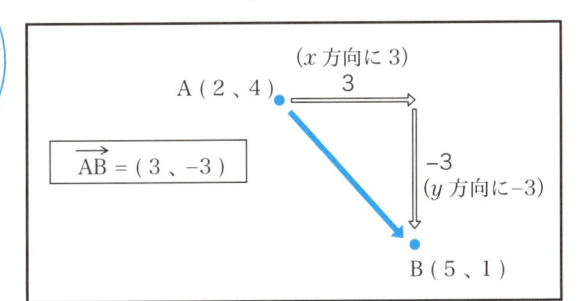

$\vec{OA}$ を分解すると？

$\vec{OA}$ を分解すると $\vec{OX}$ と $\vec{OY}$ に分けられます。

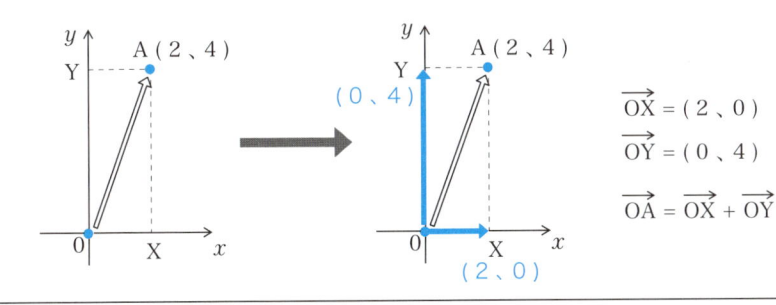

A(2、4)　Y(0、4)　X(2、0)

$\vec{OX} = (2、0)$
$\vec{OY} = (0、4)$
$\vec{OA} = \vec{OX} + \vec{OY}$

4章 ベクトル

2 ベクトルの合成

4. ベクトルの合成と大きさ

1 ベクトルの合成

◎ $\vec{a} = (2、3)$、$\vec{b} = (-1、2)$ の場合

$$\vec{a} + \vec{b} = (2、3)+(-1、2) = (1、5)$$

$\vec{a}$、$\vec{b}$ にそれぞれの成分を代入する。

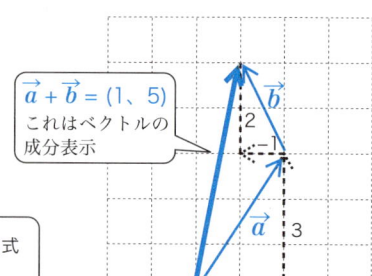

$\vec{a} + \vec{b} = (1、5)$
これはベクトルの成分表示

> ベクトルの足し算と引き算の計算は、基本的な展開式(p.42)と同様に展開する！
>
> $3\vec{a}+4\vec{b}-(5\vec{a}-3\vec{b}) = 3\vec{a}+4\vec{b}-5\vec{a}+3\vec{b} = -2\vec{a}+7\vec{b}$
> $2(\vec{a}+\vec{b})+3\vec{a} = 2\vec{a}+2\vec{b}+3\vec{a} = 5\vec{a}+2\vec{b}$

このように、式を整理してから成分を代入します。

※ベクトル同士の掛け算と割り算は別!!

2 ベクトルの大きさ

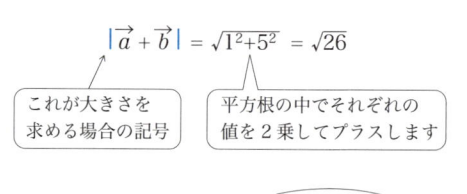

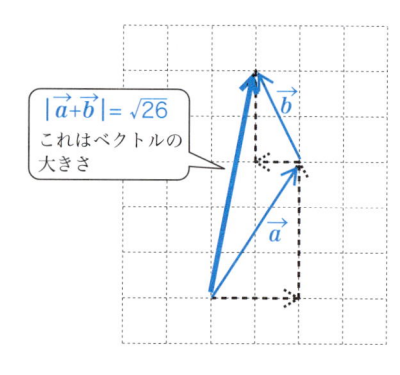

◎ $\vec{a} + \vec{b} = (1、5)$ の場合

$$|\vec{a} + \vec{b}| = \sqrt{1^2+5^2} = \sqrt{26}$$

これが大きさを求める場合の記号

平方根の中でそれぞれの値を2乗してプラスします

$|\vec{a}+\vec{b}| = \sqrt{26}$
これはベクトルの大きさ

どうして、このような式になるのでしょう？

◎ (3、3) の場合で説明します。

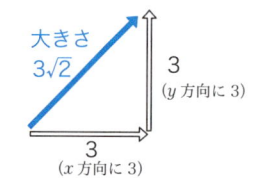

大きさ $3\sqrt{2}$
3 (y方向に3)
3 (x方向に3)

三平方の定理
$$c^2 = a^2 + b^2$$

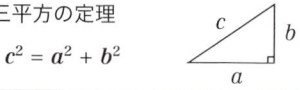

したがって、

$(大きさ)^2 = 3^2 + 3^2$

大きさ $= \sqrt{3^2+3^2} = \sqrt{18} = 3\sqrt{2}$

3 ベクトルの作図と角度

1. ベクトルの作図

構造力学では、方向の異なる力の合力を求める場合があります。
P_1 と P_2 の合力 R を定規を用いて描いてみましょう。

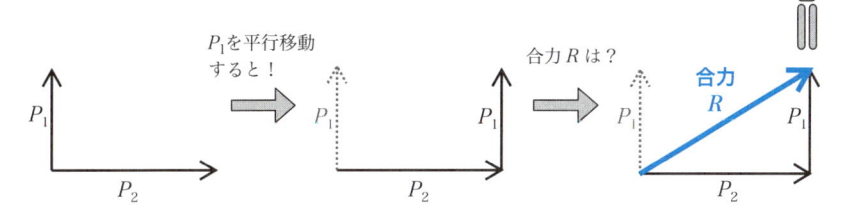

(1) 力の方向が 2 ヵ所の場合

P_1 を平行移動すると！ → 合力 R は？ → 合力 R

> 平行移動していけば簡単だね！

(2) 力の方向が 3 ヵ所の場合

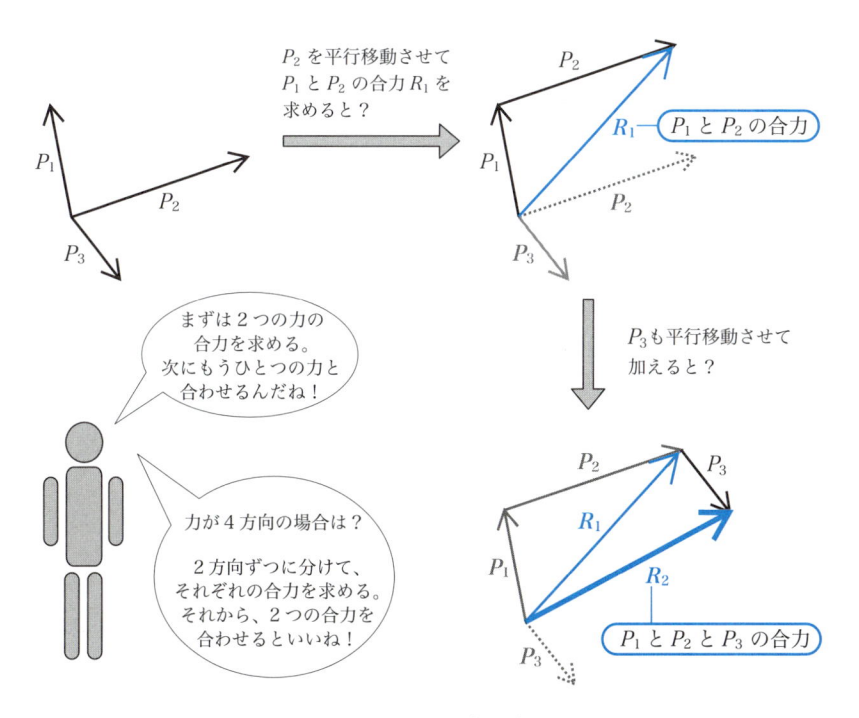

P_2 を平行移動させて P_1 と P_2 の合力 R_1 を求めると？

R_1 ← P_1 と P_2 の合力

> まずは 2 つの力の合力を求める。次にもうひとつの力と合わせるんだね！

P_3 も平行移動させて加えると？

R_2 ← P_1 と P_2 と P_3 の合力

> 力が 4 方向の場合は？
> 2 方向ずつに分けて、それぞれの合力を求める。それから、2 つの合力を合わせるといいね！

※どこから始めても、合力の向きと大きさ（長さ）は同じになります。

2. ベクトルの角度

ベクトルの角度は三角関数で求めることができます。

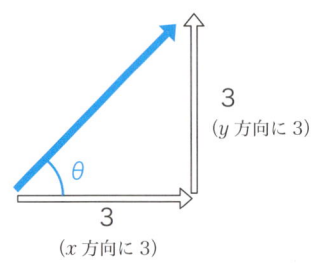

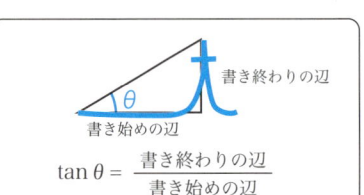

$$\tan\theta = \frac{y\,\text{方向の長さ}}{x\,\text{方向の長さ}} = \frac{3}{3} = 1$$

したがって、下表より $\theta = 45°$

$$\tan\theta = \frac{\text{書き終わりの辺}}{\text{書き始めの辺}}$$

特定角の三角比の表

角度＼関数	0°	30°	45°	60°	90°
sin	0	$\frac{1}{2}$	$\frac{\sqrt{2}}{2}$	$\frac{\sqrt{3}}{2}$	1
cos	1	$\frac{\sqrt{3}}{2}$	$\frac{\sqrt{2}}{2}$	$\frac{1}{2}$	0
tan	0	$\frac{1}{\sqrt{3}}$	1	$\frac{\sqrt{3}}{1}$	∞

問題 1 $\vec{a} = (2、4)$、$\vec{b} = (-3、1)$ のとき、次のベクトルの合成を行い、ベクトルの大きさを求めましょう。

(1) $3\vec{a} + 2\vec{b}$

ベクトルの合成 ⇨ $3\vec{a} + 2\vec{b} = 3(2、4) + 2(-3、1) = (6、12) + (-6、2) = (0、14)$

ベクトルの大きさ ⇨ $|3\vec{a} + 2\vec{b}| = \sqrt{0^2 + 14^2} = 14$

したがって、ベクトルの大きさは $\boxed{14}$

(2) $4\vec{a} - 2\vec{b}$

$4\vec{a} - 2\vec{b} = 4(2、4) - 2(-3、1) = (8、16) + (6、-2) = (14、14)$

$|4\vec{a} - 2\vec{b}| = \sqrt{14^2 + 14^2} = 14\sqrt{2}$

したがって、ベクトルの大きさは $\boxed{14\sqrt{2}}$

問題 2 次の P_1 と P_2 の力の合力 R を描きましょう。

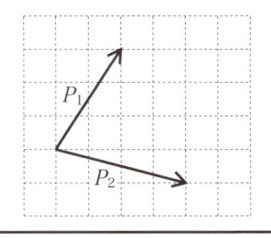

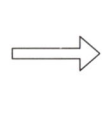

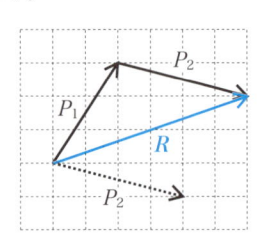

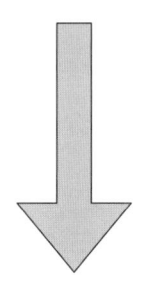

建築に関するベクトルと三角関数

構造力学では、ベクトルと三角関数を用いて
解く問題がよく見られます。
三角関数も思い出しながら見てみましょう。

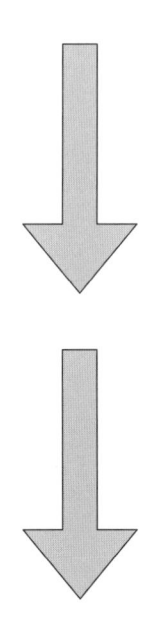

4章 ベクトル

1. 斜めにはたらく力を水平・垂直方向に分解する（分力）

構造力学の計算をする場合、斜めにはたらく力は水平方向と垂直方向に分解して計算します。

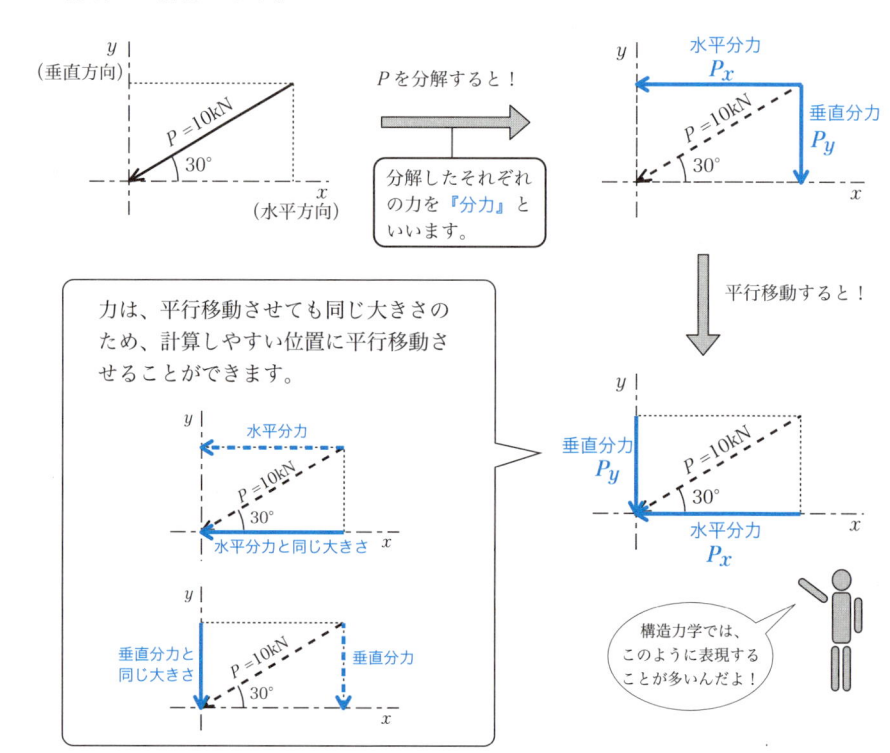

P を分解すると！

分解したそれぞれの力を『分力』といいます。

平行移動すると！

力は、平行移動させても同じ大きさのため、計算しやすい位置に平行移動させることができます。

構造力学では、このように表現することが多いんだよ！

① **水平分力 P_x を求める。** (p.60(2) 参照)

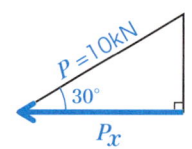

$$P_x = 10 \times \cos 30°$$
$$= 10 \times \frac{\sqrt{3}}{2}$$
$$= 5\sqrt{3} = 8.6602\cdots$$

単位を忘れずに！

したがって、水平分力は　8.66kN

② **垂直分力 P_y を求める。** (p.60(1) 参照)

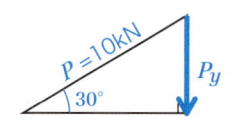

$$P_y = 10 \times \sin 30°$$
$$= 10 \times \frac{1}{2} = 5$$

したがって、垂直分力は　5kN

問題1　次の単純梁に、斜めに P の力がはたらく場合の分力 P_x と P_y を求めましょう。

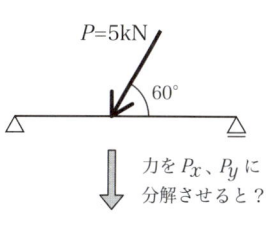

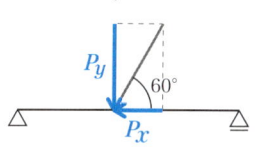

① P_x を求める。

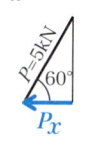

$P_x = 5 \cos 60°$
$\quad = 2.5$

力を P_x、P_y に分解させると？

② P_y を求める。

P_y を右に平行移動させると！

$P_y = 5 \sin 60°$
$\quad = \dfrac{5\sqrt{3}}{2} = 4.3301\cdots$

したがって、$P_x = 2.5\text{kN}$、$P_y = 4.33\text{kN}$

問題2　次の構造物に、斜めに P の力がはたらく場合の分力 P_x と P_y を求めましょう。

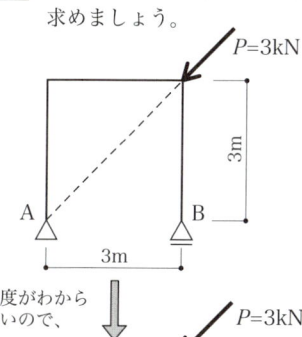

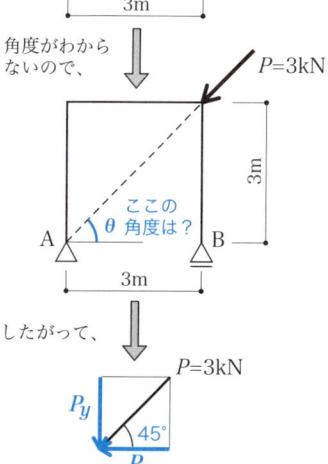

① A の角度 θ を求める。

$\theta = \tan^{-1}\left(\dfrac{3}{3}\right)$
$\quad = 45°$

特定角の三角比の表でみると、計算しなくてもわかるね！（P.59 参照）

角度がわからないので、

ここの角度は？

② P_x を求める。

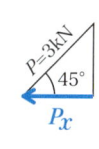

$P_x = 3 \cos 45°$
$\quad = \dfrac{3\sqrt{2}}{2} = 2.1213\cdots$

③ P_y を求める。

P_y を右に平行移動させると！

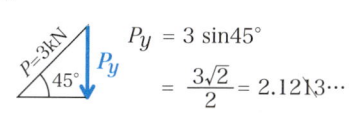

$P_y = 3 \sin 45°$
$\quad = \dfrac{3\sqrt{2}}{2} = 2.1213\cdots$

したがって、

したがって、$P_x = 2.12\text{kN}$、$P_y = 2.12\text{kN}$

4章 ベクトル　建築に関するベクトルと三角関数

2. 水平・垂直方向にはたらく力を合わせる（合力）

> 構造力学

水平方向と垂直方向にはたらく力を合わせ、その角度を求めます。

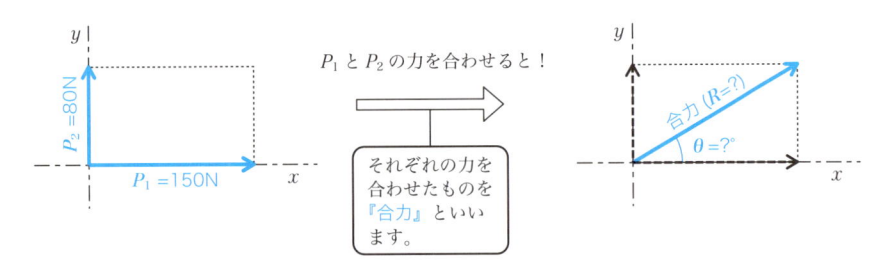

P_1 と P_2 の力を合わせると！

それぞれの力を合わせたものを『合力』といいます。

① 合力 R を求める。

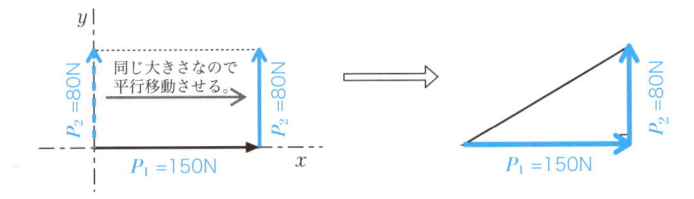

三平方の定理より、合力 R の大きさは、

$$R^2 = P_1{}^2 + P_2{}^2$$
$$= 150^2 + 80^2$$
$$R = \sqrt{150^2 + 80^2}$$
$$= 170 \text{ N}$$

したがって、合力 $R = 170\text{N}$

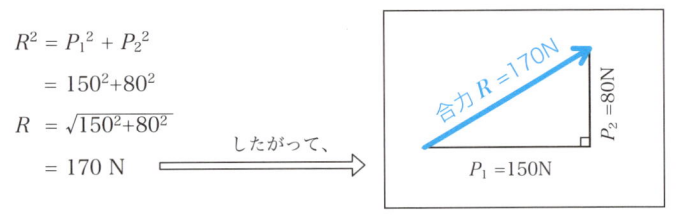

② 角度 θ を求める。

底辺と垂辺が決まっているので、三角関数の**逆関数**を用いる。(p.64 ② 参照)

先に角度を求めると合力を三角関数で求めることもできるね！（p.84 参照）

$$\tan \theta = \frac{80}{150}$$

$$\theta = \tan^{-1}\left(\frac{80}{150}\right) = 28.0724\cdots$$

したがって、$\theta = 28.07°$

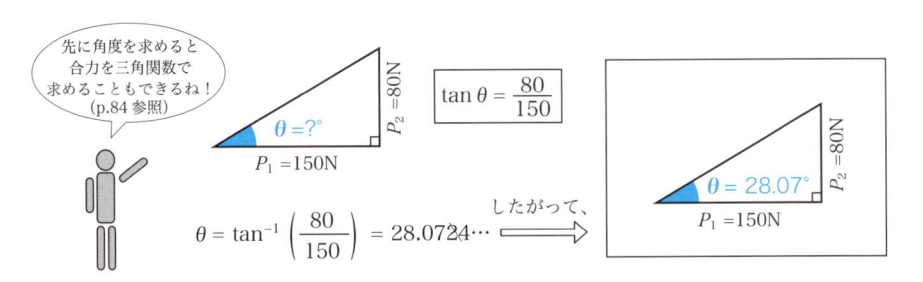

問題

右図にはたらくそれぞれの力の合力と、その角度を求めましょう。

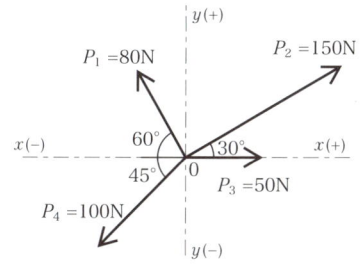

① それぞれの力の x 方向と y 方向の『分力』を求めて合計する。

	分力の方向	x 軸	y 軸
P_1 の分力		$P_x = -80\cos 60°$ $= -80 \times \dfrac{1}{2}$ $= -40$ N	$P_y = 80\sin 60°$ $= 80 \times \dfrac{\sqrt{3}}{2}$ $= 69.2820\cdots$ $= 69.28$ N
P_2 の分力		$P_x = 150\cos 30°$ $= 150 \times \dfrac{\sqrt{3}}{2}$ $= 129.9038\cdots$ $= 129.90$ N	$P_y = 150\sin 30°$ $= 150 \times \dfrac{1}{2}$ $= 75$ N
P_3 の分力		$P_x = 50$ N	$P_y = 0$ N
P_4 の分力		$P_x = -100\cos 45°$ $= -100 \times \dfrac{1}{\sqrt{2}}$ $= -70.7106\cdots$ $= -70.71$ N	$P_y = -100\sin 45°$ $= -100 \times \dfrac{1}{\sqrt{2}}$ $= -70.7106\cdots$ $= -70.71$ N
合　計		$P_x = 69.19$ N	$P_y = 73.57$ N

したがって、

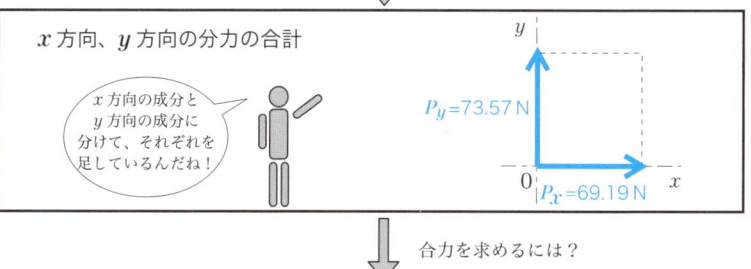

x 方向、y 方向の分力の合計

x 方向の成分と y 方向の成分に分けて、それぞれを足しているんだね！

$P_y = 73.57$ N　　$P_x = 69.19$ N

合力を求めるには？

② ①で求めた力の合力 R の大きさを求める。

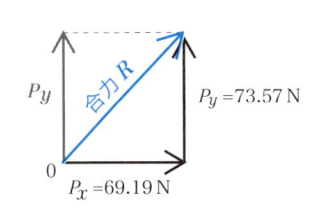

◎ P_y を右側に平行移動させる。

◎ 三平方の定理より斜辺の長さを求める。

$$R^2 = 69.19^2 + 73.57^2$$
$$R = \sqrt{69.19^2 + 73.57^2}$$
$$= 100.9940\cdots$$

したがって、合力 R の大きさは $\boxed{100.99\,\text{N}}$

③ 合力 R と x 軸のなす角 θ を求める。

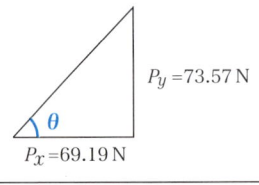

◎ 2辺の位置より、角度は $\tan^{-1}$ で求めることができる。

$$\theta = \tan^{-1}\left(\frac{73.57}{69.19}\right)$$
$$= 46.75\overset{6}{7}3\cdots$$

したがって、合力の角度は $\boxed{46.76°}$

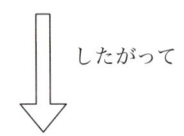

角度を求める場合は、逆関数！
関数電卓を使うと、簡単に角度を求めることができるね！
(p.64 ② 参照)

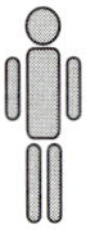

したがって

この問題の合力の大きさと角度

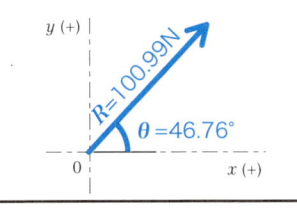

$R=100.99\text{N}$, $\theta=46.76°$

◎ 先に角度を求めた場合

③より、角度は $46.76°$

合力 R を求める

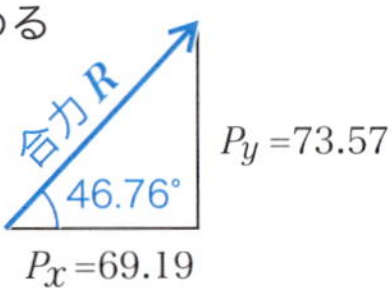

$P_y = 73.57$, $P_x = 69.19$, $46.76°$

$$\frac{73.57}{R} = \sin 46.76°$$
$$R = \frac{73.57}{\sin 46.76°} = 100.98\overset{9}{9}6\cdots$$

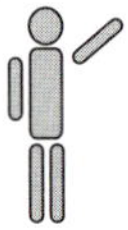

同じ答えになるね！

練習問題

問題1 下図において次の条件を満たすベクトルを選びましょう。

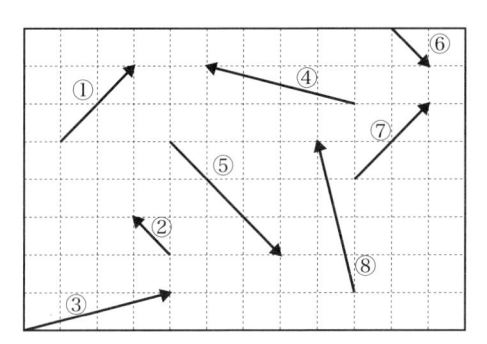

(1) 同じ向きのベクトル

(2) 同じ大きさ（長さ）のベクトル

(3) 同じベクトル

問題2 二つの座標から $\overrightarrow{AB}$ を求めましょう。

(1) A(2、5)、B(4、2) (2) A(−2、3)、B(3、−2)

問題3 次の式を整理しましょう。

(1) $6\vec{a}+2(-\vec{a}+3\vec{b})$ (2) $\dfrac{1}{3}(2\vec{a}-3\vec{b})-\dfrac{1}{2}(3\vec{a}+2\vec{b})$

解説 p.163〜p.164

解答 1 (1) ①と⑦、⑤と⑥ (2) ①と⑦、③と④と⑧、②と⑥ (3) ①と⑦
　　　2 (1) $\overrightarrow{AB}=(2,-3)$ (2) $\overrightarrow{AB}=(5,-5)$
　　　3 (1) $4\vec{a}+6\vec{b}$ (2) $-\dfrac{5}{6}\vec{a}-2\vec{b}$

問題 4 $\vec{a} = (1, 1)$, $\vec{b} = (2, -3)$ のとき、次のベクトルを求めましょう。

(1) $2\vec{a} + 3\vec{b}$

(2) $3\vec{a} - 2\vec{b}$

(3) $3(2\vec{a} - \vec{b}) - 2(3\vec{a} - 4\vec{b})$

問題 5 $\vec{a} = (2, 3)$, $\vec{b} = (-1, 2)$ のとき、次のベクトルの大きさを求めましょう。

(1) $|\vec{a} + \vec{b}|$

(2) $|3\vec{a} - 2\vec{b}|$

問題 6 次の図中に合力 R を描きましょう。

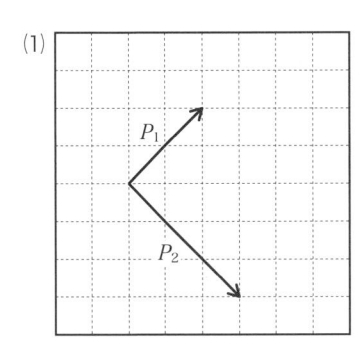

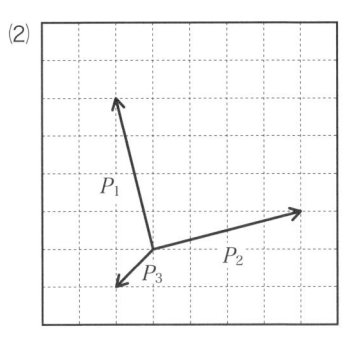

(1)

(2)

解説 p.164
 解答 4 (1) $(8, -7)$　　(2) $(-1, 9)$　　(3) $(10, -15)$
　　　5 (1) $\sqrt{26}$　　(2) $\sqrt{89}$
　　　6 解説 p.164 参照

5章　平面角と立体角

1 平面角

◎ 弧度法（平面角）と度数法の違い

角度を表す方法として、一般的には、○°○′○″（○度○分○秒）で表す方法が多く用いられていますが、建築の場合は、ラジアンという単位を用いて表すことがあります。

角度の単位　　○°○′○″………度数法
　　　　　　　ラジアン………弧度法
　　　　　　　　　　　　　　（平面角）

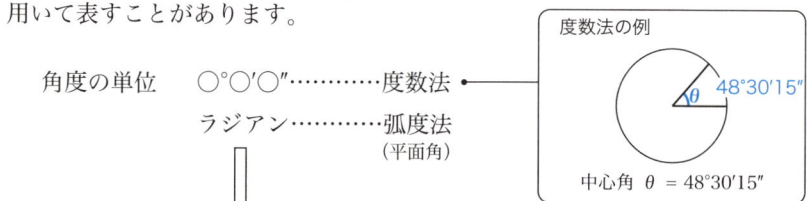

度数法の例
中心角 $\theta = 48°30′15″$

1. 弧度法（平面角）

① 平面角とは？

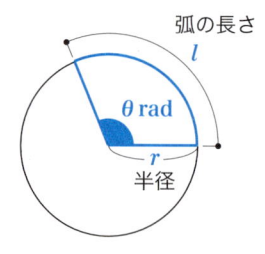

単位：rad（ラジアン）

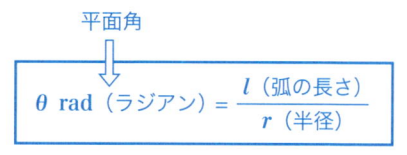

平面角

$$\theta \text{ rad（ラジアン）} = \frac{l\text{（弧の長さ）}}{r\text{（半径）}}$$

これが、平面角と半径、弧の長さの関係式！

平面角は、『建築環境』などで出てくるので、しっかり理解しよう！

② 1rad はどういう状態？

半径と弧の長さが等しい時、その中心角 θ を 1 rad (ラジアン) になります。

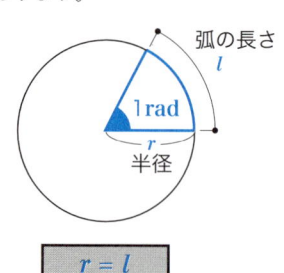

$r = l$ のとき、$\theta = 1\text{rad}$

$r = l$ ということは、l を r に置き換えることができるので、①の式より、

$$\theta \text{ rad（ラジアン）} = \frac{l}{r} = \frac{r}{r} = 1 \text{ rad}$$

$r = l$

3 中心角 180°は何ラジアン？

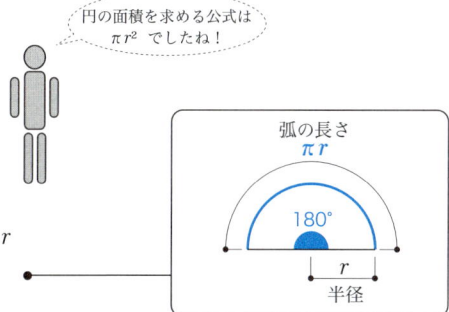

円周を求める公式は、

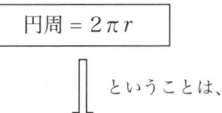

$$\text{円周} = 2\pi r$$

ということは、

360°のときの弧の長さ（円周）：$2\pi r$
180°のときの弧の長さ（円周）：πr

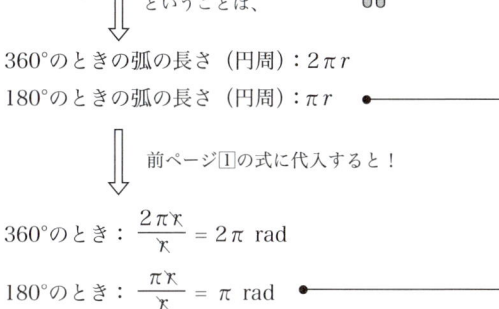

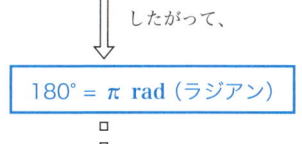

> 円の面積を求める公式は πr^2 でしたね！

前ページ 1 の式に代入すると！

360°のとき：$\dfrac{2\pi \cancel{r}}{\cancel{r}} = 2\pi$ rad

180°のとき：$\dfrac{\pi \cancel{r}}{\cancel{r}} = \pi$ rad

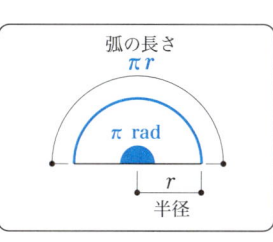

したがって、

$$180° = \pi \text{ rad （ラジアン）}$$

4 度数法から平面角に変換するには？

$30°$ ： $\dfrac{30°}{180°} \times \pi = \dfrac{1}{6}\pi$ rad （ラジアン）

$60°$ ： $\dfrac{60°}{180°} \times \pi = \dfrac{1}{3}\pi$ rad

$90°$ ： $\dfrac{90°}{180°} \times \pi = \dfrac{1}{2}\pi$ rad

$360°$ ： $\dfrac{360°}{180°} \times \pi = 2\pi$ rad

> 180°が π ラジアンとすると！
> ⇩
> 30°は180°の 1/6 だから $\dfrac{1}{6}\pi$ rad ということだね！

したがって、平面角を求める式は？

$$\text{平面角} = \dfrac{\theta°}{180°} \times \pi \text{ rad （ラジアン）}$$

これが、平面角を求める式！

平面角から度数法に変換する場合は？

例 $\dfrac{\pi}{6}$ rad の場合 $\xRightarrow{\pi に 180° を代入！}$ $\dfrac{1}{6} \times 180° = 30°$

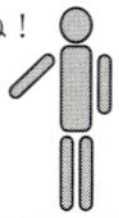

元に戻りましたね！

5章 平面角と立体角

1 平面角

5 1 rad（ラジアン）は度数法では何度？

π rad が 180° このとき⇒ 1 rad は何度（α°）？

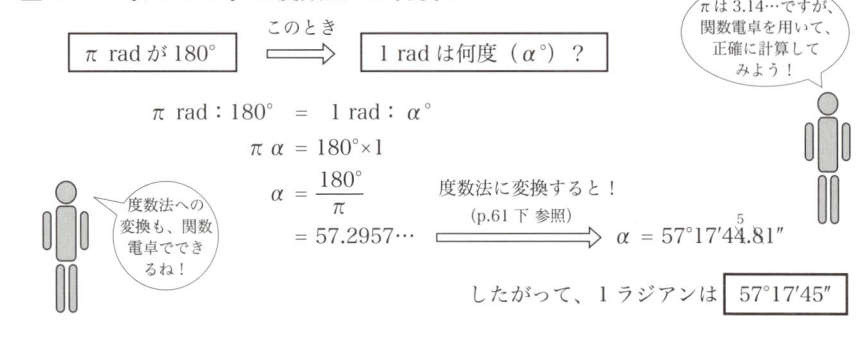

π は 3.14…ですが、関数電卓を用いて、正確に計算してみよう！

π rad : 180° = 1 rad : α°

$\pi \alpha = 180° \times 1$

$\alpha = \dfrac{180°}{\pi}$

$= 57.2957\cdots$ 度数法に変換すると！(p.61 下 参照) ⇒ $\alpha = 57°17'44.81''$

度数法への変換も、関数電卓でできるね！

したがって、1 ラジアンは $57°17'45''$

2. 弧度法を用いて扇形の面積を求める

弧の長さを l としたときの扇形の面積を求める式を求めましょう。

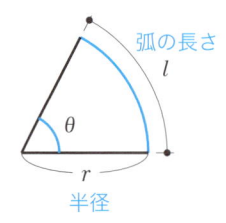

① 扇形の面積を求める一般的な公式は？

$S = \pi r^2 \times \dfrac{\theta°}{360°}$ ← ここに代入！

② 扇形の弧の長さを求める一般的な公式は？

$l = 2\pi r \times \dfrac{\theta°}{360°}$ 変形して $\dfrac{\theta°}{360°} = \dfrac{l}{2\pi r}$

③ ②を①に代入すると！

$S = \pi r^{2} \times \dfrac{l}{2\pi r} = \dfrac{rl}{2} = \dfrac{1}{2}rl$

$S = \dfrac{1}{2}rl$

（ただし $0 < \theta < 2\pi$）

これが、扇形の面積を求める式!!

問題 弧度法を用いて、次の扇形の弧の長さと面積をそれぞれ求めましょう。

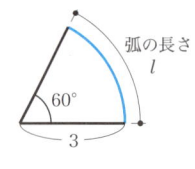

弧の長さ l、60°、3

① 中心角を弧度法に変換する。

平面角 $= \dfrac{\theta°}{180°} \times \pi$ rad （前ページ 4 より）

平面角 $= \dfrac{60°}{180°} \times \pi = \dfrac{1}{3}\pi$ rad

② 平面角の関係式より弧の長さを求める。

$\theta = \dfrac{l}{r}$ より $l = r\theta$ $l = 3 \times \dfrac{1}{3}\pi = \pi$
（p.88 1 より）   半径

③ 扇形の面積を求める

$S = \dfrac{1}{2}rl$ より $S = \dfrac{1}{2} \times 3 \times \pi = \dfrac{3}{2}\pi$
   半径

2 立体角

1 立体角とは

半径 r の球の球面上の部分面積 A の
錐面（すいめん）の開き具合の角度をいいます。

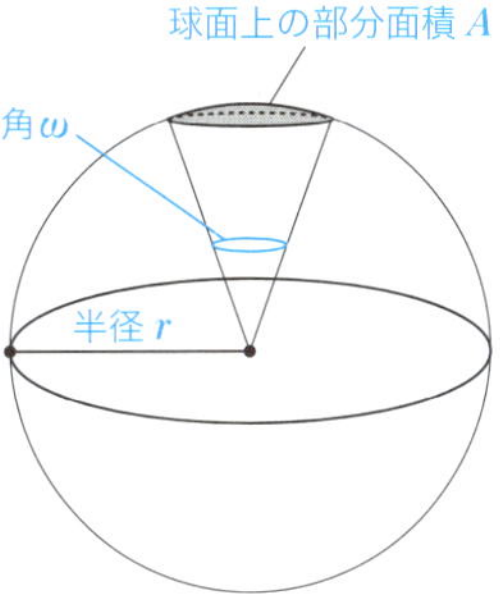

$$立体角\,\omega = \frac{球面上の部分面積 A}{半径\,r\,の2乗} = \frac{A}{r^2}$$

単位：sr（ステラジアン）

2 全球は何ステラジアン？

これは公式です

半径 r の全球面の面積 $= 4\pi r^2$

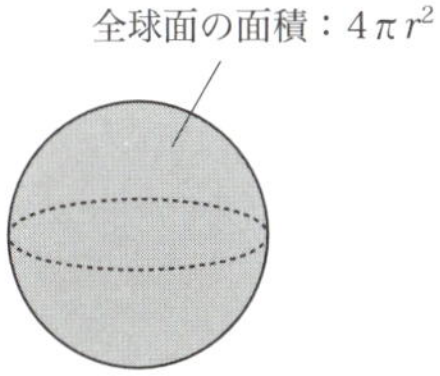

全球面の面積：$4\pi r^2$

$4\pi r^2$ を①の立体角の式の A に代入すると！

全球面の立体角 $\omega = \dfrac{4\pi r^2}{r^2} = 4\pi$　したがって、**全球面の立体角 ω：4π〔sr〕**

ということは！
半球面の面積は、面積が半分になるので、

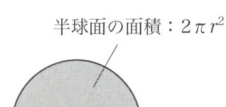

半球面の面積：$2\pi r^2$

半球面の立体角 $\omega = \dfrac{4\pi r^2}{r^2} \times \dfrac{1}{2} = 2\pi$

したがって、**半球面の立体角 ω：2π〔sr〕**

環境

立体角は、光度を求めるときの計算式などに用いられます。

光度とは：光源からある方向に放射される
　　　　　光のエネルギー（光束）の密度。
　　　　　光の強さ。

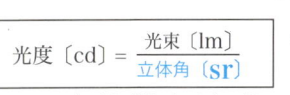

$$光度〔cd〕= \frac{光束〔lm〕}{立体角〔sr〕}$$

cd：カンデラ　　lm：ルーメン

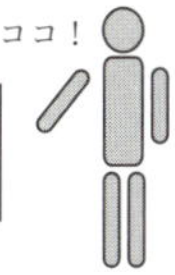

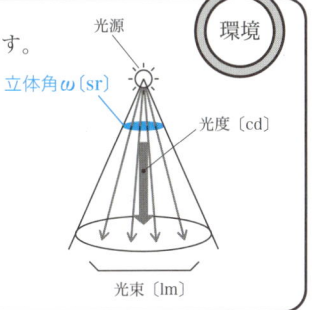

光源
立体角 ω〔sr〕
光度〔cd〕
光束〔lm〕

ココ！

5章　平面角と立体角
2 立体角

練習問題

問題1 次の表の空欄（①〜⑨）を埋めて、表を完成させましょう。

度数法	①	45°	②	90°	③	135°	④	330°	⑤
弧度法	$\frac{1}{6}\pi$ rad	⑥	$\frac{1}{3}\pi$ rad	⑦	$\frac{2}{3}\pi$ rad	⑧	$\frac{5}{6}\pi$ rad	⑨	2π rad

問題2 弧度法を用いて、次の扇形の平面角 θ を求めましょう。

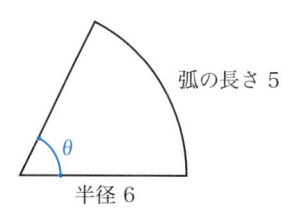

弧の長さ 5、半径 6

問題3 弧度法を用いて、次の扇形の弧の長さと面積を求めましょう。

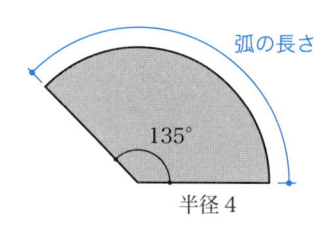

135°、半径 4

解説 p.165

解答 1　①30°　②60°　③120°　④150°　⑤360°　⑥$\frac{1}{4}\pi$ rad　⑦$\frac{1}{2}\pi$ rad
　　　　⑧$\frac{3}{4}\pi$ rad　⑨$\frac{11}{6}\pi$ rad

　　　2　$\frac{5}{6}$ rad　　3　弧の長さ　3π　　面積　6π

6章　指数と対数

1 指数と対数の関係

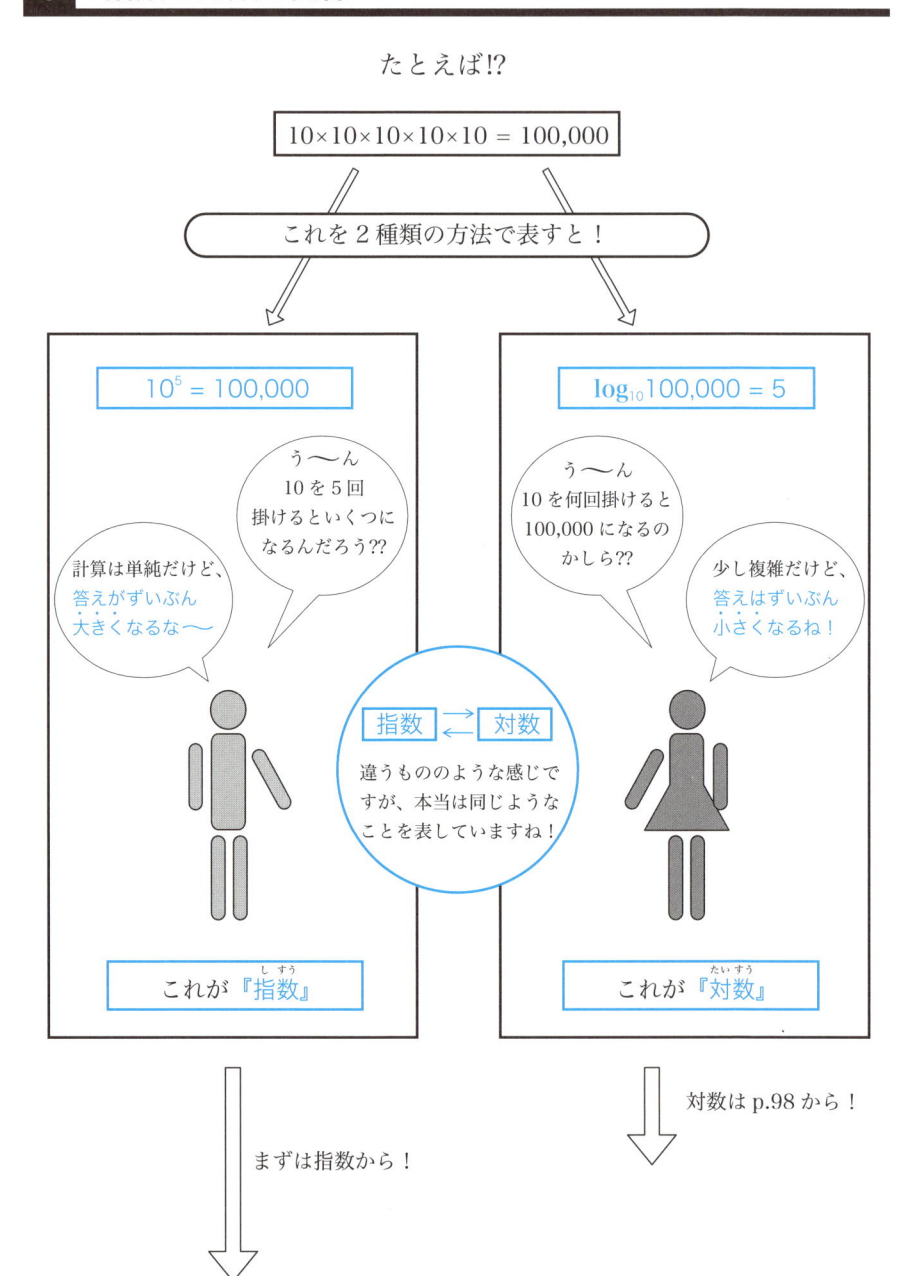

たとえば!?

$$10\times10\times10\times10\times10 = 100{,}000$$

これを2種類の方法で表すと！

$$10^5 = 100{,}000$$

う〜ん
10を5回掛けるといくつになるんだろう??

計算は単純だけど、答えがずいぶん大きくなるな〜

これが『指数』

$$\log_{10}100{,}000 = 5$$

う〜ん
10を何回掛けると100,000になるのかしら??

少し複雑だけど、答えはずいぶん小さくなるね！

これが『対数』

指数 ⇄ 対数

違うもののような感じですが、本当は同じようなことを表していますね！

まずは指数から！

対数は p.98 から！

2 指数

1. 指数の基本式

指数
$1^0 = 1$ $2^0 = 1$ $3^0 = 1$ （3の0乗ということ） $10^0 = 1$

$1^1 = 1$ $2^1 = 2$ $3^1 = 3$ $10^1 = 10$

$1^2 = 1 \times 1 = 1$ $2^2 = 2 \times 2 = 4$ $3^2 = 3 \times 3 = 9$ $10^2 = 10 \times 10 = 100$

$1^3 = 1 \times 1 \times 1 = 1$ $2^3 = 2 \times 2 \times 2 = 8$ $3^3 = 3 \times 3 \times 3 = 27$ $10^3 = 10 \times 10 \times 10 = 1{,}000$

3乗なので0が3個！

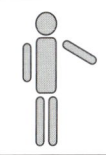

ポイント！
- どのような数値であっても、0乗は『1』になる。
- 10の○乗は、○の値だけ1の後に0が並ぶ。

(1) 指数がマイナスの場合は？ $a^{-n} = \dfrac{1}{a^n}$

マイナスの場合は分数になる！

$2^{-1} = \dfrac{1}{2^1} = \dfrac{1}{2}$ $10^{-1} = \dfrac{1}{10^1} = 0.1$

$2^{-2} = \dfrac{1}{2^2} = \dfrac{1}{4}$ $10^{-2} = \dfrac{1}{10^2} = 0.01$

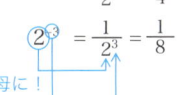

$2^{-3} = \dfrac{1}{2^3} = \dfrac{1}{8}$ $10^{-3} = \dfrac{1}{10^3} = 0.001$

分母に！　マイナスがなくなる！　　　3乗なので0が3個！ただし、小数点が付く！

(2) 指数が分数の場合は？ $a^{\frac{m}{n}} = \sqrt[n]{a^m}$ ⟹ 指数がマイナスの場合は(1)と同様に分数になる！ $a^{-\frac{m}{n}} = \dfrac{1}{\sqrt[n]{a^m}}$

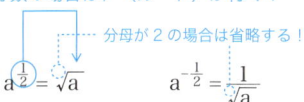

分数の場合は√（ルート）が付く！
…分母が2の場合は省略する！

$a^{\frac{1}{2}} = \sqrt{a}$ $a^{-\frac{1}{2}} = \dfrac{1}{\sqrt{a}}$

$a^{\frac{1}{3}} = \sqrt[3]{a}$ $a^{-\frac{1}{3}} = \dfrac{1}{\sqrt[3]{a}}$

分子はルートの中へ！

$a^{\frac{5}{3}} = \sqrt[3]{a^5}$ $a^{-\frac{5}{3}} = \dfrac{1}{\sqrt[3]{a^5}}$

分母はルートの前へ！

逆から考えると？
① $\dfrac{1}{27} = \dfrac{1}{3^3} = 3^{-3}$
② $\sqrt{3^3} = \sqrt[2]{3^3} = 3^{\frac{3}{2}}$
③ $\dfrac{1}{\sqrt[5]{5^3}} = 5^{-\frac{3}{5}}$

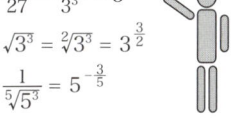

2. 指数の公式

掛け算は指数同士を足す！

① $a^m \times a^n = a^{m+n}$

② $(a^m)^n = a^{m \times n} = a^{mn}$

③ $(ab)^n = a^n \times b^n = a^n b^n$

割り算は指数同士を引く！

④ $\dfrac{a^m}{a^n} = a^m \div a^n = a^{m-n}$

⑤ $\left(\dfrac{a}{b}\right)^n = \dfrac{a^n}{b^n}$

⑥ $\sqrt[n]{a} \times \sqrt[n]{b} = \sqrt[n]{ab}$

⑦ $\dfrac{\sqrt[n]{a}}{\sqrt[n]{b}} = \sqrt[n]{\dfrac{a}{b}}$

⑧ $\left(\sqrt[n]{a}\right)^m = \sqrt[n]{a^m}$

掛け算は指数同士を足して、割り算は指数同士を引くんだね！

指数の基本式（前ページ）も含めて、実際に数値を入れて見てみましょう！

問題 次の式を求めましょう（(4)、(5)、(14)、(15)は x を求めましょう）。

(1) $1{,}000 = 10^3$

(2) $10^{-4} = \dfrac{1}{10^4} = \dfrac{1}{10{,}000} = 0.0001$

(3) $3^4 = 3 \times 3 \times 3 \times 3 = 81$

(4) $x^2 = 64$
    $x = \pm\sqrt{64} = \pm 8$

(5) $2x^2 = 256 \quad x^2 = 128$
    $x = \pm\sqrt{128} = \pm\sqrt{2^7} = \pm\sqrt{2^2 \times 2^2 \times 2^2 \times 2} = \pm 2 \times 2 \times 2 \times \sqrt{2} = \pm 8\sqrt{2}$

(6) $5^{-3} = \dfrac{1}{5^3} = \dfrac{1}{125}$

(7) $5^{\frac{2}{3}} = \sqrt[3]{5^2}$

(8) $3^{-\frac{5}{2}} = \dfrac{1}{\sqrt{3^5}} = \dfrac{1}{\sqrt{3^2 \times 3^2 \times 3}} = \dfrac{1}{3 \times 3 \times \sqrt{3}} = \dfrac{1}{9\sqrt{3}} = \dfrac{1 \times 9\sqrt{3}}{9\sqrt{3} \times 9\sqrt{3}} = \dfrac{9\sqrt{3}}{243} = \dfrac{\sqrt{3}}{27}$

有理化 (p.45 参照)

(9) $\sqrt[4]{16} = \sqrt[4]{2^4} = 2^{\frac{4}{4}} = 2^1 = 2$

(10) $(\sqrt{3})^3 = \sqrt{3} \times \sqrt{3} \times \sqrt{3} = 3\sqrt{3}$

(11) $(\sqrt{3})^3 \times (\sqrt{2})^2 = 3\sqrt{3} \times 2 = 6\sqrt{3}$

(12) $3^2 \times 3^5 = 3^{(2+5)} = 3^7 = 2{,}187$

(13) $5^2 \times 5^5 \div 5^3 = 5^{(2+5-3)} = 5^4 = 625$

(14) $(x+8)^2 = 36$
    $x+8 = \pm\sqrt{36}$
    $x = \pm 6 - 8$
    ± 6 となるので、
    $x = +6 - 8 = -2$
    または
    $x = -6 - 8 = -14$
    したがって、$x = -2$、-14

(15) $(x+10)^2 = 0$
    $x+10 = \boxed{\sqrt{0}}$ （$\sqrt{0}$ は 0 (p.44① 参照)）
    $x+10 = 0$
    $x = -10$

3. 指数のグラフ

$y = a^x$ の指数のグラフは、定数 a の値によって、グラフの傾きが変わります。

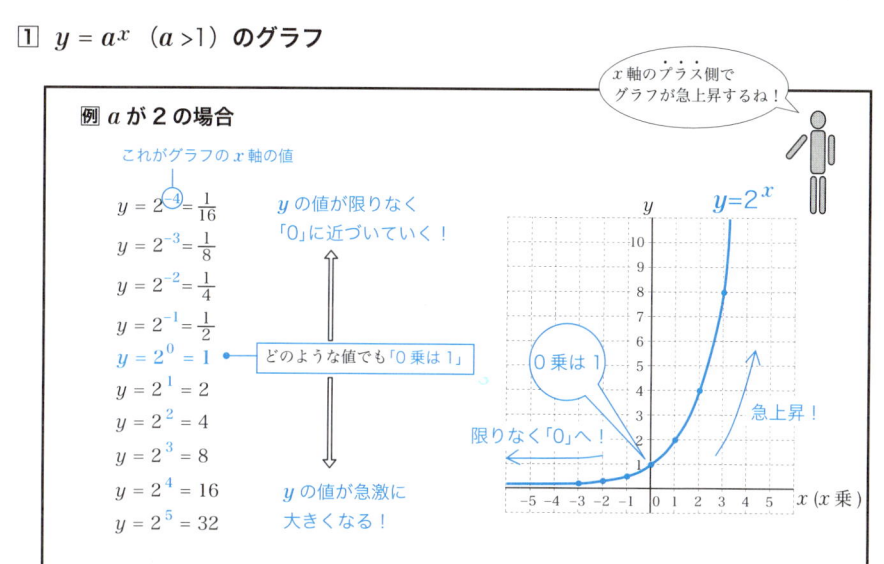

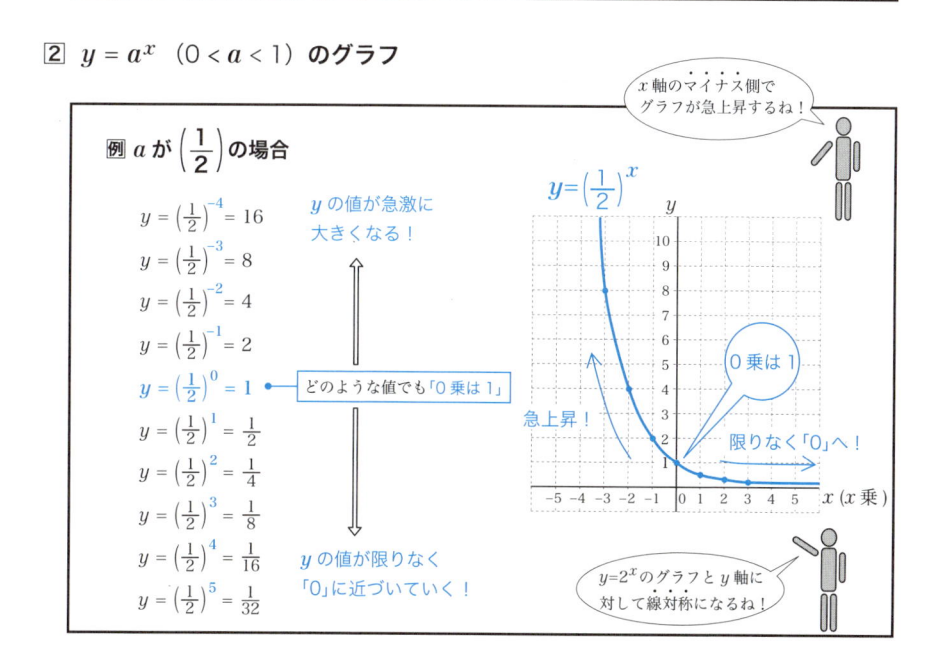

1 $y = a^x$ ($a > 1$) のグラフ

> x 軸のプラス側でグラフが急上昇するね！

例 a が 2 の場合

これがグラフの x 軸の値

$y = 2^{-4} = \frac{1}{16}$
$y = 2^{-3} = \frac{1}{8}$
$y = 2^{-2} = \frac{1}{4}$
$y = 2^{-1} = \frac{1}{2}$
$y = 2^{0} = 1$ ← どのような値でも「0 乗は 1」
$y = 2^{1} = 2$
$y = 2^{2} = 4$
$y = 2^{3} = 8$
$y = 2^{4} = 16$
$y = 2^{5} = 32$

y の値が限りなく「0」に近づいていく！

y の値が急激に大きくなる！

グラフ: $y = 2^x$、0 乗は 1、限りなく「0」へ！、急上昇！

2 $y = a^x$ ($0 < a < 1$) のグラフ

> x 軸のマイナス側でグラフが急上昇するね！

例 a が $\left(\frac{1}{2}\right)$ の場合

$y = \left(\frac{1}{2}\right)^{-4} = 16$
$y = \left(\frac{1}{2}\right)^{-3} = 8$
$y = \left(\frac{1}{2}\right)^{-2} = 4$
$y = \left(\frac{1}{2}\right)^{-1} = 2$
$y = \left(\frac{1}{2}\right)^{0} = 1$ ← どのような値でも「0 乗は 1」
$y = \left(\frac{1}{2}\right)^{1} = \frac{1}{2}$
$y = \left(\frac{1}{2}\right)^{2} = \frac{1}{4}$
$y = \left(\frac{1}{2}\right)^{3} = \frac{1}{8}$
$y = \left(\frac{1}{2}\right)^{4} = \frac{1}{16}$
$y = \left(\frac{1}{2}\right)^{5} = \frac{1}{32}$

y の値が急激に大きくなる！

y の値が限りなく「0」に近づいていく！

グラフ: $y = \left(\frac{1}{2}\right)^x$、急上昇！、0 乗は 1、限りなく「0」へ！

> $y = 2^x$ のグラフと y 軸に対して線対称になるね！

3 対数

$a^n = M$（指数）の場合、指数 n を、a を底とする M の対数といいます。

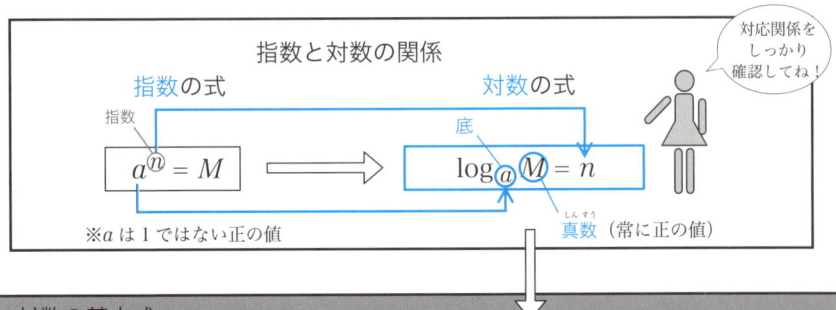

指数と対数の関係

指数の式　　　　　　　対数の式

指数　　　　　　　　　　底
$$a^n = M \implies \log_a M = n$$

※ a は 1 ではない正の値　　真数（常に正の値）

対応関係をしっかり確認してね！

1. 対数の基本式

1 対数

指数にすると！

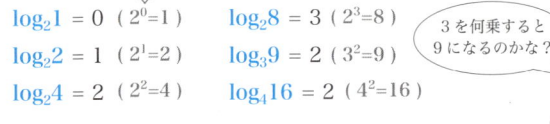

$\log_2 1 = 0$ ($2^0=1$)　　$\log_2 8 = 3$ ($2^3=8$)
$\log_2 2 = 1$ ($2^1=2$)　　$\log_3 9 = 2$ ($3^2=9$)
$\log_2 4 = 2$ ($2^2=4$)　　$\log_4 16 = 2$ ($4^2=16$)

3を何乗すると9になるのかな？

2乗だから答えは2ネ！

次の式で x を求める場合は？

$\log_2 x = 8 \implies 2^8 = x$　したがって、$x=256$
$\log_x 25 = 2 \implies x^2 = 25$　したがって、$x=5$

2 常用対数

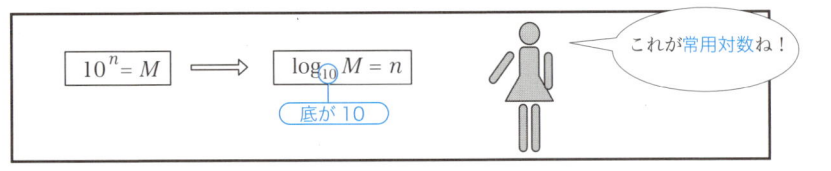

その中でも、底が 10 の場合を『常用対数』といいます。

$$10^n = M \implies \log_{10} M = n$$
底が 10

これが常用対数ね！

実際に指数から対数に変換してみましょう！

(1) 指数が「＋」の場合は？

　　　　　　　対数に変換すると！　　　0の数が答え!!

$10^2 = 100$　　　　　$\implies$　　　　$\log_{10} 100 = 2$
$10^3 = 1{,}000$　　　$\implies$　　　　$\log_{10} 1{,}000 = 3$
$10^4 = 10{,}000$　　$\implies$　　　　$\log_{10} 10{,}000 = 4$

(2) 指数が「−」の場合は？

やっぱり 0 の数！！ ただし「−」が付く！

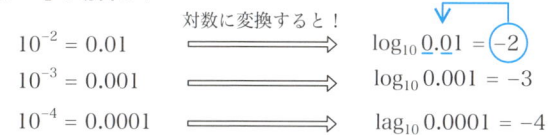

$10^{-2} = 0.01$ ⟹ 対数に変換すると！ $\log_{10} 0.01 = -2$

$10^{-3} = 0.001$ ⟹ $\log_{10} 0.001 = -3$

$10^{-4} = 0.0001$ ⟹ $\log_{10} 0.0001 = -4$

(3) $\log_{10} 1 = 0$ ？

$10^0 = 1$ ⟹ したがって、 $\log_{10} 1 = 0$

常用対数の $\log_{10}$ の 10 は省略されることが多い！

したがって、 $\log 100 = 2$, $\log 0.01 = -2$ などと表します。

---

3 自然対数

底を $a = e$ とした対数を自然対数といいます。

$$\log_e M \quad (e = 2.71828\cdots\cdots)$$

2. 対数の公式

真数（log の中）の掛け算は、足し算に分解！

① $\log_a MN = \log_a M + \log_a N$

③ $\log_a a = 1$ 、 $\log_a 1 = 0$

真数（log の中）の割り算は、引き算に分解！

② $\log_a \dfrac{M}{N} = \log_a M - \log_a N$

真数（log の中）が指数の場合は、対数の定数倍に変換！

④ $\log_a M^r = r \log_a M$
$(r \cdot \log_a M)$

⟹ 実際に数値を入れて見てみましょう！

問題 次の式を求めましょう。

(1) $\log_2 32 = \log_2(4 \times 8) = \log_2 4 + \log_2 8 = \log_2 2^2 + \log_2 2^3$
$= 2 \cdot \log_2 2 + 3 \cdot \log_2 2 = 2 \times 1 + 3 \times 1 = 5$
$\log_2 2 = 1$（対数の公式③参照）

$\log_2 32 = \log_2 2^5 = 5\log_2 2 = 5 \times 1 = 5$

(2) $\log_3 \dfrac{3}{27} = \log_3 3 - \log_3 27 = \log_3 3 - \log_3 3^3$
$= \log_3 3 - 3 \cdot \log_3 3 = 1 - 3 \times 1 = -2$
$\log_3 3 = 1$

$\log_3 \dfrac{3}{27} = \log_3 \dfrac{1}{9} = \log_3 \dfrac{1}{3^2} = \log_3 3^{-2} = -2 \times 1 = -2$

公式を用いて展開するとこうなるね！

(3) $\log 100 = 2$ ⟸ $\log_{10} 100 = \log_{10} 10^2 = 2 \cdot \log_{10} 10 = 2 \times 1 = 2$

3. 常用対数の計算

『2. 対数の公式』(前ページ) を確認しながら見てみましょう。

(1) 真数 (log の中) の掛け算は、足し算に分解!

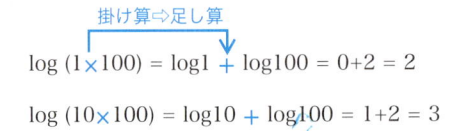

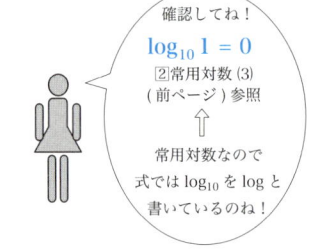

掛け算⇨足し算

$\log(1 \times 100) = \log 1 + \log 100 = 0+2 = 2$

$\log(10 \times 100) = \log 10 + \log 100 = 1+2 = 3$

確認してね!
$\log_{10} 1 = 0$
②常用対数 (3) (前ページ) 参照
↑
常用対数なので式では $\log_{10}$ を $\log$ と書いているのね!

(2) 真数 (log の中) の割り算は、引き算に分解!

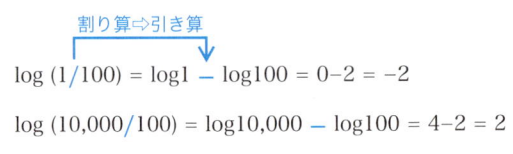

割り算⇨引き算

$\log(1/100) = \log 1 - \log 100 = 0-2 = -2$

$\log(10{,}000/100) = \log 10{,}000 - \log 100 = 4-2 = 2$

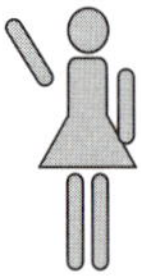

(3) 真数 (log の中) の値が $\overset{\cdot\cdot}{2}$ 倍になるといくら増加する?

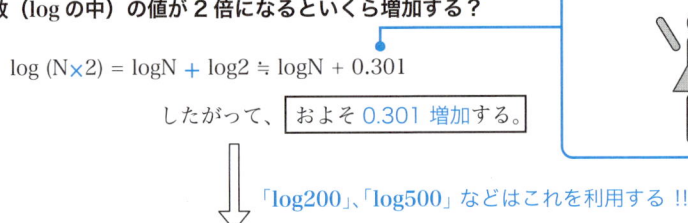

$\log(N \times 2) = \log N + \log 2 ≒ \log N + 0.301$

覚えておくと便利!
$\log 2 ≒ 0.301$

したがって、およそ 0.301 増加する。

⇩

「log200」、「log500」などはこれを利用する!!

$\log 200 = \log(100 \times 2) = \log 100 + \log 2 ≒ 2+0.301 = 2.301$
$\log 500 = \log(1{,}000/2) = \log 1{,}000 - \log 2 ≒ 3-0.301 = 2.699$

(4) 真数 (log の中) の値が $\log 2^2$ などの指数の場合は?

指数が log の前に!

$\log 2^2 = \log(2 \times 2) = \log 2 + \log 2 = 2 \cdot \log 2 ≒ 2 \times 0.301 = 0.602$
$\log 2^3 = \log(2 \times 2 \times 2) = \log 2 + \log 2 + \log 2 = 3 \cdot \log 2 ≒ 3 \times 0.301 = 0.903$

(5) 真数 (log の中) の値が $\log\left(\dfrac{1}{4}\right)$ などの分数の場合は?

$\log\left(\dfrac{1}{4}\right) = \log\left(\dfrac{1}{2^2}\right) = \log 2^{-2} = -2 \cdot \log 2 ≒ -2 \times 0.301 = -0.602$

log の前に!

$\log\left(\dfrac{1}{8}\right) = \log\left(\dfrac{1}{2^3}\right) = \log 2^{-3} = -3 \cdot \log 2 ≒ -3 \times 0.301 = -0.903$

分母の数値が log の後に! ただし、− が付く!

問題 次の式を計算しましょう。((4)と(5)は x を求めましょう。)

(1) $5^2 = 25$ を対数の式にすると？ $\implies \log_5 25 = 2$

> 常用対数なので、
> $\log_{10} 10$
> 底の 10 を省略しています。

(2) $\log_{10} 1,000 = 3$
($\log_{10} 1,000 = \log_{10} 10^3 = 3 \cdot \log_{10} 10 = 3 \times 1 = 3$)

(3) $\log_{10} 0.0001 = -4$
($\log 0.0001 = \log 10^{-4} = -4 \cdot \log 10 = -4 \times 1 = -4$)

(4) $\log_3 x = 4 \implies 3^4 = x \quad x = 81$

(5) $\log_x 49 = 2 \implies x^2 = 49 \quad x = 7 \quad (x > 0)$

(6) $\log_2 2^4 = 4 \cdot \log_2 2 = 4 \times 1 = 4$

> 底と真数が同じ値の場合、答えは 1 ね！
> 底　真数
> $\log_2 2 = 1$
> $\log_3 3 = 1$
> $\log_4 4 = 1$
> $\log_{10} 10 = 1$

(7) $\log 400 = \log(2^2 \times 100) = \log 2^2 + \log 10^2$
$= 2 \cdot \log 2 + 2 \cdot \log 10 ≒ 2 \times 0.301 + 2 \times 1 = 2.602$

(8) $\log\left(\dfrac{1}{16}\right) = \log\left(\dfrac{1}{2^4}\right) = \log 2^{-4} = -4 \cdot \log 2 ≒ -4 \times 0.301 = -1.204$

(9) $\log 250 = \log(1,000/4) = \log 1,000 - \log 4 = \log 10^3 - \log 2^2 = 3 \cdot \log 10 - 2 \cdot \log 2$
$≒ 3 \times 1 - 2 \times 0.301 = 3 - 0.602 = 2.398$

指数と対数の関係をグラフで見ると！

指数 $y = a^x$　式を逆転させると！　対数 $y = \log_a x$

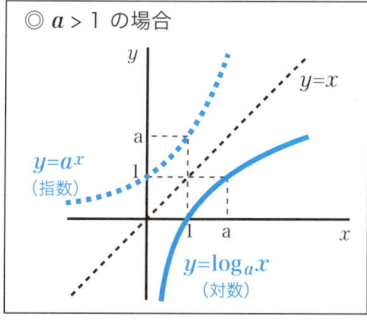

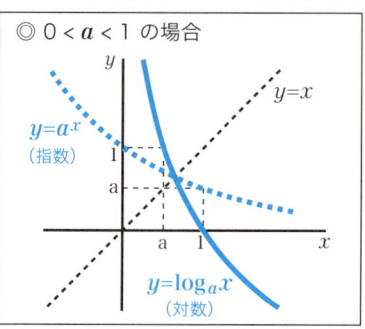

したがって

$y = x$ のグラフに対して対象になる！

◎ $a > 1$ の場合

$y = a^x$ （指数）
$y = \log_a x$ （対数）
$y = x$

◎ $0 < a < 1$ の場合

$y = a^x$ （指数）
$y = \log_a x$ （対数）
$y = x$

6章 指数と対数

3 対数

4. 常用対数のグラフ

1 $y = \log x$ のグラフの形状は？

$\log_{10} x = y$ のこと ⇔ 10 を y 乗すると x になるということ！

x の値　y の値

$\log_{10} 0.001 = -3$
$\log_{10} 0.01 = -2$
$\log_{10} 0.1 = -1$
$\log_{10} 1 = 0$
$\log_{10} 10 = 1$
$\log_{10} 100 = 2$
$\log_{10} 1{,}000 = 3$

y の値が小さくなると x の値が限りなく「0」に近づいていく！

どのような値でも「0乗は1」

y の値が大きくなると x の値が急激に大きくなる！

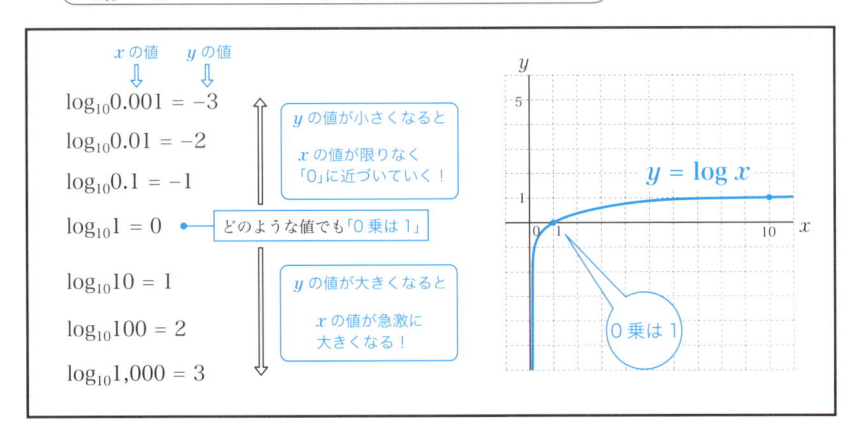

$y = \log x$

0乗は1

y の値が 0 や 1 を超えると、グラフでは表現しにくい!!
これではグラフの意味がない！

⇩ このような場合は、「対数軸」を用いる！

2 対数軸のグラフ

対数軸のグラフとは、「$y = 10^x$」の x と y の値を対数軸のグラフにしたものです。

$y = 10^x$

| x | 1 | 2 | 3 | 4 | 5 | 6 |
| y | 10 | 100 | 1,000 | 10,000 | 100,000 | 1,000,000 |

⇩ グラフにすると！

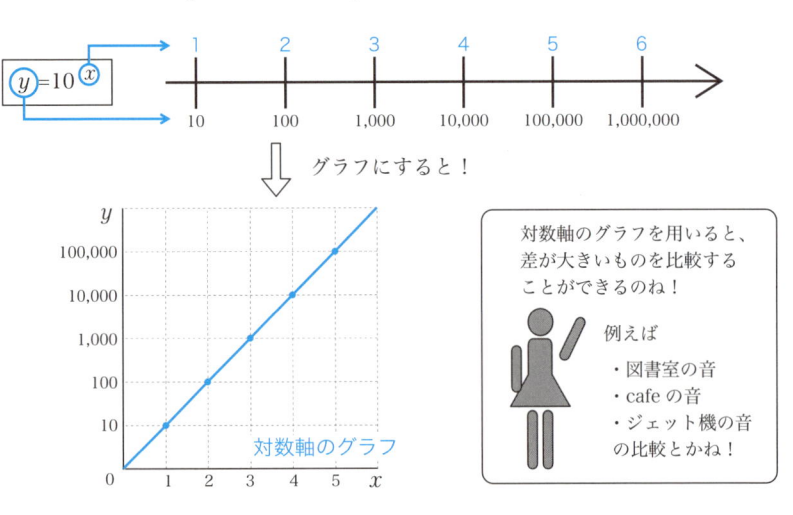

対数軸のグラフ

対数軸のグラフを用いると、差が大きいものを比較することができるのね！

例えば
・図書室の音
・cafe の音
・ジェット機の音
の比較とかね！

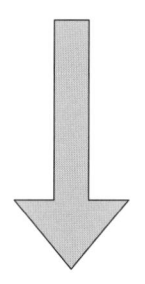

建築に関する指数と対数

指数は、一般的な計算にも多く用いられていますが、対数は、比較するのに差がありすぎるようなものを対象とするときなどに用います。
建築の分野では、環境の音に関するところで多く用いられているので、しっかり理解しましょう。

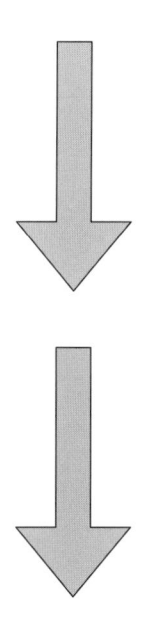

6章 指数と対数

1. 音のレベル　〔環境〕

◎ 音のレベルの計算式

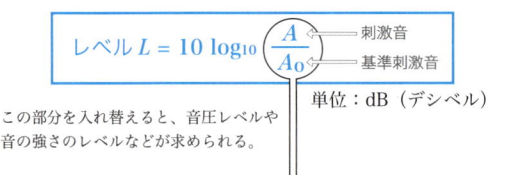

$$\text{レベル } L = 10 \log_{10} \frac{A}{A_0}$$

- A：刺激音
- A_0：基準刺激音

単位：dB（デシベル）

この部分を入れ替えると、音圧レベルや音の強さのレベルなどが求められる。

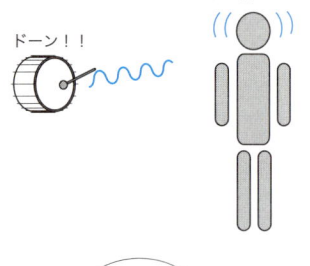

音の強さのレベルの場合

例　$A \Rightarrow I$（実際の音の強さ）：10^{-8}〔w/m²〕
　　$A_0 \Rightarrow I_0$（人間が聞くことのできる最小の音の強さ）：10^{-12}〔w/m²〕

① 計算式の $\dfrac{I}{I_0}$ の部分を計算する。

$$\frac{I}{I_0} = \frac{10^{-8}}{10^{-12}} = 10^4$$

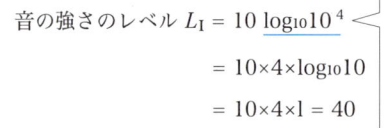

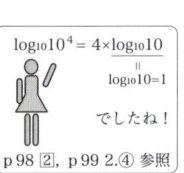

② 計算式に①で求めた値を代入する。

音の強さのレベル $L_I = 10 \log_{10} 10^4$
　　　　　　　　　　 $= 10 \times 4 \times \log_{10} 10$
　　　　　　　　　　 $= 10 \times 4 \times 1 = 40$

$\log_{10} 10^4 = 4 \times \log_{10} 10$
　　　　　　　　　　 $\log_{10} 10 = 1$
でしたね！
p98 ②, p99 2.④ 参照

したがって、音の強さのレベルは $\boxed{40 \text{dB}}$

人が感じる太鼓の音
ドーン！！
40 デシベルの音に感じるということだね！

2. 対数を用いたグラフ　〔環境〕

（「図説 やさしい建築環境」(音環境より)）

◎ 音圧レベルのグラフ

音圧レベルの値は、常用対数を用いて求めます。
比較する対象にレベルの差がありすぎる場合は、対数を用いたグラフを用います。

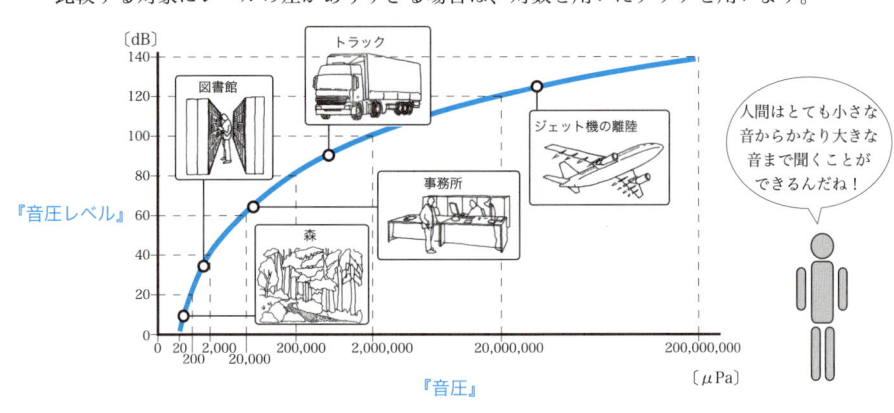

『音圧レベル』〔dB〕／『音圧』〔μPa〕

図書館／トラック／森／事務所／ジェット機の離陸

人間はとても小さな音からかなり大きな音まで聞くことができるんだね！

6章 指数と対数
建築に関する指数と対数

練習問題

問題1 次の計算をしましょう（(4)は x を求めましょう）。

問題1〜2は 指数 の問題

(1) $10{,}000$ を a^n の形に変換

(2) $\sqrt{81}$

(3) 4^3

(4) $x^2 = 49$

(5) $\dfrac{1}{4}$ を a^n の形に変換

(6) $(\sqrt{5})^3$

(7) $(\sqrt{5})^4 \times (\sqrt{3})^3$

(8) 3^{-4}

(9) $\sqrt[3]{8}$

(10) $3^{\frac{3}{5}}$

(11) $5^{-\frac{2}{3}}$

(12) $4^{\frac{1}{3}} \times 4^{\frac{1}{6}}$

問題2 次の指数の式のグラフを描きましょう。

$y = 3^x$

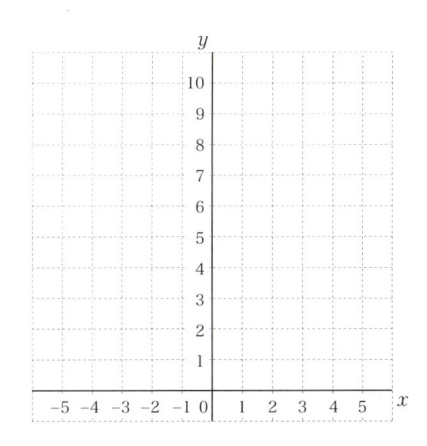

6章 指数と対数

解説 p.165〜 p.166

解答 1 (1) 10^4 (2) 9 (3) 64 (4) ± 7 (5) 2^{-2} (6) $5\sqrt{5}$ (7) $75\sqrt{3}$
(8) $\dfrac{1}{81}$ (9) 2 (10) $\sqrt[5]{3^3}$ (11) $\dfrac{1}{\sqrt[3]{5^2}}$ (12) 2

2 解説 p.166 参照

問題 3 次の等式を対数の式に変換しましょう。

(1) $2^6 = 64$ (2) $3^4 = 81$

> 問題3〜6は
> 対数の問題

問題 4 次の等式を満たす x（真数）を求めましょう。

(1) $\log_4 x = 3$ (2) $\log_2 x = 4$

問題 5 次の計算をしましょう。

(1) $\log 2 + \log 1{,}000$ (2) $\log 800$

(3) $\log_2 \dfrac{1}{4}$

> (1)と(2)は
> 常用対数の
> 問題だね！

問題 6 次の対数の式のグラフを描きましょう。

$y = \log_3 x$

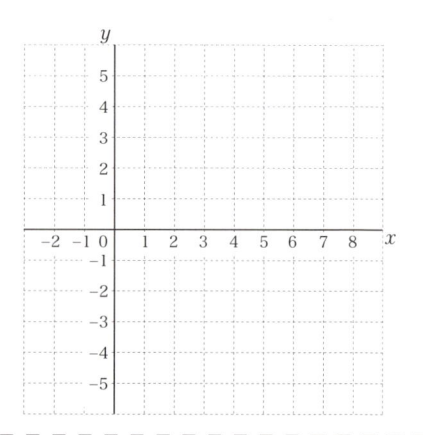

解説 p.166〜p.167
解答　3 (1) $\log_2 64 = 6$　(2) $\log_3 81 = 4$
　　　4 (1) $x = 64$　(2) $x = 16$
　　　5 (1) 3.301　(2) 2.903　(3) -2
　　　6 解説 p.167 参照

7章 微分・積分

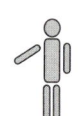

『微分』と『積分』で何を求めるの？

◎ 微分では、『傾き』を求めます。

傾きとは、グラフがどれだけ傾斜しているかを表します。

> x が 1 増えると y がいくら増えるかということ！

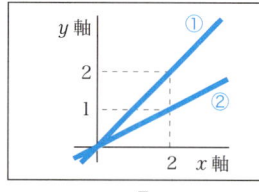

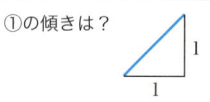

①の傾きは？　傾き = $1 \left(\frac{1}{1}\right)$

②の傾きは？　傾き = $\frac{1}{2}$

↓ ということは、

傾きは、「変化の割合」を表している！

右のグラフの場合の傾きは、それぞれの区間の時速！

一般道路　時速 = $\frac{15\text{km}}{0.5\text{h}}$ = 30 km/h

高速道路　時速 = $\frac{40\text{km}}{0.5\text{h}}$ = 80 km/h

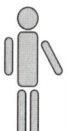

それぞれの時速（傾き）を見比べると！

- 傾きが大きい → 変化する割合が大きい
- 傾きが小さい → 変化する割合が小さい

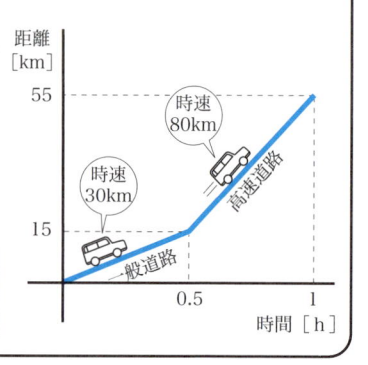

◎ 積分では、『面積』を求めます。

面積は、「変化した総量」を表している！

右のグラフの場合の面積は、それぞれの区間の移動距離の合計！

一般道路　距離 = 30km/h×0.5h = 15 km （面積）
高速道路　距離 = 80km/h×0.5h = 40 km

合計 55km 移動したことになる！

それぞれの移動距離（面積）を見比べると！

- 面積が大きい → 変化した量が大きい
- 面積が小さい → 変化した量が小さい

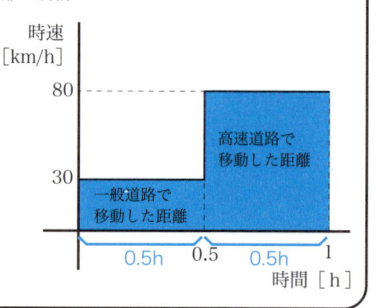

↓ 建築では微分と積分で何を求めるのでしょう？？
まずは、基本的な計算方法から見てみましょう！

1 微分

1. 微分の概略

微分を用いると、曲線などの**ある点での傾き**を求めることができます。

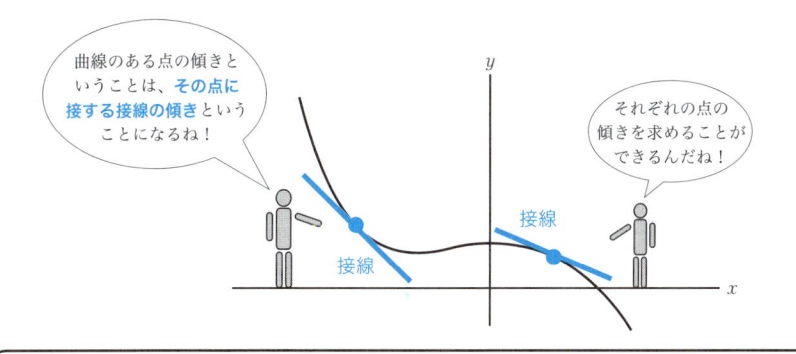

> 曲線のある点の傾きということは、**その点に接する接線の傾き**ということになるね！

> それぞれの点の傾きを求めることができるんだね！

接線

接線

---

a 点の接線の傾きを求めるには？

① a 点と b 点を通る直線を求める。
⇩
② b 点を少しずつ a 点に近づけていく。
⇩
③ 極限まで a 点に近づける。
⇩
④ 正確な接線の傾きが求められる！

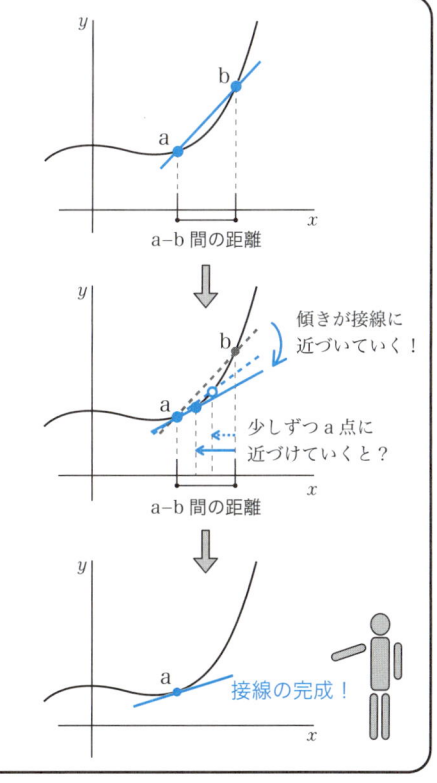

a–b 間の距離

傾きが接線に近づいていく！
少しずつ a 点に近づけていくと？
a–b 間の距離

接線の完成！

◎ 前ページの考え方を式にすると？

前ページの説明のように、微分を用いて関数による曲線の接線の傾きを求めます。
まずは、曲線 $y = f(x)$ 上のP点の接線から求めてみましょう。

① P–Q間の直線の傾きを求める。

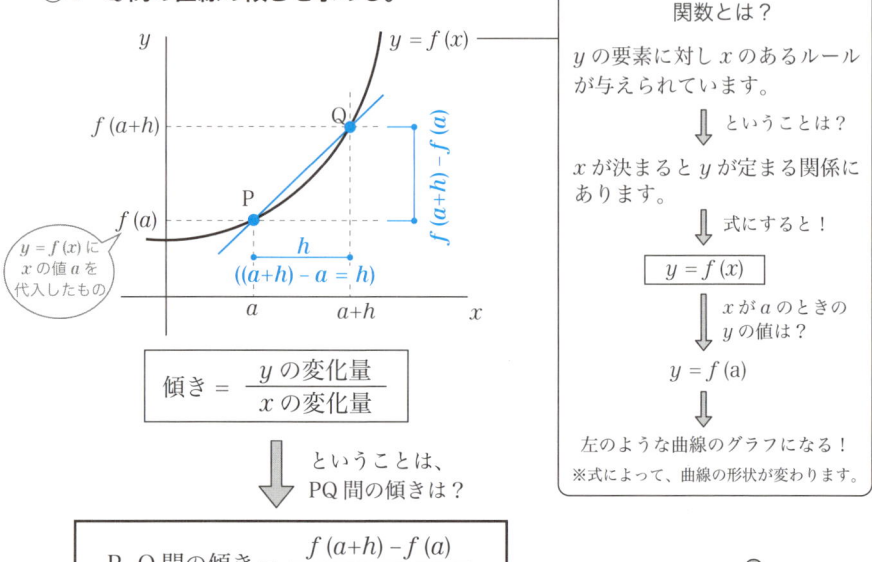

関数とは？

y の要素に対し x のあるルールが与えられています。

⬇ ということは？

x が決まると y が定まる関係にあります。

⬇ 式にすると！

$y = f(x)$

⬇ x が a のときの y の値は？

$y = f(a)$

⬇

左のような曲線のグラフになる！
※式によって、曲線の形状が変わります。

$y = f(x)$ に x の値 a を代入したもの

$$\text{傾き} = \frac{y \text{の変化量}}{x \text{の変化量}}$$

⬇ ということは、PQ間の傾きは？

$$\text{P–Q間の傾き} = \frac{f(a+h) - f(a)}{h}$$

⬇ しかし、これではP点の接線とは言えない！

② P点での接線の傾きを求める

Q点をP点に近づける、つまり、h の距離を0に近づけていくと、P点の接線の傾きに近づく。（前ページ参照）
したがって、$h \to 0$ になると、P点の接線の傾きとなる！

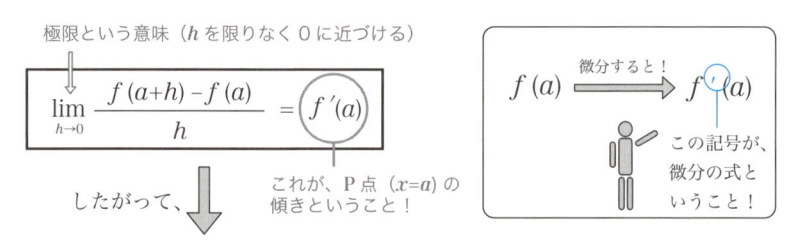

極限という意味（h を限りなく0に近づける）

$$\lim_{h \to 0} \frac{f(a+h) - f(a)}{h} = f'(a)$$

これが、P点（$x=a$）の傾きということ！

$f(a)$ ⟶ 微分すると！ ⟶ $f'(a)$

この記号が、微分の式ということ！

したがって、⬇

曲線 $y = f(x)$ を $\boxed{x = a}$ で微分すると、P点での接線の傾きが求められるということ！

③ P 点ではなく x 軸の任意の点の場合は？

任意の点についての式にするため、前ページの式の a の部分を x に置き換えます。この式を導関数といいます。

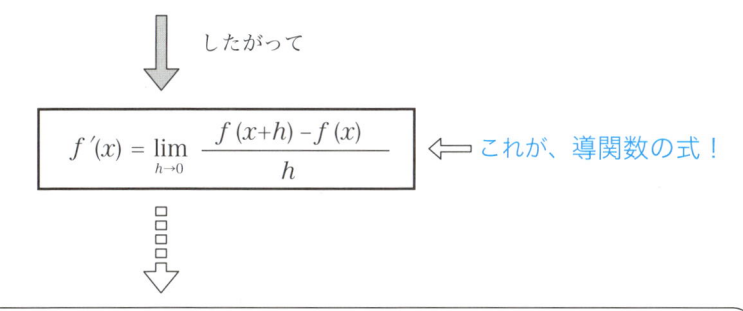

したがって

$$f'(x) = \lim_{h \to 0} \frac{f(x+h) - f(x)}{h}$$

⇐ これが、導関数の式！

$f'(x)$ の代わりに $\frac{dy}{dx}$、$\frac{d}{dx}f(x)$ などの記号を用いる場合があります。

$\boxed{\dfrac{dy}{dx}}$ の場合

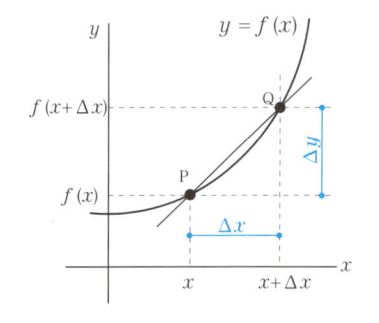

左のように、x 軸での幅を Δx、y 軸での幅を Δy とすると、

$$f'(x) = \lim_{\Delta x \to 0} \frac{\Delta y}{\Delta x} = \frac{dy}{dx}$$

と表現することができます。

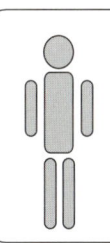

いつでも微分ができるわけではなく、微分が不可能なときもあります。

7章 微分・積分

1 微分

2. 微分の公式の導き方

微分の法則を見つけると、微分の公式が理解できるようになります。

まずは、導関数の式を用いて、次の関数を微分してみましょう。

傾きを求めてから代入すると計算しやすいね！

$$\text{傾き} = \frac{f(x+h) - f(x)}{h}$$

$$f'(x) = \lim_{h \to 0} \frac{f(x+h) - f(x)}{h}$$

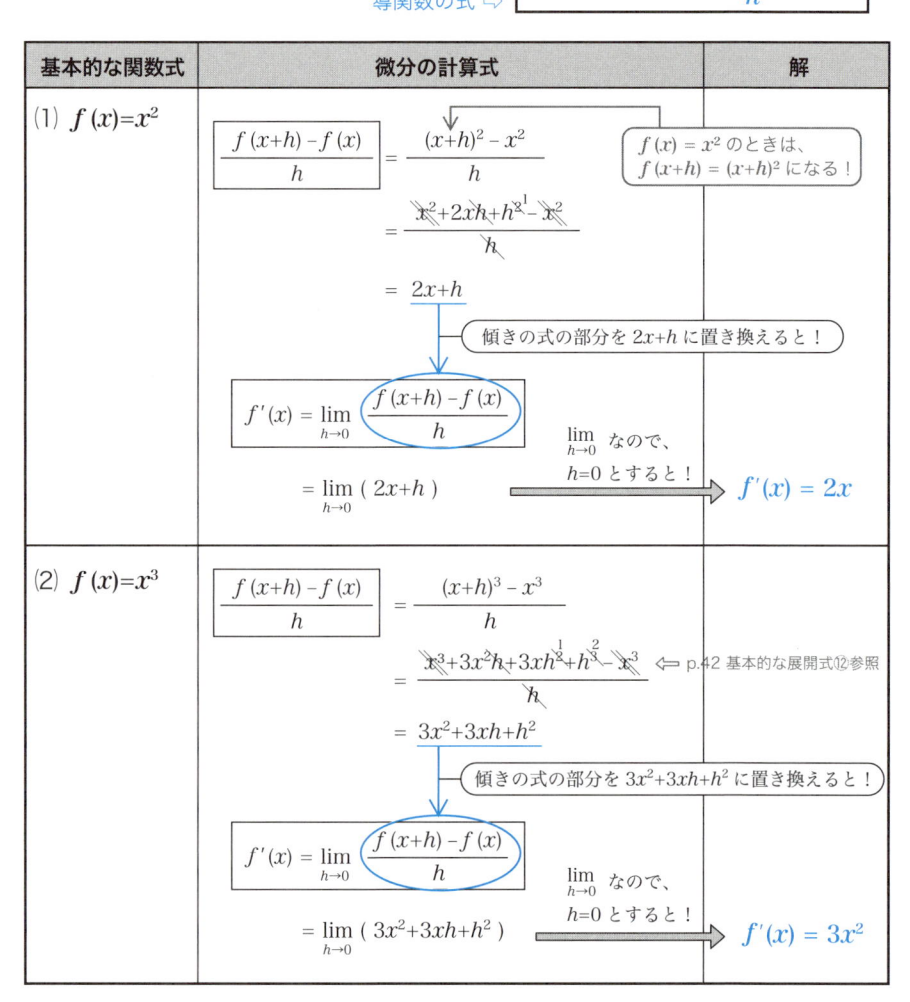

導関数の式 ⇨

基本的な関数式	微分の計算式	解
(1) $f(x) = x^2$	$\dfrac{f(x+h) - f(x)}{h} = \dfrac{(x+h)^2 - x^2}{h}$ $f(x) = x^2$ のときは、$f(x+h) = (x+h)^2$ になる！ $= \dfrac{x^2 + 2xh + h^2 - x^2}{h}$ $= 2x + h$ 傾きの式の部分を $2x+h$ に置き換えると！ $f'(x) = \lim_{h \to 0} \dfrac{f(x+h) - f(x)}{h}$ $= \lim_{h \to 0} (2x + h)$ $\lim_{h \to 0}$ なので、$h=0$ とすると！	$f'(x) = 2x$
(2) $f(x) = x^3$	$\dfrac{f(x+h) - f(x)}{h} = \dfrac{(x+h)^3 - x^3}{h}$ $= \dfrac{x^3 + 3x^2h + 3xh^2 + h^3 - x^3}{h}$ ⇐ p.42 基本的な展開式⑫参照 $= 3x^2 + 3xh + h^2$ 傾きの式の部分を $3x^2 + 3xh + h^2$ に置き換えると！ $f'(x) = \lim_{h \to 0} \dfrac{f(x+h) - f(x)}{h}$ $= \lim_{h \to 0} (3x^2 + 3xh + h^2)$ $\lim_{h \to 0}$ なので、$h=0$ とすると！	$f'(x) = 3x^2$

基本的な関数式	微分の計算式	解
(3) $f(x)=x$ x^1（xの1乗）ということ	$\dfrac{f(x+h)-f(x)}{h} = \dfrac{(x+h)^1 - x^1}{h}$ $= \dfrac{x+h-x}{h} = \dfrac{h}{h} = 1$ (1)(2)と同様に、導関数の式に代入すると！ $f'(x) = \lim\limits_{h \to 0}(1) = 1$	$f'(x) = 1$
(4) $f(x)=c$ （cは任意の定数） 累乗ではないということ	$\dfrac{f(x+h)-f(x)}{h} = \dfrac{c-c}{h} = 0$　$f(x) = c$のときは、$f(x+h) = c$のまま！ (1)(2)と同様に、導関数の式に代入すると！ $f'(x) = \lim\limits_{h \to 0}(0) = 0$	$f'(x) = 0$

xの値がいくらであっても、cになるということ！

(1)〜(4)を整理すると！

$(x^1)'$ということ！

$(c)' = 0$
$(x)' = 1 \times x^{1-1} = x^0 = 1$
$(x^2)' = 2 \times x^{2-1} = 2x^1 = 2x$
$(x^3)' = 3 \times x^{3-1} = 3x^2$

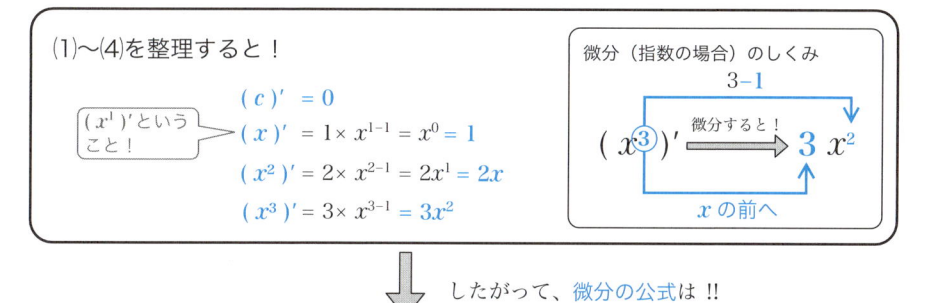

微分（指数の場合）のしくみ

$(x^{\boxed{3}})' \xrightarrow{\text{微分すると！}} \boxed{3}\,x^2$

xの前へ

したがって、微分の公式は!!

3. 微分の公式

1 微分の法則

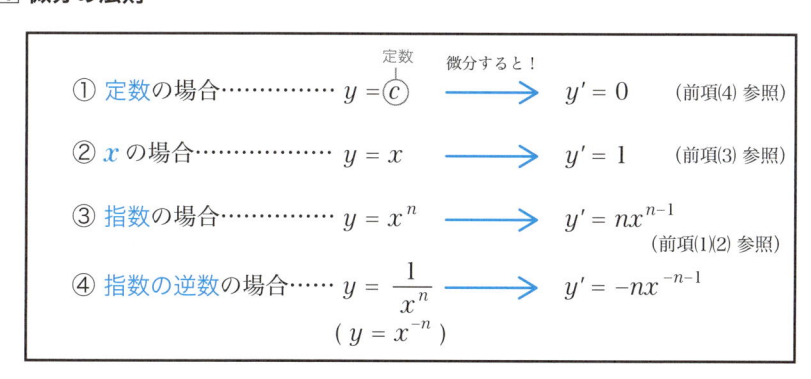

① 定数の場合 …………… $y = \boxed{c}$（定数）　微分すると！　$y' = 0$　（前項(4)参照）

② xの場合 …………… $y = x$ ⟶ $y' = 1$　（前項(3)参照）

③ 指数の場合 …………… $y = x^n$ ⟶ $y' = nx^{n-1}$　（前項(1)(2)参照）

④ 指数の逆数の場合 …… $y = \dfrac{1}{x^n}$ ⟶ $y' = -nx^{-n-1}$
　　　　　　　　　　　　（$y = x^{-n}$）

2 微分の計算式の法則

1の法則を用いて計算をする場合は、次のように展開します。

① 定数倍の場合……… $y = \overset{\text{定数}}{c} A$　微分すると！　$y' = c\,A'$

② ＋、－の場合………… $y = A \pm B$　→　$y' = A' \pm B'$

③ ×の場合…………… $y = A \times B$　→　$y' = A'B + AB'$

※ A、B は x の関数

実際に数値を入れて計算してみましょう！

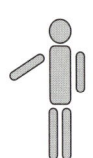

微分の問題　次の式を求めましょう。

(1) $y = 3x+5$　　微分すると！
$y' = 3 \times 1 + 0$
$\quad = 3$

(2) $y = 5x^4$
$y' = 5 \times 4 x^{4-1}$
$\quad = 20x^3$

(3) $y = 4x^3 + 3x^2 + 3$
$y' = 4 \times 3x^2 + 3 \times 2x + 0$
$\quad = 12x^2 + 6x$
$\quad = 6x(2x+1)$

> 定数は0になるので、以降0は省略します。
> ※一般的にも表記しません。

(4) $y = (x^2+4)(3x^3+2x^2+5)$
$\quad = 3x^3 + 3x^2 + 9$
$y' = 3 \times 3x^2 + 3 \times 2x$
$\quad = 9x^2 + 6x$
$\quad = 3x(3x+2)$

(5) $y = (2x^3+5x^2+3x)-(4x^3-3x^2+5)$
$\quad = -2x^3 + 8x^2 + 3x - 5$
$y' = -2 \times 3x^2 + 8 \times 2x + 3 \times 1$
$\quad = -6x^2 + 16x + 3$

(6) $y = x^3 \times x^2$
$y' = 3x^2 \times x^2 + x^3 \times 2x$
$\quad = 3x^4 + 2x^4$
$\quad = 5x^4$

(7) $y = \dfrac{1}{x^2}$
$y' = -2x^{-2-1}$
$\quad = -2x^{-3} \left(= -2 \times \dfrac{1}{x^3} = -\dfrac{2}{x^3} \right)$

> p.96 指数の公式①より、
> $a^m \times a^n = a^{m+n}$
> $y = x^3 \times x^2 = x^5$
> $y' = 5x^4$

2 極大・極小とその傾き

1 極大・極小とは？

$y = f(x)$ の曲線において、曲線が右上がりから右下がりへ、または、右下がりから右上がりへと変わる頂点の部分をいいます。

極大：曲線が「右上がり」から「右下がり」に変わる頂点の部分

極小：曲線が「右下がり」から「右上がり」に変わる頂点の部分

さらに、この時の値は、次のように表現します！

極大値・極小値：極大、極小のときのそれぞれの値
　　　　　　　（あわせて極値といいます。）

最大値・最小値：極大値、極小値のうち、最も大きい値または小さい値

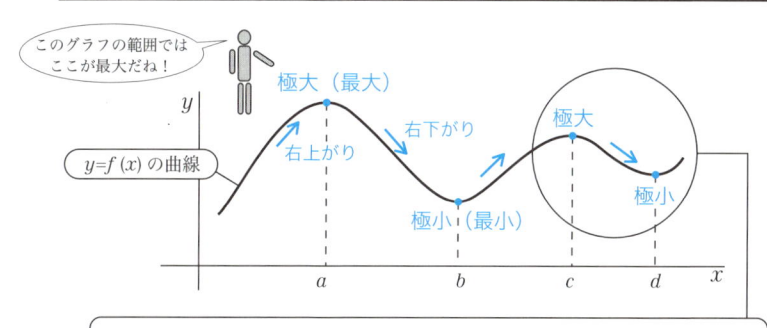

（このグラフの範囲ではここが最大だね！）

$y=f(x)$ の曲線

極大（最大）　右上がり　右下がり　極大　極小　極小（最小）

極大と極小の接線は水平！

$y=f(x)$ の曲線を極大と極小の部分で微分をすると『0』になります。

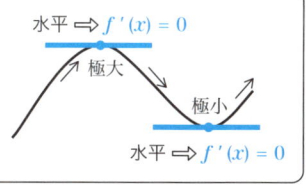

↓ ということは？

傾きが 0 ＝ 水平

水平 ⇒ $f'(x) = 0$　極大

水平 ⇒ $f'(x) = 0$　極小

$y=f(x)$ の傾きを表にすると！

2 極大・極小の表（増減表）

x		a		b		c		d	
$f'(x)$	+	0	−	0	+	0	−	0	+
$f(x)$	↗	$f(a)$	↘	$f(b)$	↗	$f(c)$	↘	$f(d)$	↗

極大　極小　極大　極小

（表を見ると、グラフの形状がわかるんだね！）

3 積分

1. 積分の概略

積分を用いると、**曲線などで囲まれた部分の面積**を求めることができます。

こんな範囲の面積を求めることができるのね！

面積

こんな図形の面積も OK ね！

面積

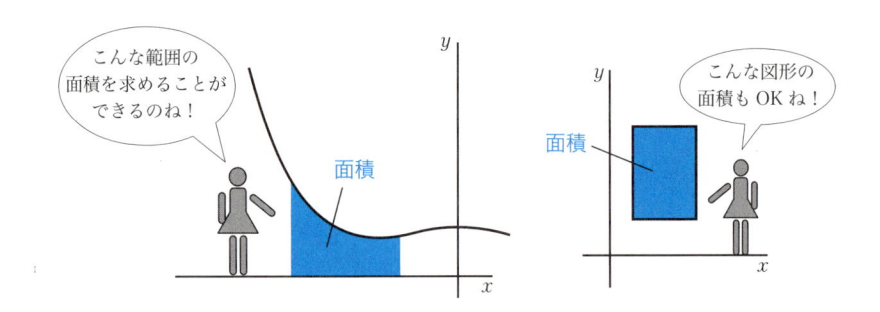

a から b の範囲の面積を求めるには？

① a から b の範囲を分割する。

⇩

② 極限まで分割数を増やす。

⇩

③ 分割したそれぞれの面積を合算する。

⇩

④ **正確な面積が求められる！**

極限まで分割数を増やすと！

⇩

面積

それぞれの面積を合算すると！

⇩

面積

正確な面積を求めることができるのね！

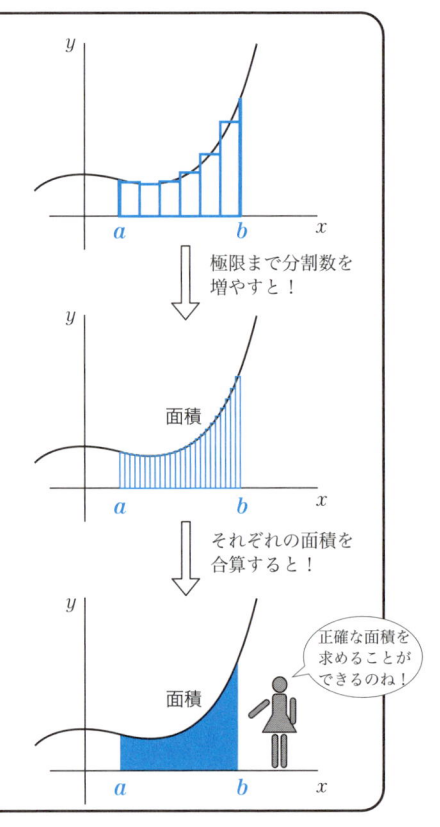

細かく分割すると、なぜ正確な面積が求められる？

大きく分割すると、曲線からはみ出したり、足らない部分があります。

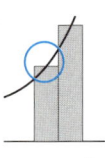

細かく分割すると、曲線に対して、はみ出す部分などが少なくなるので、より正確な面積を求めることができます。

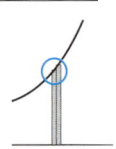

2. 不定積分と定積分

前ページの説明のように、積分を用いて関数による曲線のある一定の範囲の面積を求めます。

1 不定積分 (次ページ〜p.119)

範囲を定めない積分

$$\int \quad 記号なし$$

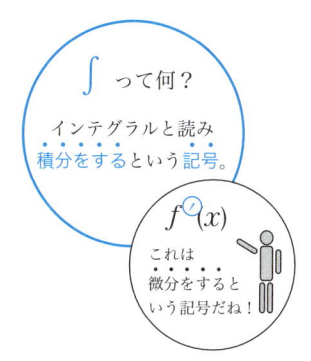

不定積分の式 $\quad \int f(x)dx = F(x) + c$

※ c は定数で、積分定数とよばれる。

$\int$ って何？
インテグラルと読み<u>積分をする</u>という<u>記号</u>。

$f(x)$
これは<u>微分をする</u>という記号だね！

2 定積分 (p.120〜p.122)

範囲を定めて面積を求める積分

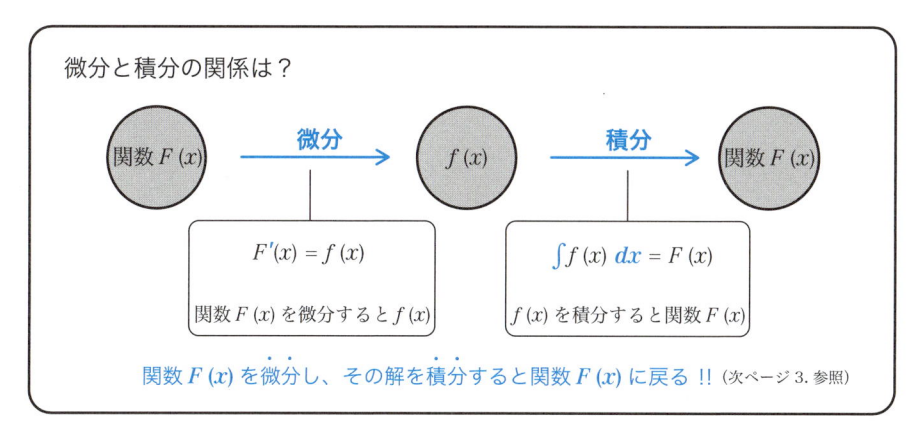

$$\int_a^b \quad \begin{matrix}上端\\ \|\\ b\\ \\ a\\ \|\\ 下端\end{matrix}$$

⇐ a–b の範囲の面積を求めるということ！

面積

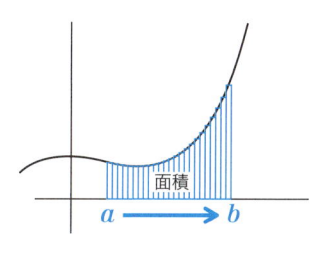

定積分の式 $\quad \int_a^b f(x)dx = F(b) - F(a)$

$\int_a^b$ a–b の場合は、a が下、b が上になるので間違えないようにね！

微分と積分の関係は？

関数 $F(x)$ —微分→ $f(x)$ —積分→ 関数 $F(x)$

$F'(x) = f(x)$
関数 $F(x)$ を微分すると $f(x)$

$\int f(x)\,dx = F(x)$
$f(x)$ を積分すると関数 $F(x)$

関数 $F(x)$ を微分し、その解を積分すると関数 $F(x)$ に戻る!! (次ページ 3.参照)

7章 微分・積分

3 積分

3. 不定積分の公式の導き方

積分の法則を見つけると、積分の公式が理解できるようになります。
また、微分と積分の関係（前ページ下）が成立するかどうかも確認しましょう。

基本となる関数式	積分すると	積分の解を微分すると
(1) $f(x) = x$ (x^1（xの1乗）ということ）	$\int x \, dx = \dfrac{1}{1+1}x^{1+1} + c = \dfrac{1}{2}x^2 + c$	$\left(\dfrac{x^2}{2} + c\right)' = \dfrac{2x^{2-1}}{2} + 0 = x$
(2) $f(x) = x^2$	$\int x^2 \, dx = \dfrac{1}{2+1}x^{2+1} + c = \dfrac{1}{3}x^3 + c$	$\left(\dfrac{x^3}{3} + c\right)' = \dfrac{3x^{3-1}}{3} + 0 = x^2$
(3) $f(x) = x^3$	$\int x^3 \, dx = \dfrac{1}{3+1}x^{3+1} + c = \dfrac{1}{4}x^4 + c$	$\left(\dfrac{x^4}{4} + c\right)' = \dfrac{4x^{4-1}}{4} + 0 = x^3$

(1)〜(3)を整理すると！

$\int x \, dx = \dfrac{1}{2}x^2 + c$

$\int x^2 \, dx = \dfrac{1}{3}x^3 + c$

$\int x^3 \, dx = \dfrac{1}{4}x^4 + c$

指数を積分すると分数になるのね！

積分（指数の場合）のしくみ

$(x^3)' \xrightarrow{\text{積分すると！}} \dfrac{1}{4}x^4$

3+1

したがって、積分の公式は！！

4. 不定積分の公式

1 不定積分の法則

$\int dx$ の場合は、$\int dx = \int 1 dx = x + c$ となる！

① 定数の場合……… $\int a \, dx = ax + c$ （a は定数）

② 指数の場合……… $\int x^n \, dx = \dfrac{1}{n+1}x^{n+1} + c$ （ただし $n \neq -1$）

$n = -1$ の場合、分母が0になり式が成立しないため

2 不定積分の計算式の法則

①の法則を用いて計算をする場合は、次のように展開します。

① 定数倍の場合……$\int k f(x)\, dx = k \int f(x) dx + c$　（k は定数）　　定数は前へ！

② $+$、$-$ の場合………$\int [f(x) \pm g(x)] dx = \int f(x) dx \pm \int g(x) dx + c$

実際に数値を入れて計算してみましょう！

不定積分の問題　次の式を求めましょう。

(1) $\int 3\, dx = 3 \int dx = 3x + c$

(2) $\int x^5\, dx = \dfrac{1}{5+1} x^{5+1} + c = \dfrac{1}{6} x^6 + c$

(3) $\int 3x^2\, dx = 3 \int x^2\, dx + c$
$= 3 \times \dfrac{1}{2+1} x^{2+1} + c$
$= 3 \times \dfrac{1}{3} x^3 + c = x^3 + c$

(4) $\int (2x^2 + 4)\, dx = 2 \int x^2\, dx + 4 \int dx + c$
$= 2 \times \dfrac{1}{3} x^3 + 4 \times x + c$
$= \dfrac{2}{3} x^3 + 4x + c$

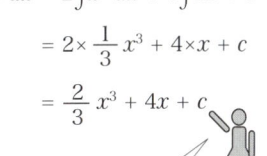

c を忘れないようにね！

(5) $\int (x^3 + 3x - 5)\, dx = \int x^3\, dx + 3 \int x\, dx - 5 \int dx + c$
$= \dfrac{1}{4} x^4 + 3 \times \dfrac{1}{2} x^2 - 5 \times x + c$
$= \dfrac{1}{4} x^4 + \dfrac{3}{2} x^2 - 5x + c$

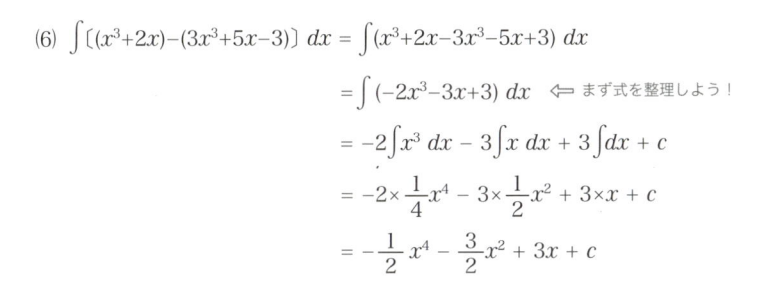

(6) $\int [(x^3 + 2x) - (3x^3 + 5x - 3)]\, dx = \int (x^3 + 2x - 3x^3 - 5x + 3)\, dx$
$= \int (-2x^3 - 3x + 3)\, dx$　⇐ まず式を整理しよう！
$= -2 \int x^3\, dx - 3 \int x\, dx + 3 \int dx + c$
$= -2 \times \dfrac{1}{4} x^4 - 3 \times \dfrac{1}{2} x^2 + 3 \times x + c$
$= -\dfrac{1}{2} x^4 - \dfrac{3}{2} x^2 + 3x + c$

5. 定積分の公式の導き方

右図のように、関数の曲線の一定の範囲の面積を求めます。

◎**不定積分**の式（範囲を決めない状態の式のこと）
$$\int f(x)dx = F(x) + c \quad \text{(p.117①参照)}$$

この式に範囲を与えると？

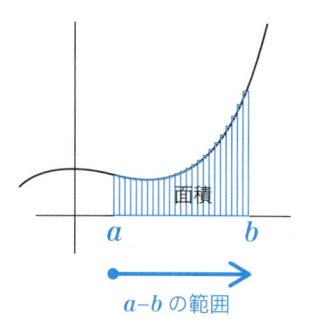

◎**定積分**の式
$$\int_a^b f(x)dx = [F(x) + c]_a^b$$
$$= (F(b) + c) - (F(a) + c) = F(b) - F(a)$$

したがって、
$$\int_a^b f(x)dx = F(b) - F(a)$$

この式が『**定積分の基本公式**』！

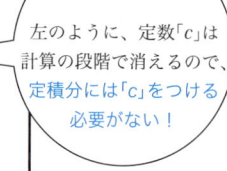

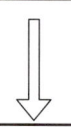

定数「c」の存在？
左のように、定数「c」は計算の段階で消えるので、定積分には「c」をつける必要がない！

実際に数値を入れて計算してみましょう！

基本公式を用いた問題　次の式を求めましょう。

『積分（指数の場合）のしくみ』（p.118）を確認しましょう。

(1) $\int_1^3 x^3\,dx = \left[\dfrac{1}{4}x^4\right]_1^3 = \dfrac{1}{4}\left[x^4\right]_1^3 = \dfrac{1}{4}\times(3^4-1^4) = \dfrac{1}{4}\times(81-1) = \dfrac{1}{4}\times 80 = 20$

この段階では、[　]内は不定積分と同じ！ただし、+cは不要！

xに3と1をそれぞれ代入！

(2) $\int_0^2 x^4\,dx = \left[\dfrac{1}{5}x^5\right]_0^2 = \dfrac{1}{5}\left[x^5\right]_0^2 = \dfrac{1}{5}\times(2^5-0^5) = \dfrac{1}{5}\times(32-0) = \dfrac{32}{5}$

6. 定積分の公式

1 定積分の法則 （前ページ参照）

> 基本公式 ……………… $\int_a^b f(x)dx = F(b) - F(a)$

2 定積分の計算式の法則

1の法則を用いて計算をする場合は、次のように展開します。

① **定数倍** の場合…… $\int_a^b kf(x)dx = k\int_a^b f(x)dx$ （k は定数）

② **+、−** の場合……… $\int_a^b [f(x) \pm g(x)]dx = \int_a^b f(x)dx \pm \int_a^b g(x)dx$

◎ 範囲が次の場合

③ **a–a** の場合……… $\int_a^a f(x)dx = 0$

④ **a–b** の場合……… $\int_a^b f(x)dx = \int_0^b f(x)dx - \int_0^a f(x)dx$

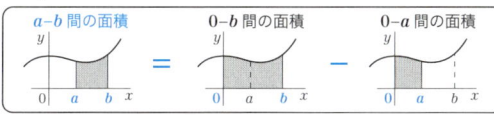

a–b 間の面積	0–b 間の面積	0–a 間の面積
=	−	

⑤ **$a < c < b$** の場合…… $\int_a^b f(x)dx = \int_a^c f(x)dx + \int_c^b f(x)dx$

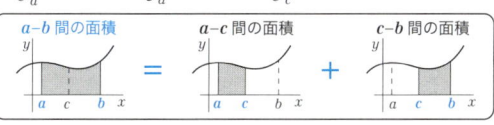

a–b 間の面積	a–c 間の面積	c–b 間の面積
=	+	

実際に数値を入れて計算してみましょう！

定積分の問題1 次の式を計算しましょう。

$$\int_2^4 (x^3+5x-3)\,dx = \int_2^4 x^3\,dx + 5\int_2^4 x\,dx - 3\int_2^4 dx = \left[\frac{1}{4}x^4\right]_2^4 + 5\left[\frac{1}{2}x^2\right]_2^4 - 3\left[x\right]_2^4$$

$$= \frac{1}{4}\times(4^4-2^4) + 5\times\frac{1}{2}\times(4^2-2^2) - 3\times(4-2)$$

$$= \frac{1}{4}\times\underset{240}{(256-16)} + \frac{5}{2}\times\underset{12}{(16-4)} - 3\times 2 = 60+30-6 = 84$$

定積分の問題２

定積分を用いて右のグレーの部分の面積を求めましょう。

このグラフの定積分の式は？

$$\int_2^8 \left(\frac{1}{2}x\right) dx$$

2–8 の範囲　　関数 $y = \frac{1}{2}x$

⇩

$$\int_2^8 \left(\frac{1}{2}\right) x\, dx = \frac{1}{2}\int_2^8 x\, dx$$

定数倍

不定積分と計算方法は同じ！

$$= \frac{1}{2} \times \left[\frac{1}{2}x^2\right]_2^8$$

$$= \frac{1}{2} \times \frac{1}{2}\left[x^2\right]_2^8$$

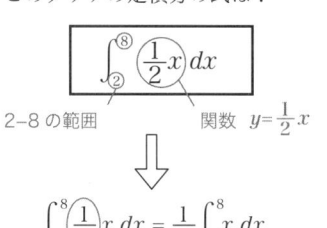

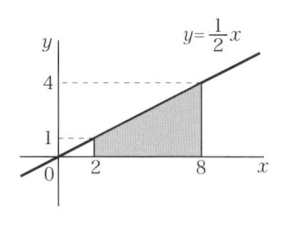

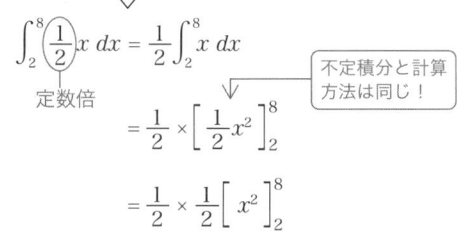

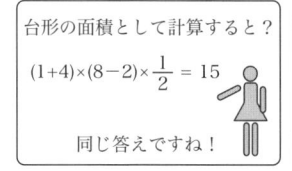

$$= \frac{1}{4}(8^2 - 2^2) = \frac{1}{4}(64 - 4) = \frac{60}{4} = 15$$

台形の面積として計算すると？

$(1+4) \times (8-2) \times \frac{1}{2} = 15$

同じ答えですね！

したがって、面積は 15

定積分の問題３

定積分を用いて右のグレーの部分の面積を求めましょう。

このグラフの定積分の式は？

$$\int_3^6 \left(\frac{1}{3}x^2\right) dx$$

3–6 の範囲　　関数 $y = \frac{1}{3}x^2$

⇩

$$\int_3^6 \left(\frac{1}{3}\right) x^2\, dx = \frac{1}{3}\int_3^6 x^2\, dx$$

定数倍

$$= \frac{1}{3} \times \left[\frac{1}{3}x^3\right]_3^6 = \frac{1}{3} \times \frac{1}{3}\left[x^3\right]_3^6$$

$$= \frac{1}{9}(6^3 - 3^3) = \frac{1}{9}(216 - 27) = \frac{189}{9} = 21$$

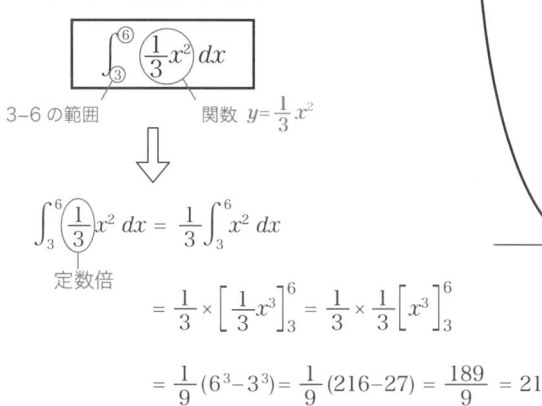

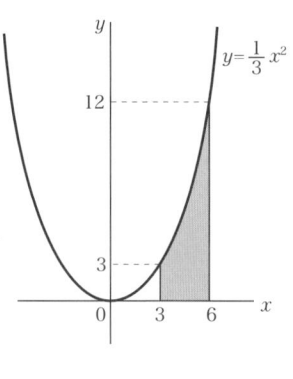

したがって、面積は 21

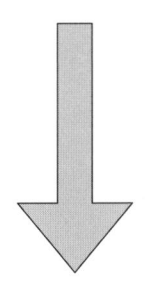

建築に関する微分と積分

微分と積分は、構造力学に深く関わっています。
微分や積分を用いて構造力学の問題を解くことができたり、
構造力学の公式を証明することができます。

構造力学を深く理解するためにも、しっかり理解しましょう。

その前に！

部材にはたらく力の種類について理解しておきましょう！

① 構造力学の基礎知識
(次ページ～p.130)

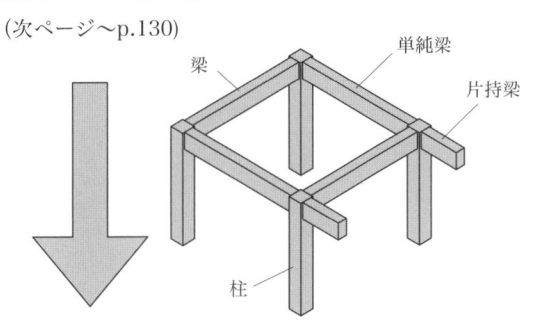

7章 微分・積分

1 構造力学の基礎知識

部材にはたらく力の種類について理解しましょう！

1.-1 外部から部材に加わる力の種類

部材にはたらく力は、3種類に分けられます。

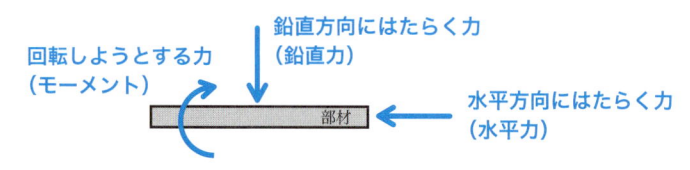

- 回転しようとする力（モーメント）
- 鉛直方向にはたらく力（鉛直力）
- 水平方向にはたらく力（水平力）

1.-2 力のつり合い

同じ力で部材の両側を引張ったり、同じ力を部材の両側にかけた場合に、部材が動かない状態を「力がつり合っている」といいます。

建物の部材にはたらく力は、つり合っていることが重要！（柱・梁など）

> 部材にはたらく力がつり合っていないと、建物が崩壊する危険があるということだよ！！

① 水平方向の力のつり合い

つり合っている
$50N+(-50N) = 0$

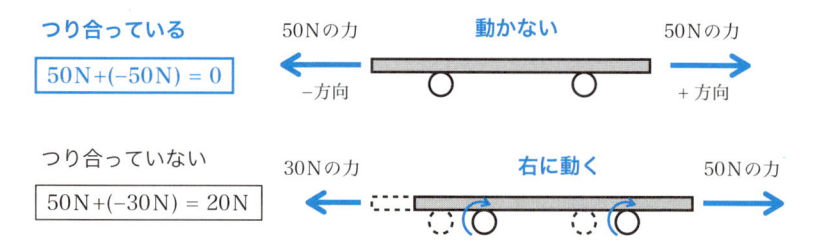

50Nの力 ← 動かない → 50Nの力
－方向　　　　　　　　＋方向

つり合っていない
$50N+(-30N) = 20N$

30Nの力 ← 右に動く → 50Nの力

② 鉛直方向の力のつり合い

つり合っている
$50N+(-50N) = 0$

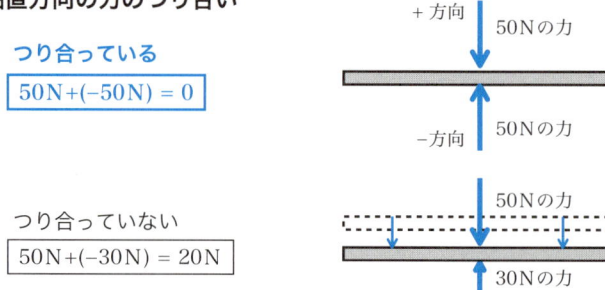

＋方向 ↓ 50Nの力
－方向 ↑ 50Nの力
動かない

つり合っていない
$50N+(-30N) = 20N$

50Nの力 ↓
30Nの力 ↑
下に動く

3 回転しようとする力（モーメント）のつり合い

モーメントは、『力 × 距離（力の作用点から支点までの距離）』で求められます。

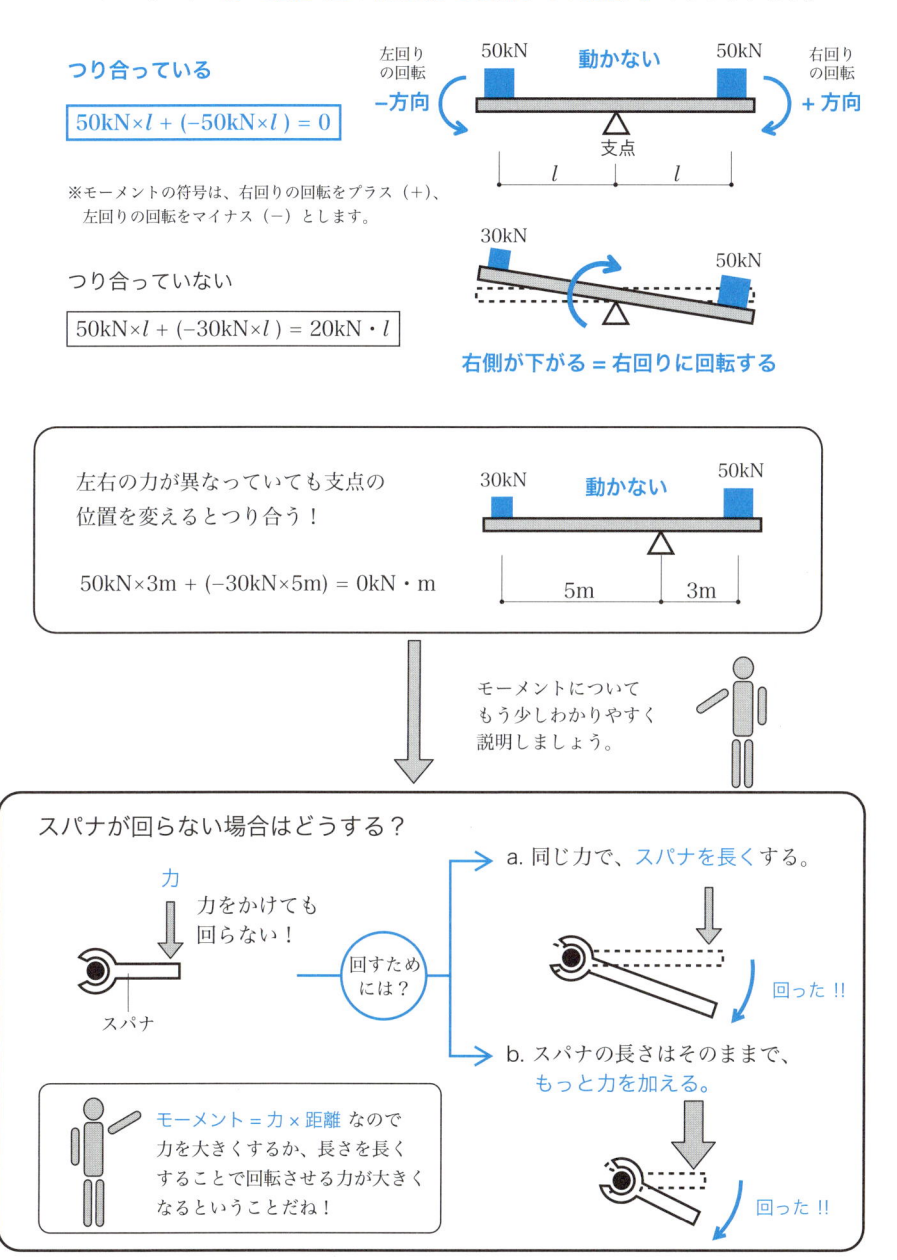

つり合っている

$50\text{kN} \times l + (-50\text{kN} \times l) = 0$

左回りの回転 −方向　50kN　動かない　50kN　右回りの回転 ＋方向
支点　l　l

※モーメントの符号は、右回りの回転をプラス（＋）、左回りの回転をマイナス（−）とします。

つり合っていない

$50\text{kN} \times l + (-30\text{kN} \times l) = 20\text{kN} \cdot l$

30kN　50kN
右側が下がる＝右回りに回転する

左右の力が異なっていても支点の位置を変えるとつり合う！

$50\text{kN} \times 3\text{m} + (-30\text{kN} \times 5\text{m}) = 0\text{kN} \cdot \text{m}$

30kN　動かない　50kN
5m　3m

モーメントについてもう少しわかりやすく説明しましょう。

スパナが回らない場合はどうする？

力
力をかけても回らない！
スパナ

回すためには？

a. 同じ力で、スパナを長くする。
回った!!

b. スパナの長さはそのままで、もっと力を加える。
回った!!

モーメント＝力×距離 なので力を大きくするか、長さを長くすることで回転させる力が大きくなるということだね！

7章 微分・積分

1 構造力学の基礎知識

1.-3 反力

部材がつり合っているということは、部材に力がはたらいたときに、その力に抵抗する反力がはたらいているということです。

◎ **部材の中央に P の力がはたらく場合** ※水平力は、はたらいていないものとします。

例 単純梁

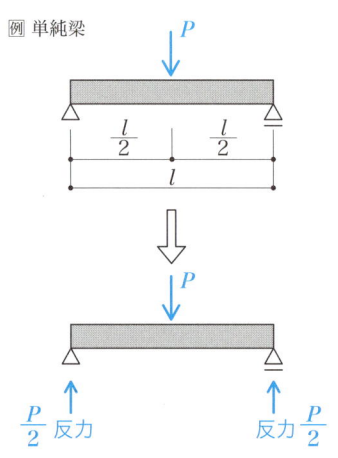

左図のような状態で部材が動かないためには？
⇩
部材にはたらく力がつり合っていることが重要！
⇩
部材の両端に $\frac{P}{2}$ の力（反力）がはたらいている！

$$P - \left(\frac{P}{2} + \frac{P}{2} \right) = 0$$

なぜ $\frac{P}{2}$ なのでしょう？

次の単純梁にはたらく反力を求めましょう。
※水平力は、はたらいていないものとします。

部材にはたらく力がつり合っているということは？

$\begin{cases} 力の合計（力＋反力）= 0 \\ モーメントの合計 = 0 \end{cases}$

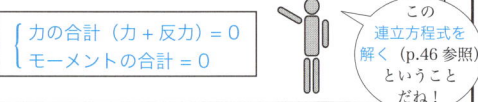

この連立方程式を解く（p.46 参照）ということだね！

V_A（反力）= 50N　　V_B（反力）= 50N

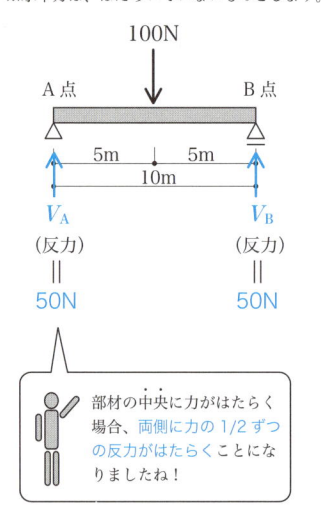

部材の中央に力がはたらく場合、両側に力の 1/2 ずつの反力がはたらくことになりましたね！

左図の反力を求めるための式の順序は？

① 反力を求める式は？（力の合計 = 0）

$$100 - (V_A + V_B) = 0$$

② A点のモーメントを計算すると、反力 V_B が求められる！（モーメントの合計 = 0）

$$-V_B \times 10 + 100 \times 5 = 0$$
$$10 V_B = 500$$
$$V_B = 50 \text{ N}$$

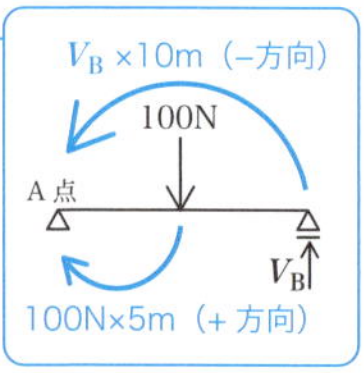

$V_B \times 10\text{m}$（−方向）
$100\text{N} \times 5\text{m}$（＋方向）

③ $V_B = 50$ を①の式に代入すると！

$$100 - (V_A + 50) = 0$$
$$V_A + 50 = 100$$
$$V_A = 50 \text{ N}$$

2.-1 部材の内部にはたらく力の種類

外部からの力が部材に加わったとき、部材の内部には次のような力がはたらきます。

軸方向力	せん断力	曲げモーメント
伸縮しようとする力	切断しようとする力	曲げようとする力

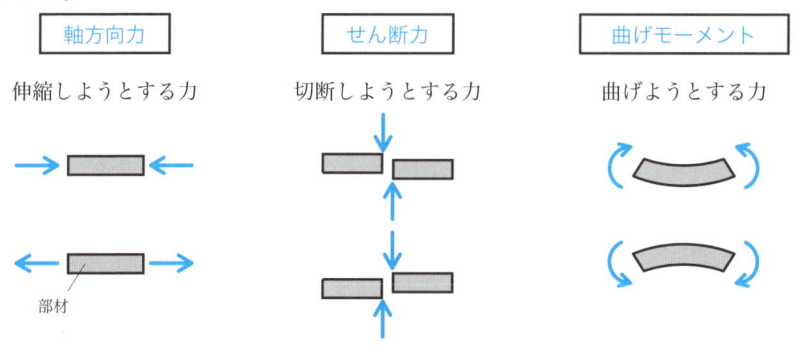

部材

2.-2 せん断力

部材に対して垂直方向の力が加わったとき、部材の断面にはそれぞれ上下方向の力が生じ、切断しようとする力がはたらきます。

◎ つり合っている場合

例 単純梁

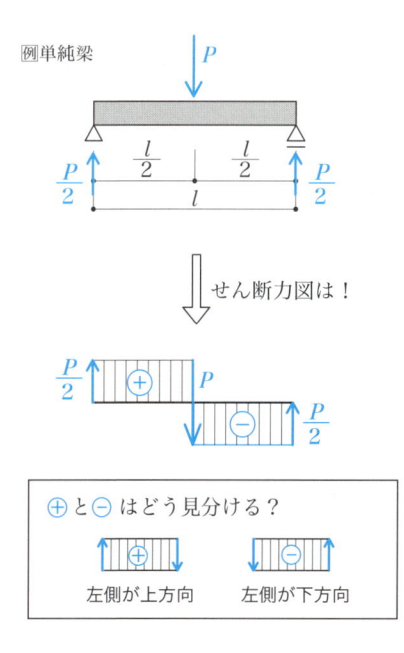

せん断力図は！

$\oplus$ と $\ominus$ はどう見分ける？

左側が上方向　　左側が下方向

次の場合、A点とB点にはそれぞれどのような力がはたらいている？

2kN

A点　　B点

1kN　　　　　1kN

それぞれの部分を取り出すと！

A点　　B点

1kN　　1kN
1kN　　1kN

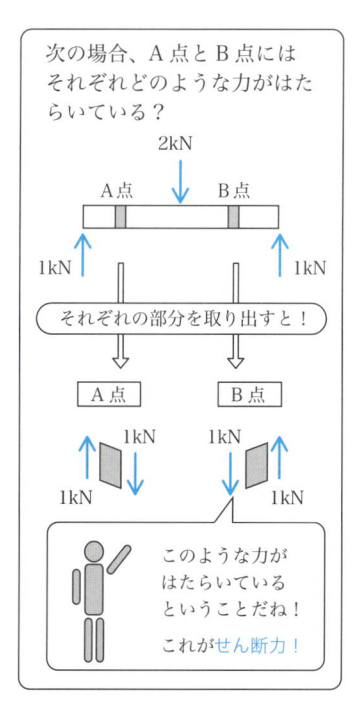

このような力がはたらいているということだね！
これがせん断力！

7章 微分・積分

1 構造力学の基礎知識

2.-3 曲げモーメント

部材に力が加わったとき、部材の内部に圧縮力と引張力が生じて変形しようとする力がはたらきます。

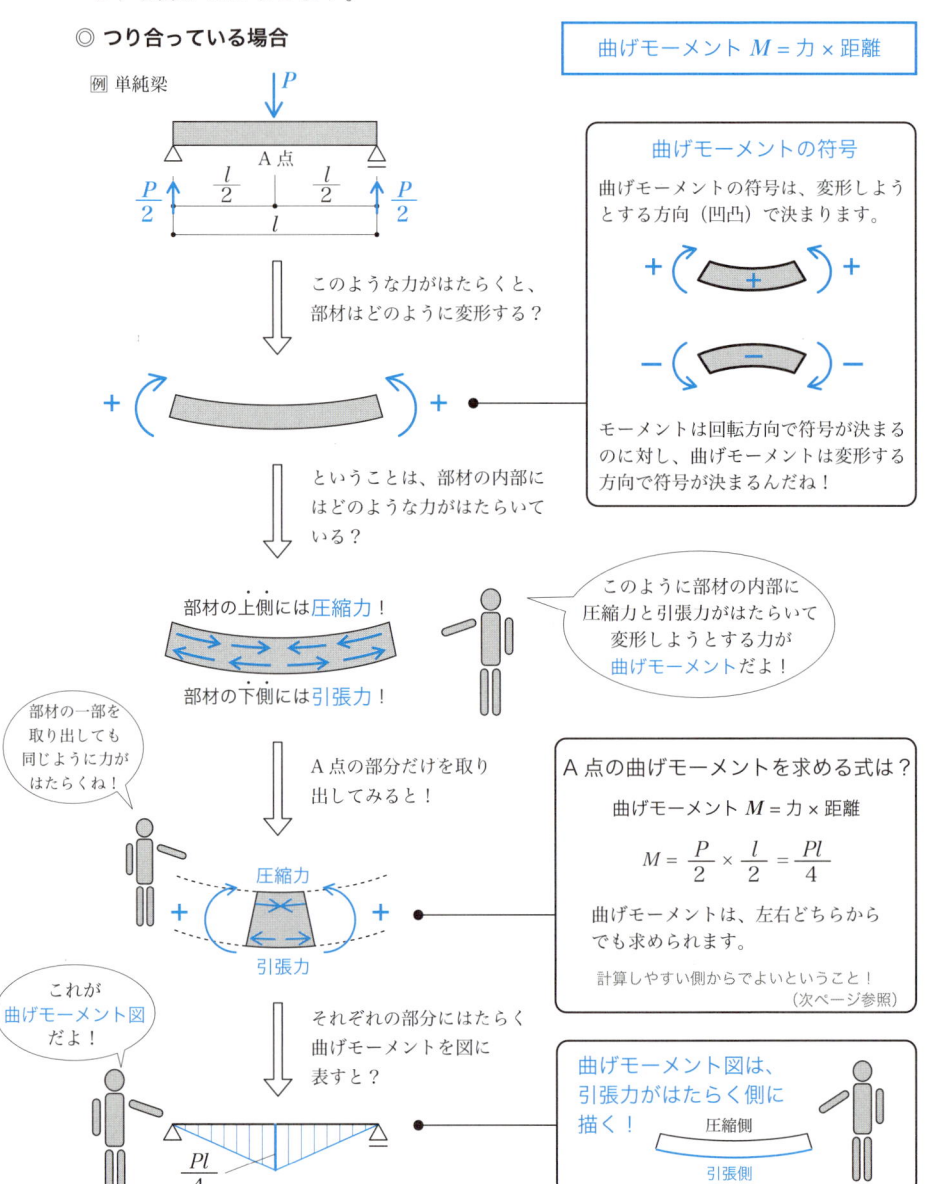

◎ **つり合っている場合**

例 単純梁

曲げモーメント $M = $ 力 $\times$ 距離

曲げモーメントの符号

曲げモーメントの符号は、変形しようとする方向（凹凸）で決まります。

モーメントは回転方向で符号が決まるのに対し、曲げモーメントは変形する方向で符号が決まるんだね！

このような力がはたらくと、部材はどのように変形する？

ということは、部材の内部にはどのような力がはたらいている？

部材の上側には圧縮力！
部材の下側には引張力！

このように部材の内部に圧縮力と引張力がはたらいて変形しようとする力が曲げモーメントだよ！

部材の一部を取り出しても同じように力がはたらくね！

A 点の部分だけを取り出してみると！

A 点の曲げモーメントを求める式は？

曲げモーメント $M = $ 力 $\times$ 距離

$$M = \frac{P}{2} \times \frac{l}{2} = \frac{Pl}{4}$$

曲げモーメントは、左右どちらからでも求められます。

計算しやすい側からでよいということ！
（次ページ参照）

これが曲げモーメント図だよ！

それぞれの部分にはたらく曲げモーメントを図に表すと？

$\frac{Pl}{4}$

曲げモーメント図は、引張力がはたらく側に描く！

圧縮側
引張側

問題　次のC点の曲げモーメントを求めましょう。

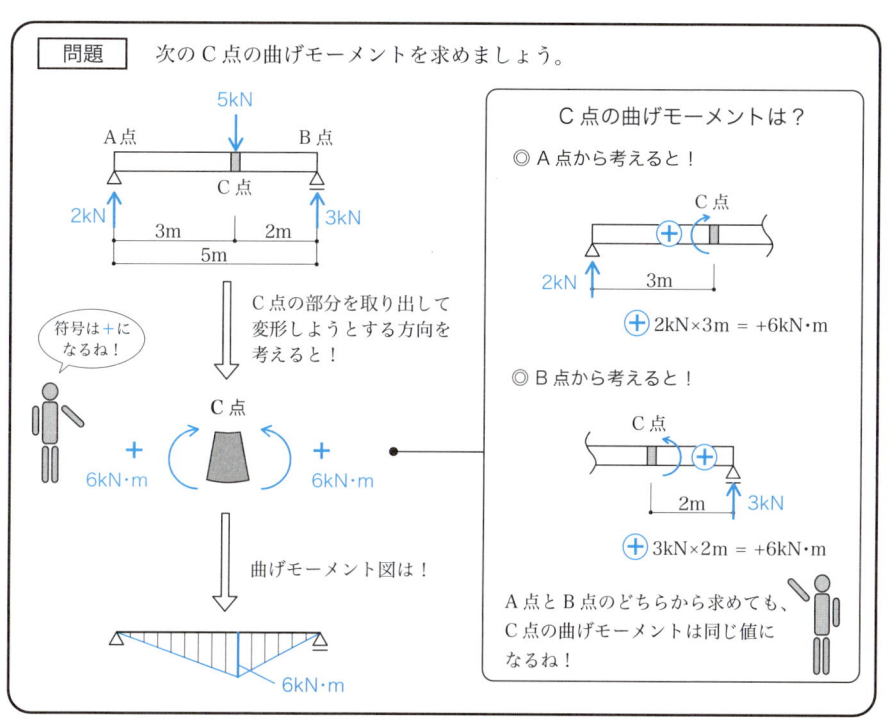

C点の曲げモーメントは？

◎ A点から考えると！

$2kN \times 3m = +6kN \cdot m$

◎ B点から考えると！

$3kN \times 2m = +6kN \cdot m$

A点とB点のどちらから求めても、C点の曲げモーメントは同じ値になるね！

C点の部分を取り出して変形しようとする方向を考えると！

符号は＋になるね！

＋6kN·m　＋6kN·m

曲げモーメント図は！

6kN·m

『集中荷重』と『等分布荷重』の違いは？

a. 集中荷重　10kN

1ヵ所に集中して荷重がはたらく。

b. 等分布荷重　2kN/m

部材に均一に荷重がはたらく。

等分布荷重は集中荷重に変換できるんだよ！
力の大きさ＝面積
作用点　　＝真ん中

図にすると？

2kN/m　10m

集中荷重に変換すると！

作用点は実際に荷重がはたらく位置

10kN

作用点は等分布荷重がはたらく範囲（面積）の真ん中

20kN　$2kN/m \times 10m = 20kN$
面積　力の大きさ

5m　5m
10m

7章　微分・積分

1 構造力学の基礎知識

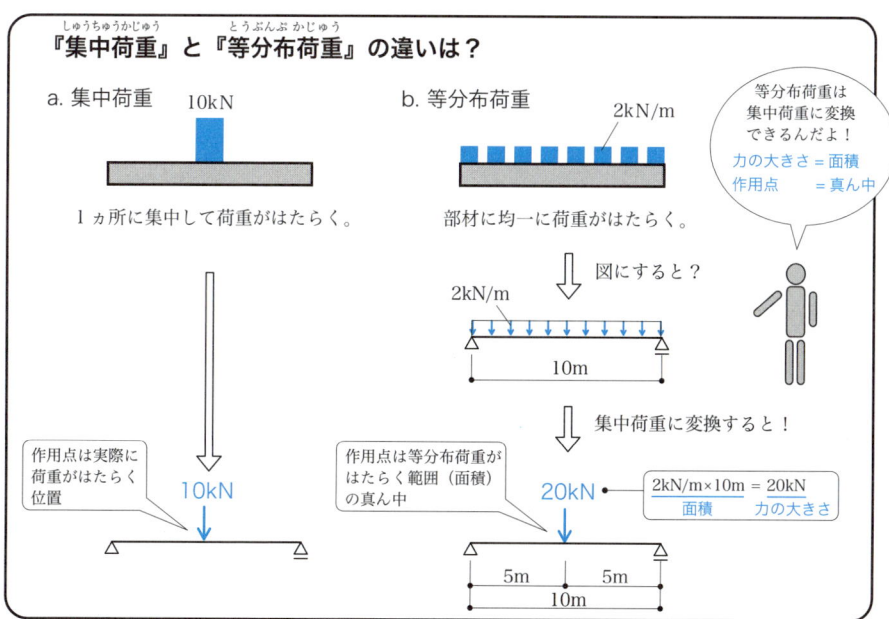

2.-4 曲げモーメントとせん断力のまとめ

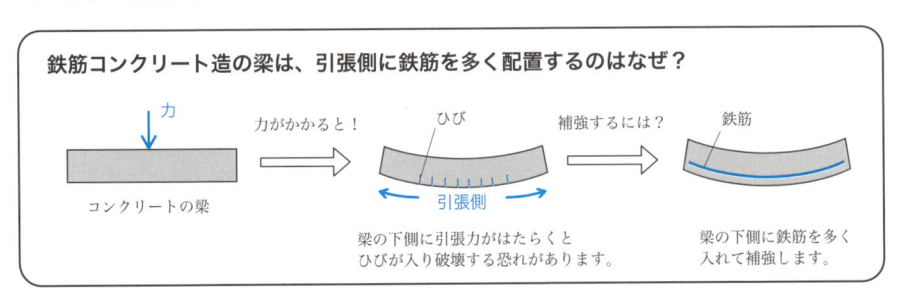

	単純梁		片持梁	
	集中荷重	等分布荷重	集中荷重	等分布荷重
力の種類と方向	荷重P、支間l	等分布荷重w、支間l	荷重P、支間l	等分布荷重w、支間l
力の大きさとその反力	反力 $\dfrac{P}{2}$、$\dfrac{P}{2}$	$w \times l$、反力 $\dfrac{wl}{2}$、$\dfrac{wl}{2}$	P、反力 P、Pl	$w \times l$、反力 wl、$\dfrac{wl^2}{2}$
せん断力図（Q図）	$\dfrac{P}{2}$、$-\dfrac{P}{2}$	$\dfrac{wl}{2}$、$-\dfrac{wl}{2}$	$-P$	$-wl$
・引張側と圧縮側 ・曲げモーメントの符号	上：圧縮側、下：引張側（＋）		上：引張側、下：圧縮側（−）	
曲げモーメント図（M図） ※曲げモーメント図は引張側に描く！ ※曲げモーメントの最大値のこと	$\dfrac{Pl}{4}$ ($M\text{max}$)	$\dfrac{wl^2}{8}$ ($M\text{max}$)	$-Pl$ ($M\text{max}$)	$-\dfrac{wl^2}{2}$ ($M\text{max}$)

鉄筋コンクリート造の梁は、引張側に鉄筋を多く配置するのはなぜ？

コンクリートの梁 → 力がかかると！ → ひび（引張側）→ 補強するには？ → 鉄筋

梁の下側に引張力がはたらくとひびが入り破壊する恐れがあります。

梁の下側に鉄筋を多く入れて補強します。

2 せん断力と曲げモーメントの関係

せん断力と曲げモーメントは、次の関係にあります。

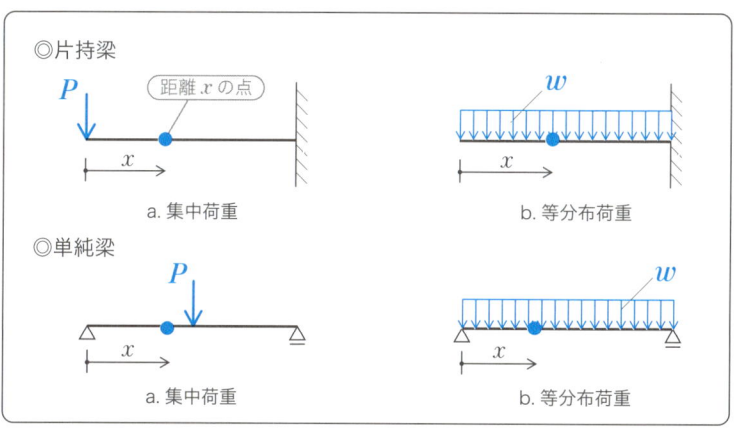

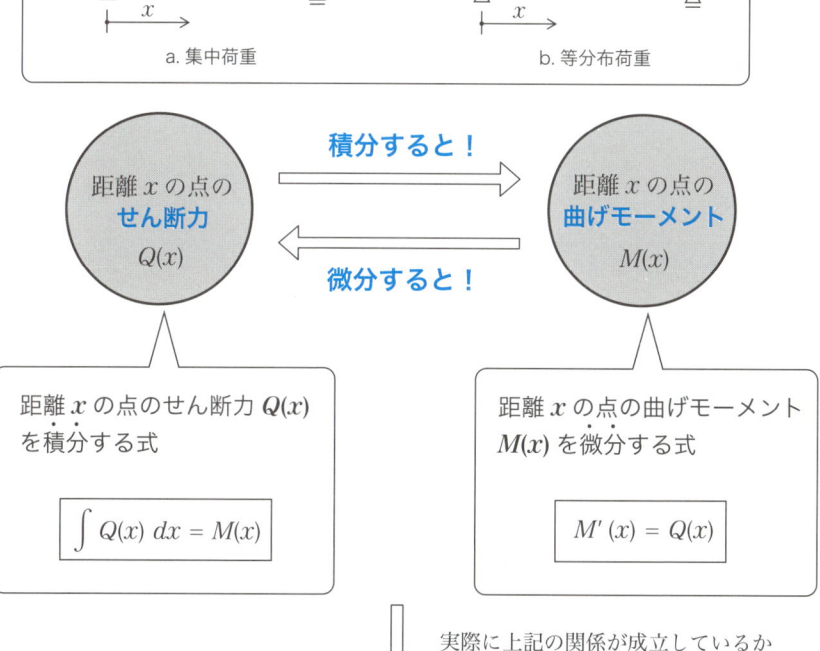

> せん断力の式を積分する ⟹ 曲げモーメントの式
> 曲げモーメントの式を微分する ⟹ せん断力の式

◎片持梁

a. 集中荷重（P、距離 x の点） b. 等分布荷重（w）

◎単純梁

a. 集中荷重（P） b. 等分布荷重（w）

距離 x の点の **せん断力** $Q(x)$ ⟸ 積分すると！ ⟸ 距離 x の点の **曲げモーメント** $M(x)$

微分すると！

距離 x の点のせん断力 $Q(x)$ を積分する式

$$\int Q(x)\, dx = M(x)$$

距離 x の点の曲げモーメント $M(x)$ を微分する式

$$M'(x) = Q(x)$$

実際に上記の関係が成立しているかどうかを、確認しましょう！
※片持梁を例に考えます。

1. 片持梁・集中荷重の場合

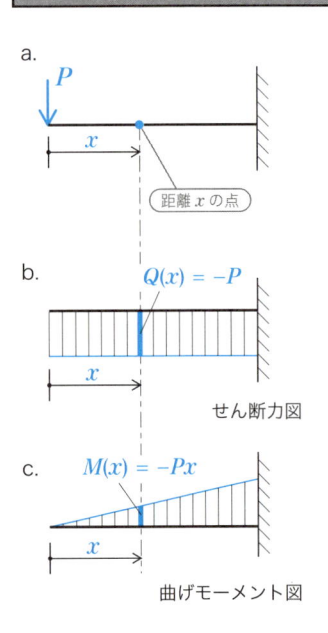

a.

b. せん断力図 $Q(x) = -P$

c. 曲げモーメント図 $M(x) = -Px$

(1) 距離 x の点のせん断力を『 積分 』する。

左図 b より、距離 x の点のせん断力を求める式は、

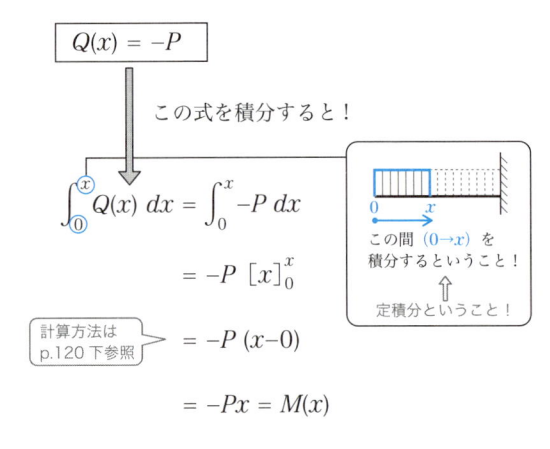

$$Q(x) = -P$$

この式を積分すると！

$$\int_0^x Q(x)\, dx = \int_0^x -P\, dx$$

$$= -P\,[x]_0^x$$

（計算方法は p.120 下参照）

$$= -P(x-0)$$

$$= -Px = M(x)$$

この間 $(0 \to x)$ を積分するということ！ 定積分ということ！

したがって、$M(x) = -Px$

これは図 c のように曲げモーメントの式だね!!

$M(x) = -Px$ ということは、距離が長くなる（原点から離れる）ほど値が大きくなるため、モーメント図の形状は三角形になります。

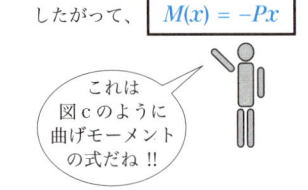

(2) 距離 x の点の曲げモーメントを『 微分 』する。

(1)より、距離 x の点の曲げモーメントを求める式は、

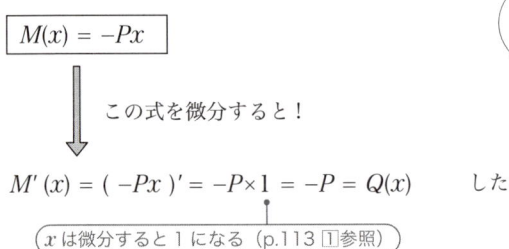

$$M(x) = -Px$$

この式を微分すると！

$$M'(x) = (-Px)' = -P \times 1 = -P = Q(x)$$

（x は微分すると 1 になる (p.113 ①参照)）

したがって、$Q(x) = -P$

これは図 b のようにせん断力の式だね!!

$Q(x) = -P$ となり、$-P$ は定数なので、せん断力図の形状は長方形になります。
（定数ということは、距離に関係なくどの位置においても同じ値ということ！）

2. 片持梁・等分布荷重の場合

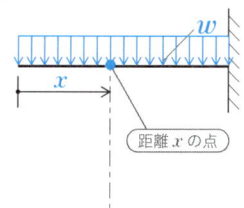

a.

b. せん断力図

c. 曲げモーメント図

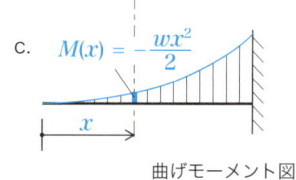

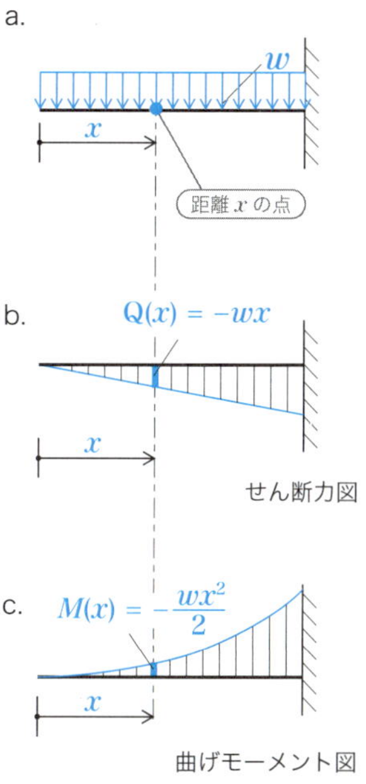

(1) 距離 x の点のせん断力を『積分』する。

左図 b より、距離 x の点のせん断力を求める式は、

$$Q(x) = -wx$$

この式を積分すると！

$$\int_0^x Q(x)\,dx = \int_0^x -wx\,dx = -w\int_0^x x\,dx$$

$$= -w\left[\frac{1}{2}x^2\right]_0^x = -w \times \frac{1}{2}\left[x^2\right]_0^x$$

$$= -\frac{w}{2}(x^2 - 0^2)$$

$$= -\frac{wx^2}{2} = M(x)$$

したがって、 $M(x) = -\dfrac{wx^2}{2}$

これは図 c のように曲げモーメントの式だね!!

(2) 距離 x の点の曲げモーメントを『微分』する。

(1)より、距離 x の点の曲げモーメントを求める式は、

$$M(x) = -\frac{wx^2}{2}$$

この式を微分すると！

$$M'(x) = \left(-\frac{wx^2}{2}\right)' = \left(-\frac{w}{2}x^2\right)' = -\frac{w}{2}(x^2)'$$

$$= -\frac{w}{2} \times 2x = -wx = Q(x)$$

したがって、 $Q(x) = -wx$

これは図 b のようにせん断力の式だね!!

3 積分を用いて公式を導く

構造力学

1. 積分を用いて断面一次モーメントの公式を導く

① 断面一次モーメントとは？？

ある図形の断面積とその図形の図心から任意の軸までの距離を掛けたものを、その軸に対する断面一次モーメントといいます。

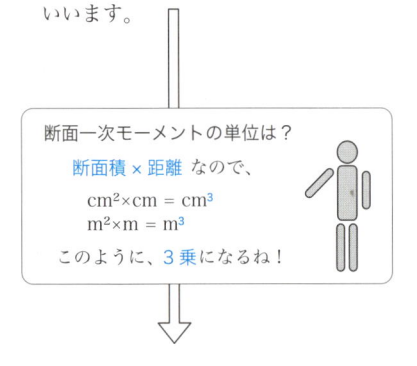

断面一次モーメントは、部材の断面の図心を求める場合に用いることが多い！

図心の例

図心は図形の重心ということだね！

断面一次モーメントの単位は？
断面積 × 距離 なので、
cm² × cm = cm³
m² × m = m³
このように、3乗になるね！

② 積分を用いて断面一次モーメント S_x を求めましょう！

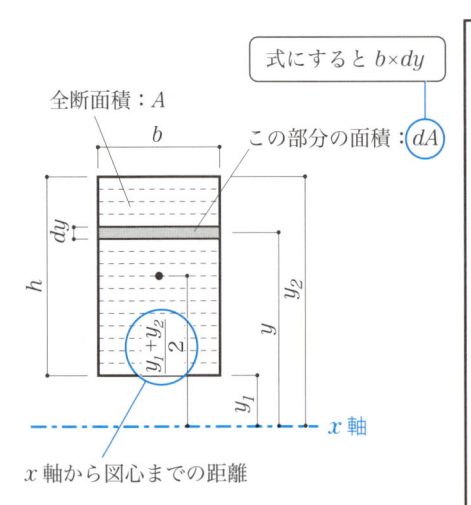

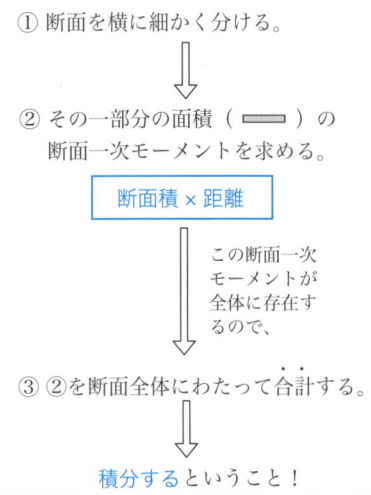

全断面積：A
この部分の面積：dA
式にすると $b \times dy$

x 軸から図心までの距離

[考え方]

① 断面を横に細かく分ける。

⬇

② その一部分の面積（▬）の断面一次モーメントを求める。

断面積 × 距離

この断面一次モーメントが全体に存在するので、

⬇

③ ②を断面全体にわたって合計する。

⬇

積分するということ！

◎ 前ページ左下図の ▬ の面積と x 軸までの距離を考えて、▬ 部分の断面一次モーメントを表すと？

$$dA \times y = y \times dA = y \times b \times dy$$

- ▬ の面積
- x 軸までの距離

前ページ左下の図を確認しながら見てね！

この断面一次モーメントが全体に存在するので、y_1 から y_2 の範囲を積分する！
⇩
したがって、**定積分！**

$$S_x = \int_{y_1}^{y_2} y \times dA = \int_{y_1}^{y_2} y \times b \times dy = b\int_{y_1}^{y_2} y\, dy$$

$$= b\left[\frac{1}{2}y^2\right]_{y_1}^{y_2} = b \times \frac{1}{2}\left[y^2\right]_{y_1}^{y_2} = \frac{b}{2}\left[y^2\right]_{y_1}^{y_2}$$

$$= \frac{b}{2}(y_2{}^2 - y_1{}^2) = \frac{b}{2}(y_2 - y_1)(y_2 + y_1) = \frac{b}{2} \times \boxed{h} \times (y_2 + y_1)$$

$y_2{}^2 - y_1{}^2$ を分解すると！
p.42 基本的な展開式⑦ 参照
⇩
$(y_2{}^2 - y_1{}^2) = (y_2 - y_1)(y_2 + y_1)$

前ページ左下図より『h』と置き換えることができる！

前ページ左下図より
$b \times h$
∥
全断面積 A

$$= b \times h \times \frac{(y_2 + y_1)}{2}$$

$$= \boxed{A} \times \frac{(y_2 + y_1)}{2}$$

前ページ左下図より
x 軸から図心までの距離

= 『全断面積』×『x 軸から図心までの距離』

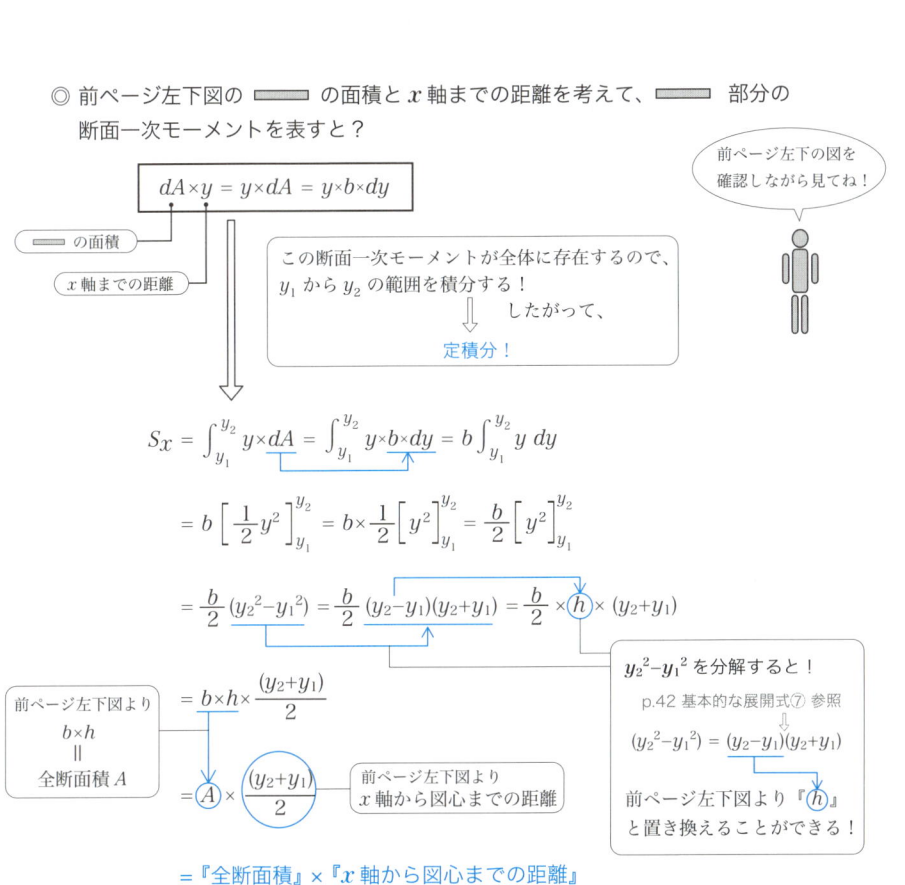

したがって、
⇩

③ x 軸、y 軸のそれぞれの断面一次モーメントを求める公式は？

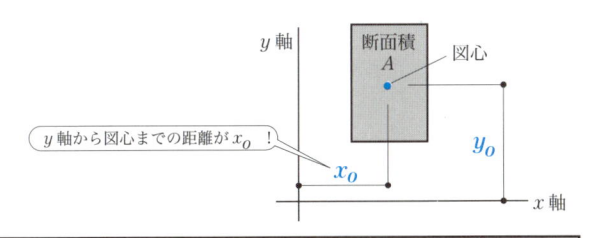

y 軸から図心までの距離が x_0！

断面積 A、図心、x_0、y_0、x 軸、y 軸

| x 軸の断面一次モーメント S_x = 断面積 A × x 軸から断面の図心までの距離 y_0 |
| y 軸の断面一次モーメント S_y = 断面積 A × y 軸から断面の図心までの距離 x_0 |

7章 微分・積分

③ 積分を用いて公式を導く

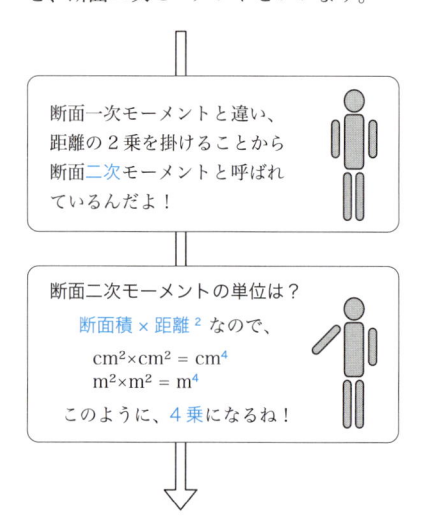

2. 積分を用いて断面二次モーメントの公式を導く

1 断面二次モーメントとは??

ある図形の断面積とその図形の図心から任意の軸までの距離の2乗を掛けたものを、断面二次モーメントといいます。

断面二次モーメントは、部材に力がはたらいたときの部材の変形のしにくさを表したものです。
曲げによる変形やたわみなどに関係します。

曲げによる変形の例

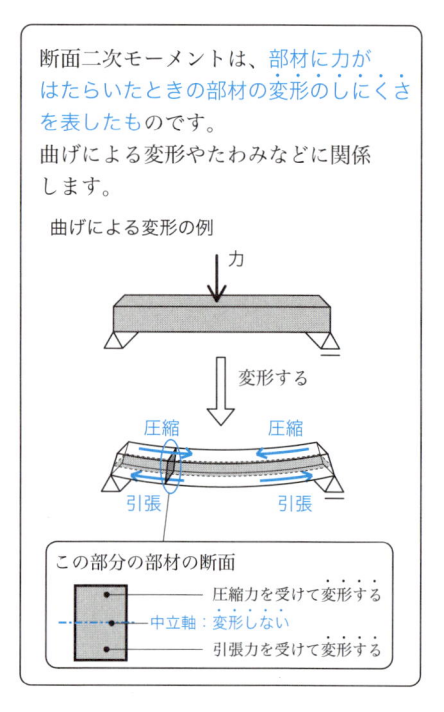

断面一次モーメントと違い、距離の2乗を掛けることから断面二次モーメントと呼ばれているんだよ！

断面二次モーメントの単位は？
断面積×距離^2 なので、
$cm^2 \times cm^2 = cm^4$
$m^2 \times m^2 = m^4$
このように、4乗になるね！

圧縮力を受けて変形する
中立軸：変形しない
引張力を受けて変形する

2 積分を用いて断面二次モーメント I を求めましょう！

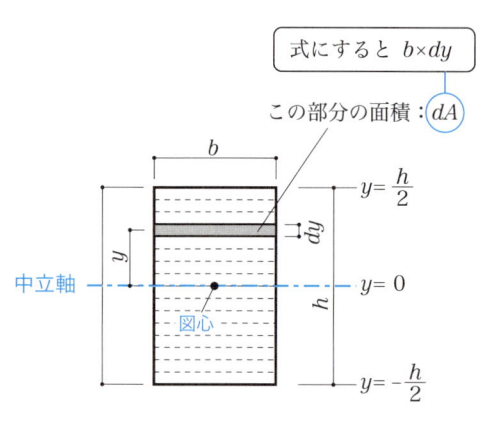

式にすると $b \times dy$
この部分の面積：dA

例 中立軸と図心軸が一致する場合

[考え方]
① 断面を横に細かく分ける。
② その一部分の面積（▬）の断面二次モーメントを求める。

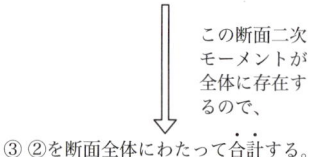

断面積×距離の2乗

この断面二次モーメントが全体に存在するので、
③ ②を断面全体にわたって合計する。

積分するということ！

◎ 前ページ左下図の ▰▰ の面積と中立軸までの距離を考えて、▰▰ 部分の断面二次モーメントを表すと？

$$dA \times y^2 = y^2 \times dA = y^2 \times b \times dy$$

- ▰▰ の面積
- 中立軸までの距離の 2 乗

この断面二次モーメントが全体に存在するので、$-\dfrac{h}{2}$ から $\dfrac{h}{2}$ の範囲を積分する！
⇩ したがって、
定積分！

前ページ左下の図を確認しながら見てね！

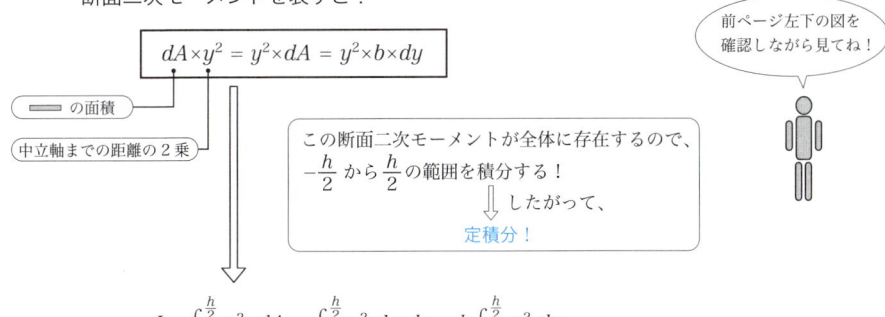

$$I = \int_{-\frac{h}{2}}^{\frac{h}{2}} y^2 \times dA = \int_{-\frac{h}{2}}^{\frac{h}{2}} y^2 \times b \times dy = b \int_{-\frac{h}{2}}^{\frac{h}{2}} y^2 \, dy$$

$$= b \left[\frac{1}{3} y^3 \right]_{-\frac{h}{2}}^{\frac{h}{2}} = b \times \frac{1}{3} \left[y^3 \right]_{-\frac{h}{2}}^{\frac{h}{2}} = \frac{b}{3} \left[y^3 \right]_{-\frac{h}{2}}^{\frac{h}{2}}$$

$$= \frac{b}{3} \left\{ \left(\frac{h}{2}\right)^3 - \left(-\frac{h}{2}\right)^3 \right\} = \frac{b}{3} \left\{ \frac{h^3}{8} - \left(-\frac{h^3}{8}\right) \right\}$$

$$= \frac{b}{3} \left(\frac{h^3}{8} + \frac{h^3}{8} \right) = \frac{b}{3} \left(\frac{2h^3}{8} \right) = \frac{b}{3} \left(\frac{h^3}{4} \right)$$

$$= \frac{bh^3}{12}$$

展開の方法は定積分の公式を確認しよう！(p.121)

したがって、

③ 断面二次モーメントを求める公式は？

(1) 中立軸と図心軸が一致する場合

$$\text{断面二次モーメント} \quad I = \frac{bh^3}{12}$$

均一な材料でできている部材は中立軸と図心が一致する!!

(2) 中立軸が図心軸から離れている場合

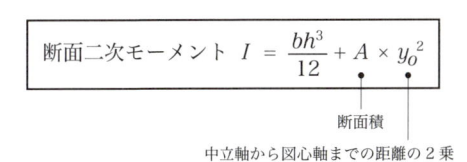

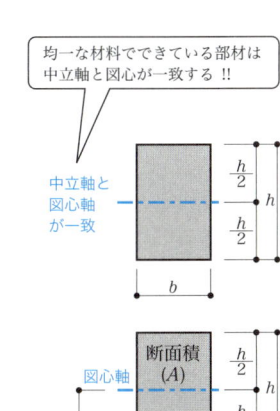

$$\text{断面二次モーメント} \quad I = \frac{bh^3}{12} + A \times y_O{}^2$$

- 断面積
- 中立軸から図心軸までの距離の 2 乗

4 曲げモーメントの極大点と極大値を求める

例）単純梁・等分布荷重

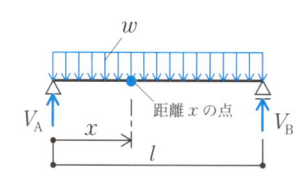

左の単純梁の曲げモーメント図をイメージし、極大点と極大値を確認しましょう。
（p.130 参照）

この点が **極大点**

この点の曲げモーメントが **極大値**

極大

曲げモーメント図

(1) 極大点を求める。

距離 x の点の曲げモーメントの式は、

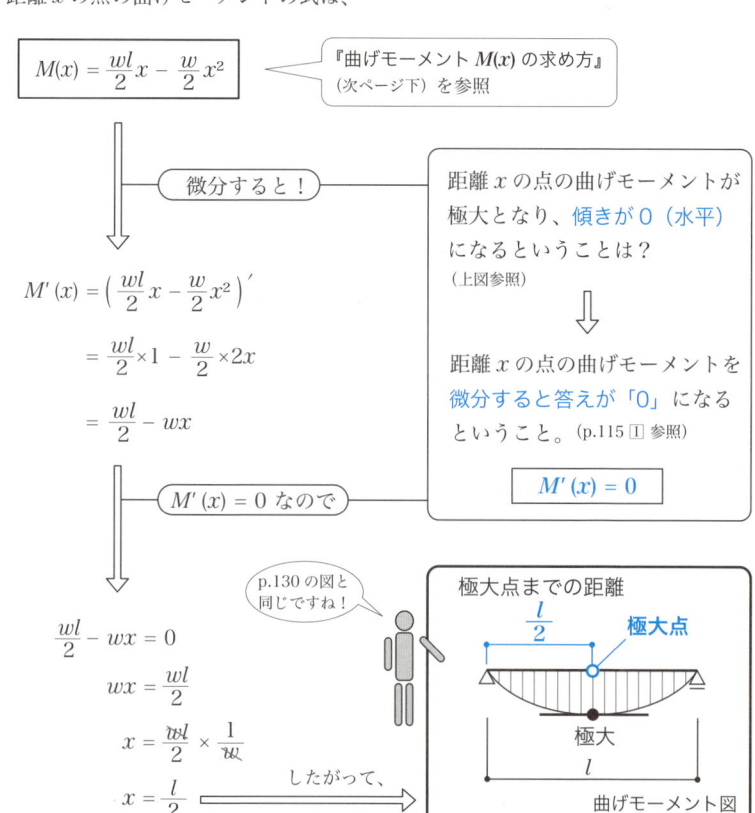

$$M(x) = \frac{wl}{2}x - \frac{w}{2}x^2$$

『曲げモーメント $M(x)$ の求め方』（次ページ下）を参照

微分すると！

距離 x の点の曲げモーメントが極大となり、傾きが0（水平）になるということは？
（上図参照）

$$M'(x) = \left(\frac{wl}{2}x - \frac{w}{2}x^2\right)'$$

$$= \frac{wl}{2} \times 1 - \frac{w}{2} \times 2x$$

$$= \frac{wl}{2} - wx$$

距離 x の点の曲げモーメントを微分すると答えが「0」になるということ。（p.115 ① 参照）

$$M'(x) = 0$$

$M'(x) = 0$ なので

p.130 の図と同じですね！

$$\frac{wl}{2} - wx = 0$$

$$wx = \frac{wl}{2}$$

$$x = \frac{wl}{2} \times \frac{1}{w}$$

したがって、

$$x = \frac{l}{2}$$

極大点までの距離 $\frac{l}{2}$

極大点

極大

曲げモーメント図

⑵ **極大値を求める。**

(1)より、極大点までの距離は $\dfrac{l}{2}$

曲げモーメントの式に $x = \dfrac{l}{2}$ を代入すると極大値が求められます。

距離 x の点の曲げモーメントの式は、

$$M(x) = \dfrac{wl}{2}x - \dfrac{w}{2}x^2$$

『曲げモーメント $M(x)$ の求め方』(同ページ下)を参照

$x = \dfrac{l}{2}$ を代入すると

$$\begin{aligned}
M(x) &= \dfrac{wl}{2} \times \dfrac{l}{2} - \dfrac{w}{2} \times \left(\dfrac{l}{2}\right)^2 \\
&= \dfrac{wl^2}{4} - \dfrac{w}{2} \times \dfrac{l^2}{4} \\
&= \dfrac{wl^2}{4} - \dfrac{wl^2}{8} \\
&= \dfrac{2wl^2}{8} - \dfrac{wl^2}{8} \\
&= \dfrac{wl^2}{8}
\end{aligned}$$

p.130 の図と同じ値ですね！

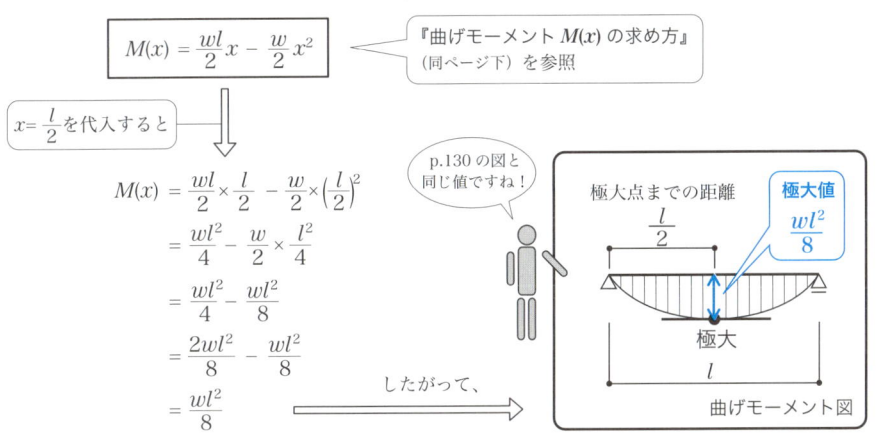

極大点までの距離 $\dfrac{l}{2}$

極大値 $\dfrac{wl^2}{8}$

極大

曲げモーメント図

したがって、

曲げモーメント $M(x)$ の求め方（単純梁・等分布荷重の場合）

① 反力（V_A、V_B）は？

等分布荷重は、それぞれにかかる力 $w \times$ 距離 l に置き換える！(p.129 下 参照)

wl ／ w

$V_A = \dfrac{wl}{2}$（反力）　$V_B = \dfrac{wl}{2}$（反力）

p.130 参照

② 距離 x の点 にはどんな力がはたらく？

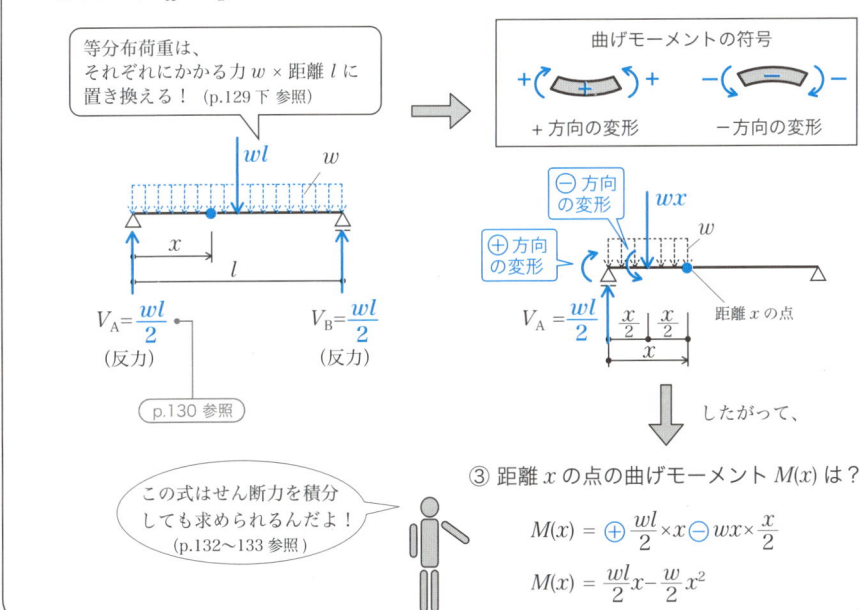

曲げモーメントの符号

＋方向の変形　　－方向の変形

⊖方向の変形　wx

⊕方向の変形　w

$V_A = \dfrac{wl}{2}$　距離 x の点　$\dfrac{x}{2}$ | $\dfrac{x}{2}$

したがって、

この式はせん断力を積分しても求められるんだよ！(p.132〜133 参照)

③ 距離 x の点の曲げモーメント $M(x)$ は？

$$M(x) = \oplus \dfrac{wl}{2} \times x \ominus wx \times \dfrac{x}{2}$$

$$M(x) = \dfrac{wl}{2}x - \dfrac{w}{2}x^2$$

練習問題

問題1 次の式を微分しましょう。

> 問題1は微分
> 問題2は極大と極小

(1) $y = 3$

(2) $y = 2x-4$

(3) $y = x^3 - 2x^2 + 3$

(4) $y = (x+3)(2x-1)$

(5) $y = \dfrac{1}{x^3}$

(6) $y = x^5 \times x^3$

問題2 次の $y = f(x)$ のグラフについて、極値と傾きの表を完成させましょう。

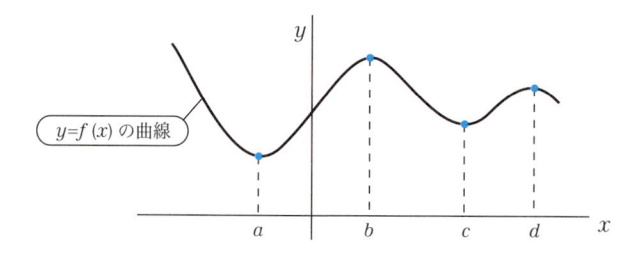

x		a		b		c		d	
$f'(x)$	①	②	③	④	⑤	⑥	⑦	⑧	⑨
$f(x)$	⑩	⑪	⑫	⑬	⑭	⑮	⑯	⑰	⑱

⑲ ⑳ ㉑ ㉒   ← 極値の種類

← 傾き

解説 p.167

解答 1 (1) 0 (2) 2 (3) $3x^2-4x$ (4) $4x+5$ (5) $-3x^{-4}$ (6) $8x^7$

2 ① − ② 0 ③ + ④ 0 ⑤ − ⑥ 0 ⑦ + ⑧ 0 ⑨ −
⑩ ↘ ⑪ $f(a)$ ⑫ ↗ ⑬ $f(b)$ ⑭ ↘ ⑮ $f(c)$ ⑯ ↗ ⑰ $f(d)$ ⑱ ↘
⑲ 極小 ⑳ 極大 ㉑ 極小 ㉒ 極大

7章 微分・積分

問題3 次の式を計算しましょう。

> 問題3〜4は
> 積分の問題

(1) $\int 2\,dx$

(2) $\int 2x\,dx$

(3) $\int (3x^2+8x-1)\,dx$

(4) $\int (4x+2)(x+4)\,dx$

(1)〜(4)は不定積分
(5)〜(8)は定積分

(5) $\int_{-1}^{2} x^5\,dx$

(6) $\int_{0}^{1} x^2(-x+2)\,dx$

(7) $\int_{2}^{3} (2x+1)^3\,dx$

(8) $\int_{1}^{2} (x+2)\,dx + \int_{1}^{2} (x-2)\,dx$

問題4 次の放物線と x 軸で囲まれた部分の面積を求めましょう。

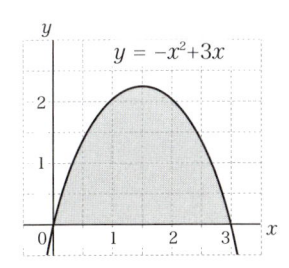

$y = -x^2+3x$

解説 p.168〜p.169

解答 3 (1) $2x+c$　(2) x^2+c　(3) x^3+4x^2-x+c　(4) $\frac{4}{3}x^3+9x^2+8x+c$
　　　(5) $\frac{21}{2}$　(6) $\frac{5}{12}$　(7) 222　(8) 3

4　$\frac{9}{2}$

7章 微分・積分

◎ 構造力学の問題も解いてみましょう！

問題1　次の単純梁に 12kN の集中荷重がはたらいている場合、
　　　　C 点の曲げモーメントを求めましょう。(p.126〜p.129 参照)

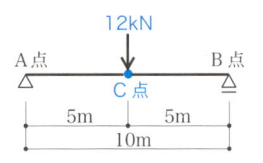

計算手順
① A 点、B 点の反力を求める。
　(p.126 参照)
　↓
② A 点または B 点から C 点の
　曲げモーメントを求める。
　(p.129 参照)

問題2　次の単純梁に 3kN/m の等分布荷重がはたらいている場合、
　　　　C 点の曲げモーメントを求めましょう。(p.126〜p.129 参照)

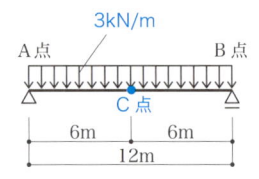

A-C 間または B-C 間のどちらかだけで考えてみましょう。

等分布荷重を集中荷重に変換しましょう。
(p.129 下参照)

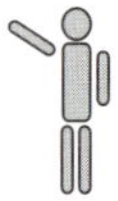

そのあとは問題1と同じ手順です。

問題3　公式を用いて、次の梁の断面二次モーメントを求めましょう。
　　　　(P.136〜p.137 参照)

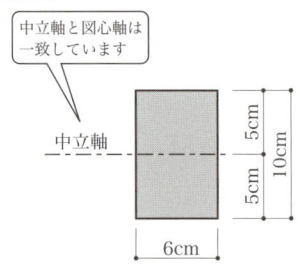

中立軸と図心軸は一致しています

解答には単位を忘れずに！

解説　p.169〜p.170
　解答　1　30 kN・m
　　　　2　54 kN・m
　　　　3　500 cm^4

8章 グラフ

1 基本的な関数のグラフ

関数では、x の値が決まると y の値が求められます。

1. 比例のグラフ

◎ **基本的な式の例**

(1) $y = x$ ⟹ 「x が 1 の時、y は 1」、「x が 2 の時、y は 2」

(2) $y = 2x$ ⟹ 「x が 1 の時、y は 2」、「x が 2 の時、y は 4」

(3) $y = \dfrac{1}{2}x$ ⟹ 「x が 1 の時、y は $\dfrac{1}{2}$」、「x が 2 の時、y は 1」 など

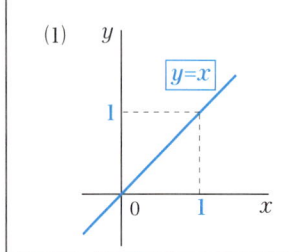

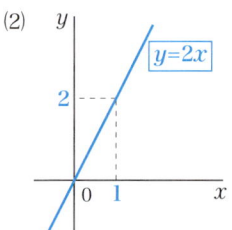

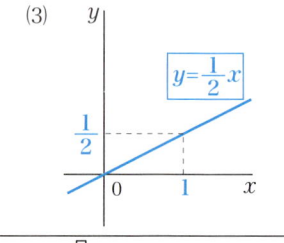

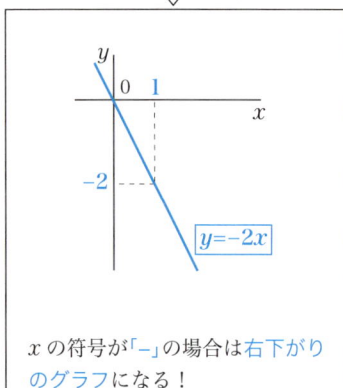

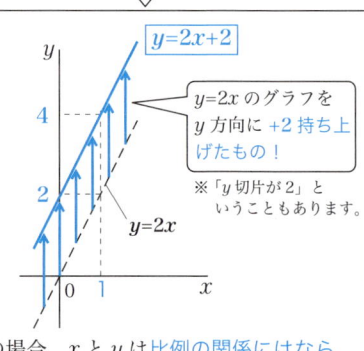

これらをグラフにすると！

(1) $y=x$

(2) $y=2x$

(3) $y=\dfrac{1}{2}x$

$y = -2x$ の場合は？

$y=-2x$

x の符号が「−」の場合は右下がりのグラフになる！

$y = 2x+2$ の場合は？

$y=2x+2$

$y=2x$ のグラフを y 方向に **+2 持ち上げたもの！**

※「y 切片が 2」ということもあります。

この場合、x と y は比例の関係にはならない !!

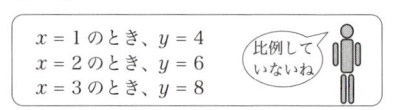

$x = 1$ のとき、$y = 4$
$x = 2$ のとき、$y = 6$
$x = 3$ のとき、$y = 8$

比例していないね

2. 反比例のグラフ

◎ 基本的な式の例

(1) $y = \dfrac{1}{x}$ ⟹ 「x が 1 の時、y は 1」、「x が 2 の時、y は $\dfrac{1}{2}$」

(2) $y = \dfrac{2}{x}$ ⟹ 「x が 1 の時、y は 2」、「x が 2 の時、y は 1」

「x が -1 の時、y は -2」、「x が -2 の時、y は -1」　など

> x が「分母」にあると反比例になる！

⟱ これらをグラフにすると！

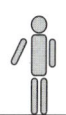

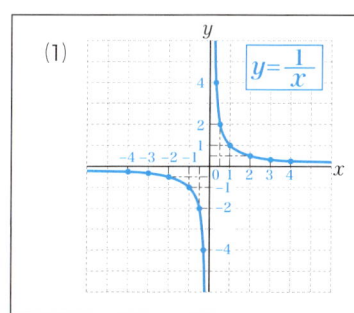

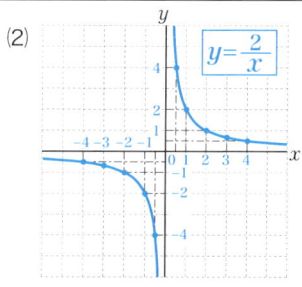

(1) $y = \dfrac{1}{x}$

(2) $y = \dfrac{2}{x}$

$y = -\dfrac{2}{x}$ の場合は？

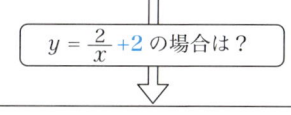

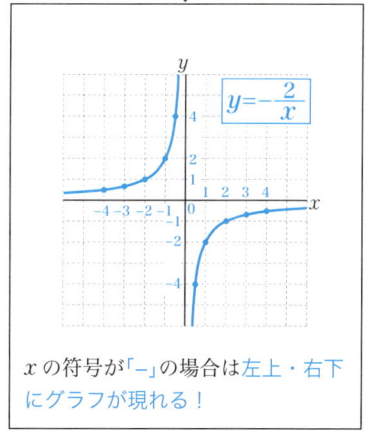

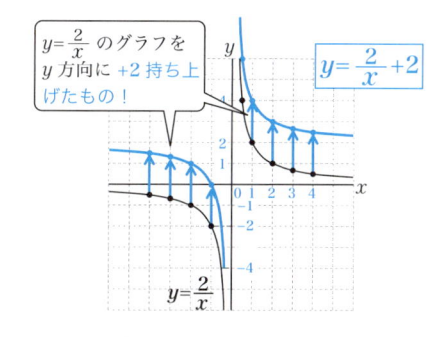

$y = \dfrac{2}{x} + 2$ の場合は？

$y = -\dfrac{2}{x}$

x の符号が「$-$」の場合は左上・右下にグラフが現れる！

> $y = \dfrac{2}{x}$ のグラフを y 方向に $+2$ 持ち上げたもの！

$y = \dfrac{2}{x} + 2$

$y = \dfrac{2}{x}$

この場合、x と y は反比例の関係にはならない !!

$x = 1$ のとき、$y = 4$
$x = 2$ のとき、$y = 3$
$x = 3$ のとき、$y = \dfrac{8}{3} = 2.6666\cdots$

> 反比例していないね

3. $y = x^2$ のグラフ

(1) $y = x^2$ の場合 ⟹ 「x が 1 の時、y は 1」、「x が 2 の時、y は 4」
⟹ グラフの頂点は、(0 、0) !

これらをグラフにすると！

$y = x^2$ のグラフは放物線状になる！

$x = 2$ のとき、 $y = 2 \times 2 = 4$
$x = -2$ のとき、$y = -2 \times -2 = 4$

したがって、x が「−」でも y の値は「+」になります。

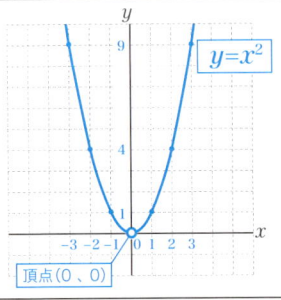

頂点(0、0)

$y = ax^2$ (a は定数) のグラフで、a の値が変わるとどのように変化する？

右のグラフを見るとわかるように、放物線の開き具合が変わります。

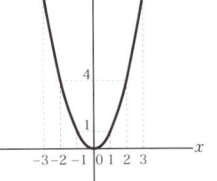

$y = x^2$
($y = 1x^2$)

しかも！

a の値が大きくなるにしたがって、放物線の開き方が小さくなる！

$y = 3x^2$

放物線の開き方が小さい！

a の値が小さくなるにしたがって、放物線の開き方が大きくなる！

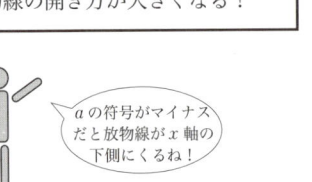

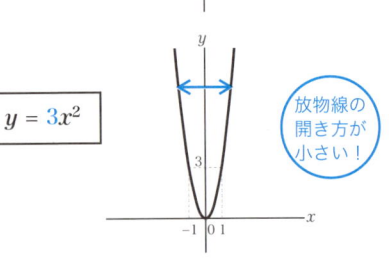

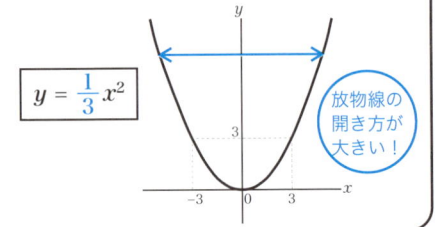

$y = \dfrac{1}{3}x^2$

放物線の開き方が大きい！

a の符号がマイナスだと放物線が x 軸の下側にくるね！

(2) $y = a(x-p)^2 + q$ の場合 ($a \neq 0$)

⟹ $y = ax^2$ を「x軸方向に $+p$」「y軸方向に $+q$」平行移動したもの！

⟹ グラフの頂点は、$(p、q)$ ！

$y = \dfrac{1}{2}(x-1)^2 + 1$ のグラフは？

⬇

$y = \dfrac{1}{2}x^2$ のグラフを

（$y = \dfrac{1}{2}x^2$）

頂点は(1、1)になるんだね！

⬇

x方向に $+1$
y方向に $+1$

平行移動させる

（$y = \dfrac{1}{2}(x-1)^2 + 1$、頂点($1$、$1$)、$y$方向に $+1$、x方向に $+1$）

式に数値を入れて確認しましょう！
$x = 1$ のとき、$y = 1$
$x = 2$ のとき、$y = 1.5$
$x = 3$ のとき、$y = 3$

グラフの通りだね！

4. $y = n$ のグラフ（n は定数）

$y = 2$ ⟹ 「x がどのような値でも y は 2」

※ $y = x \times 0 + 2$ と置き換えることもできます。

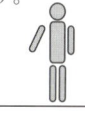

⬇ これをグラフにすると！

$y = 2$ のグラフは水平になる！
（$y = n$）

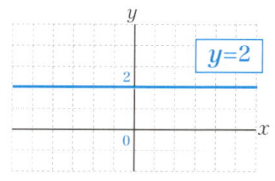

（$y = 2$）

2 グラフの傾き

グラフの傾きは、いくつか方法で求めることができます。

1. 一次関数の傾き

(1) $y = x$ の傾きは？

⇩

$y = 1 \times x$ と置き換える

⇩ したがって、グラフの傾きは？

傾き = 1

この傾きだね！

右上がり

(2) $y = 1$ の傾きは？

⇩

$y = 0 \times x + 1$ と置き換える

⇩ したがって、グラフの傾きは？

傾き = 0

水平

(3) $y = -x$ の傾きは？

⇩

$y = (-1) \times x$ と置き換える

⇩ したがって、グラフの傾きは？

傾き = -1

この傾きだね！

右下がり

⇩ したがって、

傾き > 0 ⟹ 右上がり
傾き = 0 ⟹ 水平
傾き < 0 ⟹ 右下がり

2. tan を用いて直線の傾き（角度）を求める

tan（タンジェント）を用いて直線の傾き（角度）を求めることができます。

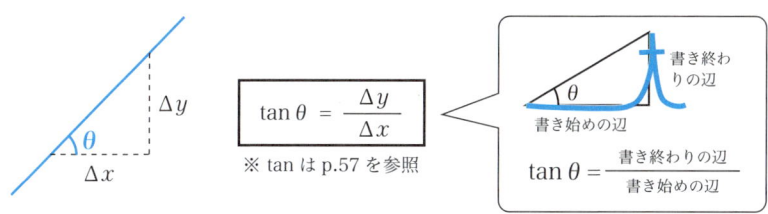

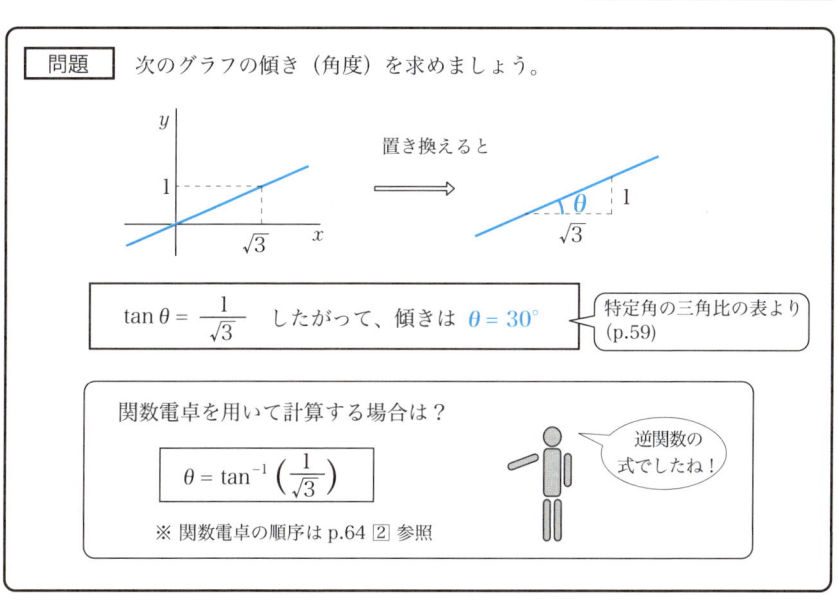

$$\tan \theta = \frac{\Delta y}{\Delta x}$$

※ tan は p.57 を参照

$$\tan \theta = \frac{書き終わりの辺}{書き始めの辺}$$

問題 次のグラフの傾き（角度）を求めましょう。

置き換えると

$$\tan \theta = \frac{1}{\sqrt{3}} \quad したがって、傾きは \; \theta = 30°$$

特定角の三角比の表より（p.59）

関数電卓を用いて計算する場合は？

$$\theta = \tan^{-1}\left(\frac{1}{\sqrt{3}}\right)$$

※ 関数電卓の順序は p.64 ② 参照

逆関数の式でしたね！

3. 微分を用いて傾きを求める

微分の計算方法は、『3. 微分の公式』(p.113〜p.114) で確認しましょう。

1 一次関数の場合

(1) $y = 2x - 1$ 微分すると ⟹ $y' = 2$ （微分の記号）

したがって、y軸の -1 を通る（y切片が -1）傾き 2 のグラフ

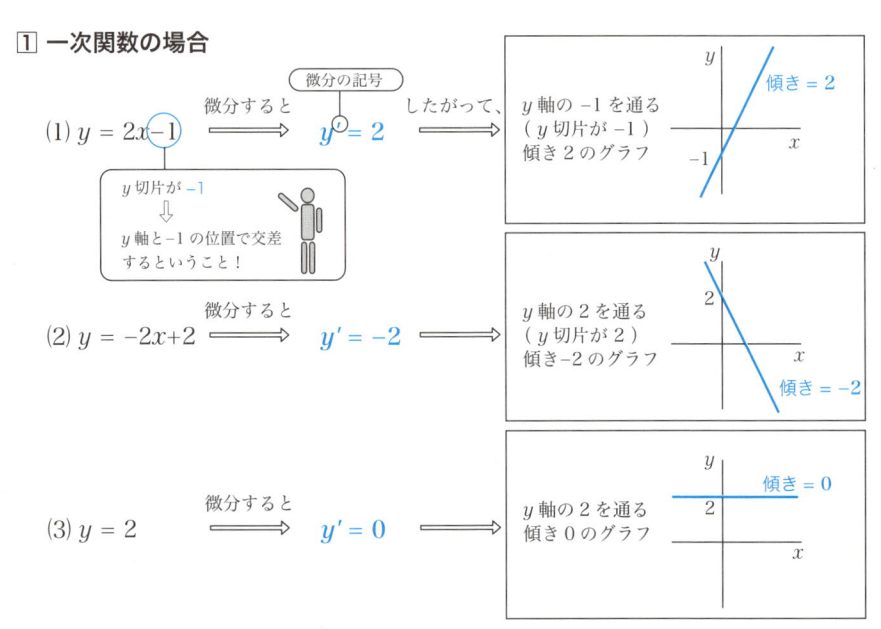

y切片が -1 ⇩ y軸と -1 の位置で交差するということ！

傾き $= 2$

(2) $y = -2x + 2$ 微分すると ⟹ $y' = -2$

したがって、y軸の 2 を通る（y切片が 2）傾き -2 のグラフ

傾き $= -2$

(3) $y = 2$ 微分すると ⟹ $y' = 0$

したがって、y軸の 2 を通る傾き 0 のグラフ

傾き $= 0$

2 二次関数の場合

二次関数を微分すると、それぞれの点の接線の傾きを求めることができます。

(1) $y = x^2$ 微分すると ⟹ $y' = 2x$

x が 1 の時、傾き 2
x が 2 の時、傾き 4
x が 3 の時、傾き 6
x が 4 の時、傾き 8
  ⋮

放物線の場合は、場所によって傾きが変わるということなんだね！

微分すると、増減表（p.115 参照）を描くことができ、グラフの形状がわかるんだよ！

極大・極小の表（増減表）

x		0	
y'	$-$	0	$+$
y	↘	0	↗

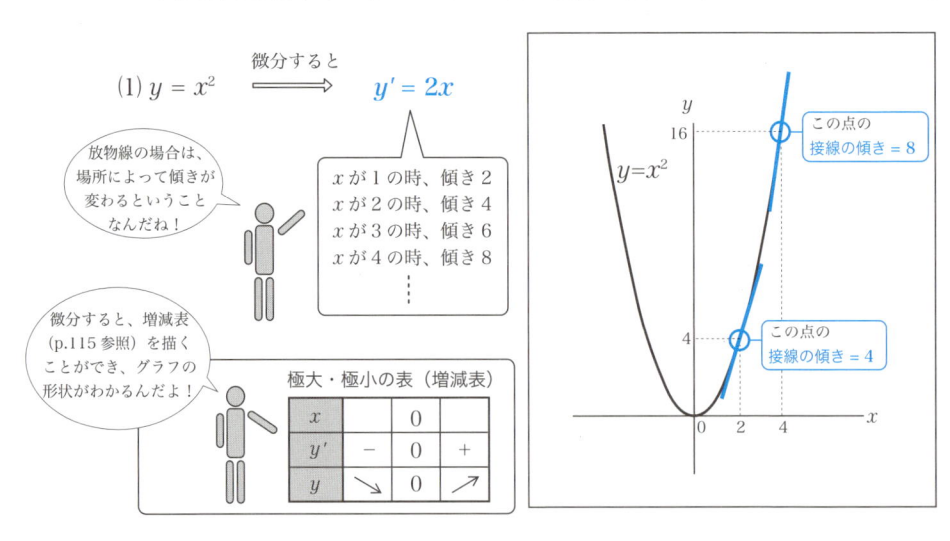

この点の接線の傾き $= 8$

この点の接線の傾き $= 4$

$y = x^2$

3 関数の最大値と最小値

関数では、ある範囲が決まると、最大値や最小値を求めることができます。

1. 一次関数の最大値と最小値

例　$y = \dfrac{1}{2}x - 1$ （ $0 \leqq x \leqq 4$ ）の場合、y の最大値と最小値は？
　　　　　　　　　　　以上　以下

右のグラフより

> 最大値　$y = 1$
> 最小値　$y = -1$

x の値を上の式に代入してもこうなるね！
$x = 0$ のとき、$y = -1$
$x = 4$ のとき、$y = 1$

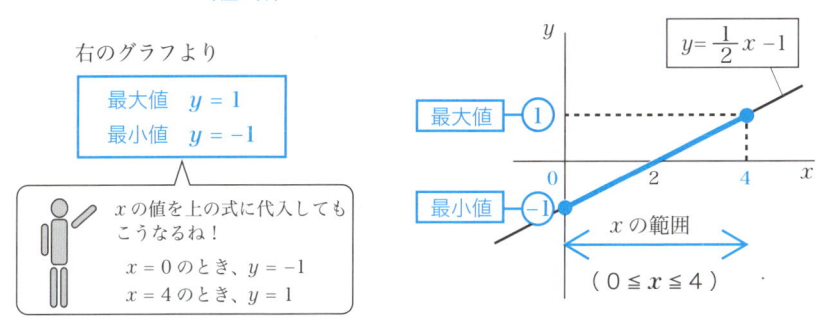

（グラフ：$y = \dfrac{1}{2}x - 1$、最大値①、最小値 -1、x の範囲 $0 \leqq x \leqq 4$）

上の式で範囲が（ $0 \leqq x < 4$ ）の場合はどうなる？
　　　　　　　　以上　未満

右のグラフより

> 最大値　$y = $ なし
> 最小値　$y = -1$

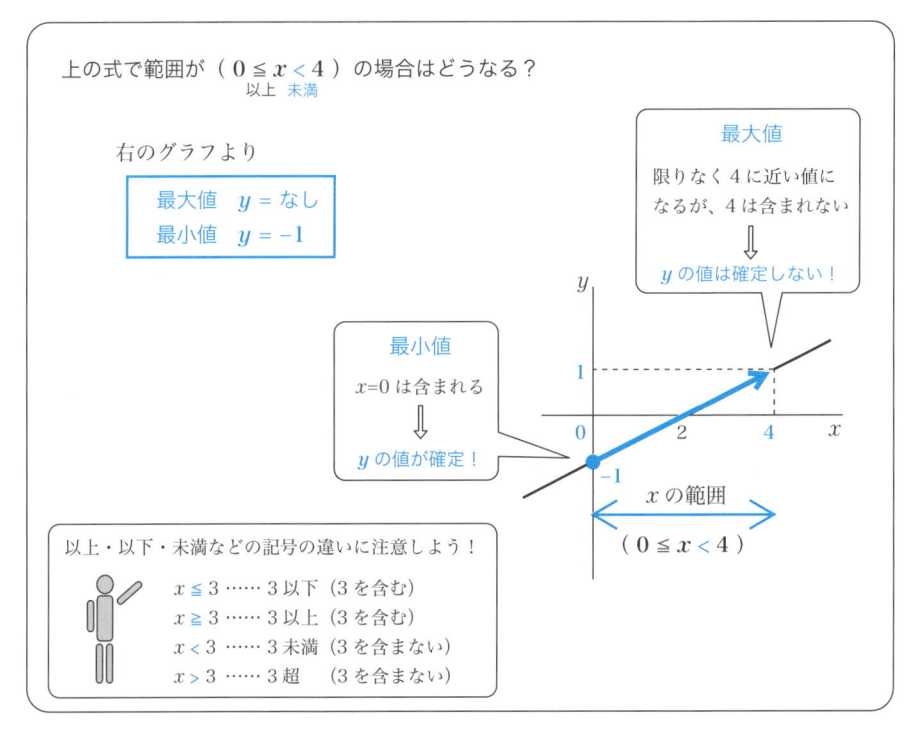

最大値
限りなく4に近い値になるが、4は含まれない
⇩
y の値は確定しない！

最小値
$x = 0$ は含まれる
⇩
y の値が確定！

（グラフ：x の範囲 $0 \leqq x < 4$）

以上・以下・未満などの記号の違いに注意しよう！

$x \leqq 3$ …… 3以下（3を含む）
$x \geqq 3$ …… 3以上（3を含む）
$x < 3$ …… 3未満（3を含まない）
$x > 3$ …… 3超　（3を含まない）

2. 二次関数の最大値と最小値

1 x の範囲が決まっていない場合

(1) $y = x^2$ の最大値と最小値は？

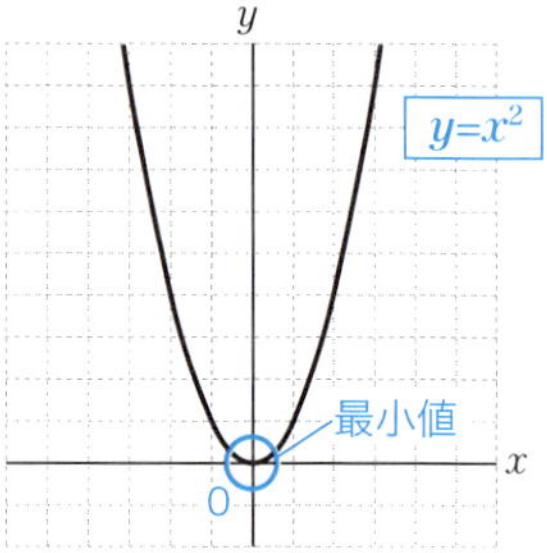

右のグラフより

> 最大値：なし ← いくらでも大きくなるため
> 最小値：0

(2) $y = -x^2$ の最大値と最小値は？

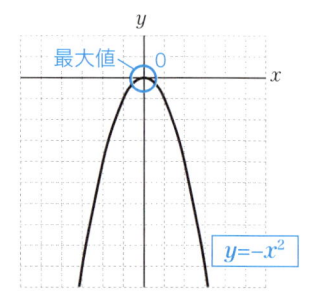

右のグラフより

> 最大値：0
> 最小値：なし ← いくらでも小さくなるため

> このように、x の範囲が決まっていなくても最小値（最大値）が決まるんだね！

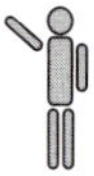

2 x の範囲が決まっている場合

(1) $y = x^2$（$1 \leq x \leq 3$）の最大値と最小値は？

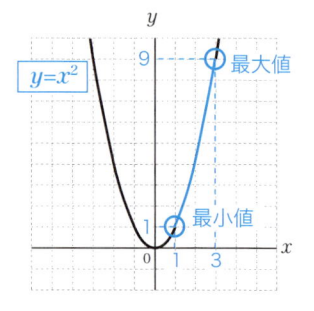

右のグラフより

> 最大値：9
> 最小値：1

(2) $y = x^2$（$-2 \leq x \leq 3$）の最大値と最小値は？

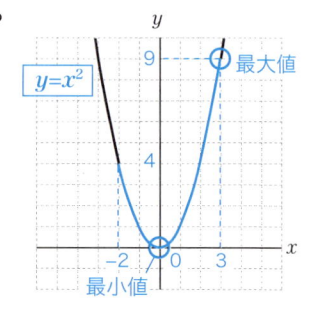

右のグラフより

> 最大値：9
> 最小値：0

> このように、x の範囲が頂点をまたがる場合は、頂点の部分が最小値（最大値）になるんだね！

3. 二次関数のグラフの頂点

『微分』と『式の展開』を用いて、
$y = 2x^2+4x-1$ のグラフの頂点を求めましょう。

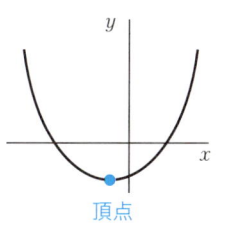

① 微分を用いてグラフの頂点を求める。

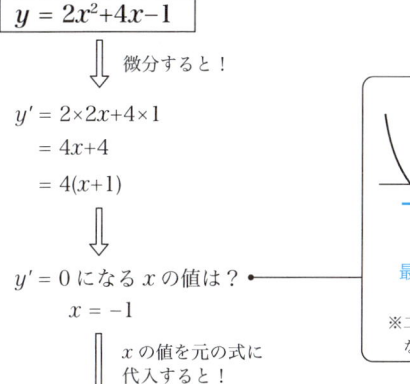

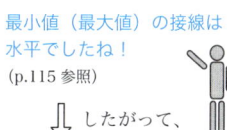

$$\boxed{y = 2x^2+4x-1}$$

⇩ 微分すると！

$y' = 2\times 2x + 4\times 1$
$ = 4x+4$
$ = 4(x+1)$

⇩

$y' = 0$ になる x の値は？
$x = -1$

⇩ x の値を元の式に代入すると！

$y = 2\times(-1)^2+4\times(-1)-1 = -3$

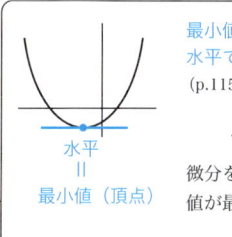

最小値（最大値）の接線は水平でしたね！
(p.115 参照)

水平
＝
最小値（頂点）

⇩ したがって、

微分をして 0（$y'=0$）になる値が最小値（頂点）ですね！

※二次関数の場合は、極小値もしくは極大値は 1 つしかないため。

したがって、頂点は $\boxed{(-1, -3)}$

② 式の展開を用いてグラフの頂点を求める。

$$\boxed{y = 2x^2+4x-1}$$

⇩ 因数分解の式を用いて整理すると！

$y = 2x^2+4x-1$
$ = 2(x^2+2x)-1$
$ = 2(x^2+2x+1-1)-1$
$ = 2(x^2+2x+1)-2-1$
$ = 2(x+1)^2-3$

$(x+1)^2$ にするために式に加えたもの
$+1-1=0$ なので、これを加えても等式は成り立ちますね！

$y = a(x-p)^2+q$ のとき、
(p, q) が頂点でしたね！
(p.147 (2) 参照)

⇩ ということは！

$y = 2(x+1)^2-3$ の頂点は、$(-1, -3)$ となる。

同じ答えですね！

したがって、頂点は $\boxed{(-1, -3)}$

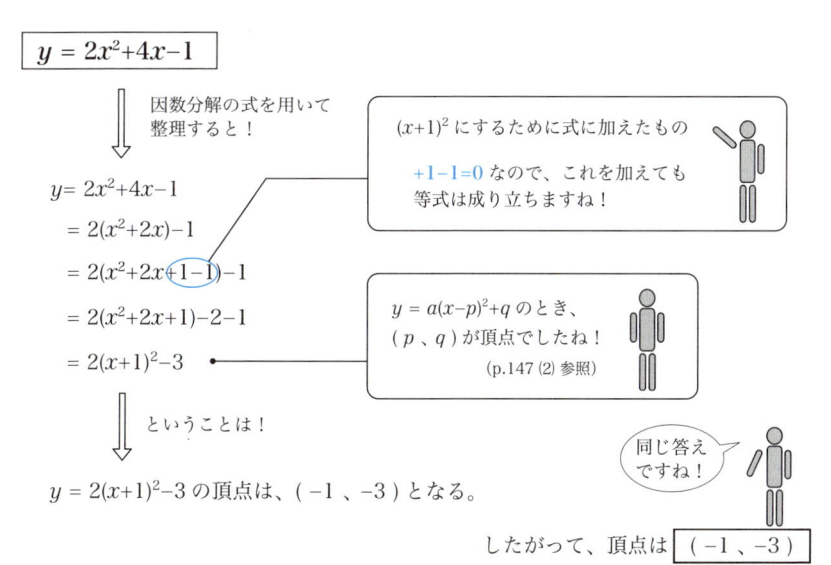

4 その他のグラフ

グラフは、集計したデータを視覚的にわかりやすく表現するものです。
目的に合わせてグラフを選択しましょう。

(1) 棒グラフ

1つの項目に関して比較する場合などに用いられます。

建築学科の学生数

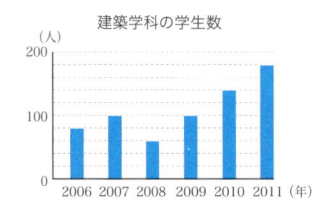

(2) 折れ線グラフ

複数の項目を1つのグラフにまとめ、年ごとの経過を比較する場合などに用いられます。

卒業生の建築士試験の合格率

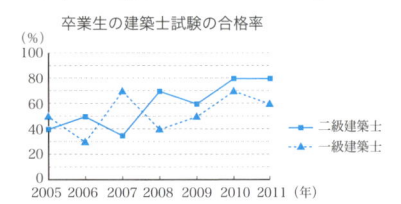

※右上がりになるほど、良くなっていることがわかります。

棒グラフと折れ線グラフを組み合わせたグラフ

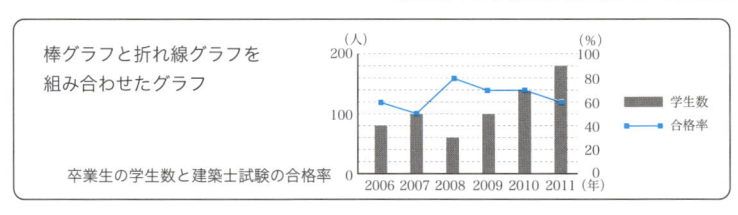

卒業生の学生数と建築士試験の合格率

(3) 円グラフ

100%のうちのそれぞれの割合を表す場合に用いられます。

建築学科の卒業生の就職先

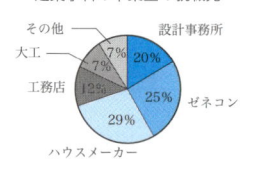

(4) 帯グラフ

100%のうちのそれぞれの割合の変化を年度別に表す場合などに用いられます。

建築学科への進学率

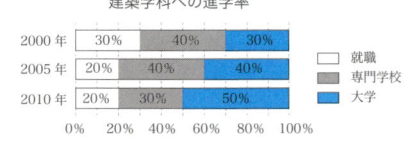

(5) 散布図

2項目についてデータをとり、その項目に関する相関関係を把握する場合などに用いられます。

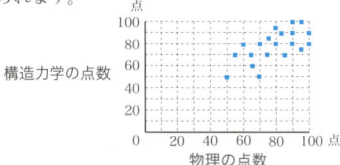

※「物理が得意な人は構造力学も得意」というような関係を見ることができます。

(6) レーダーチャート

複数のデータを1つにまとめることができ、全体の傾向を把握する場合などに用いられます。

建築士試験の成績

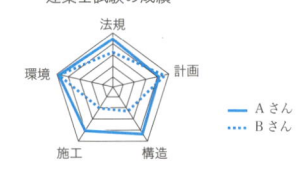

※全体的に外側に広がるほど、バランスがとれていることがわかります。

練習問題

問題1 次の関数のグラフを描きましょう。

$y = 2x - 2$

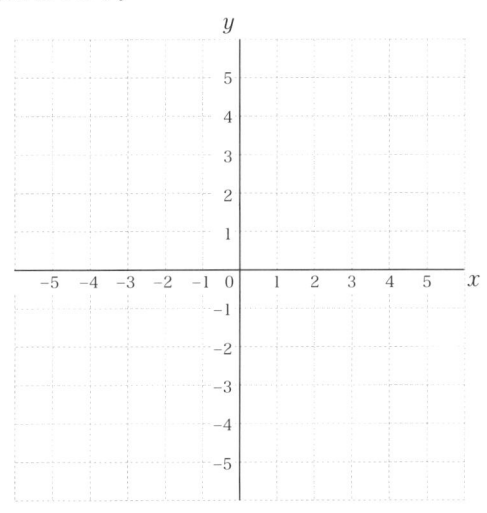

問題2 次の関数のグラフを描き、yの最大値と最小値を求めましょう。

$y = x + 2 \quad (-3 \leq x \leq 2)$

① 最大値

② 最小値

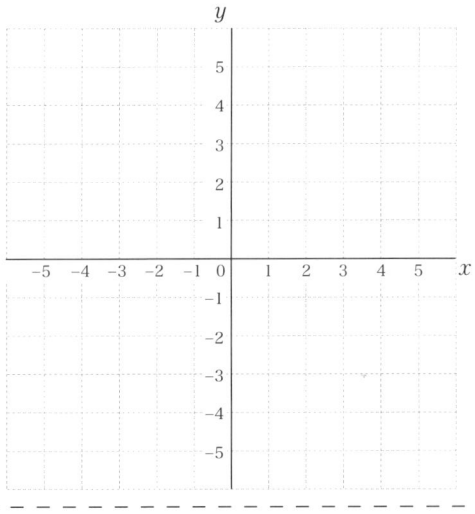

解説 p.170〜 p.171

解答 1　グラフは解説 p.170 参照
　　 2　グラフは解説 p.171 参照　① 4　　② −1

問題3　次の関数のグラフを描き、y の最大値と最小値を求めましょう。

$y = x^2 + 1$

① 最大値

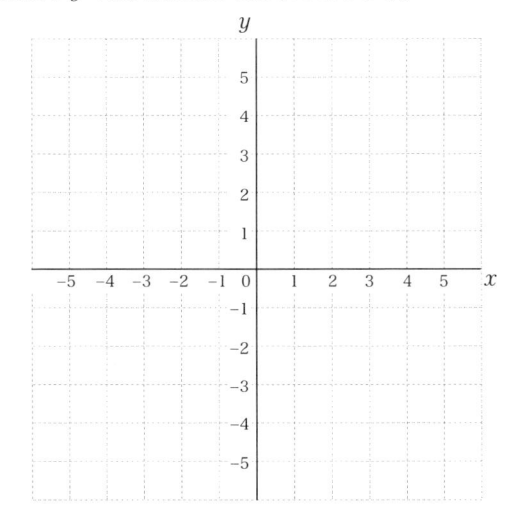

② 最小値

問題4　次の関数のグラフを描き、①と②の傾きを求めましょう。

$y = -\dfrac{1}{2}(x-1)^2 - 1$

① $x = -1$ の場合の傾き

② $x = 2$ の場合の傾き

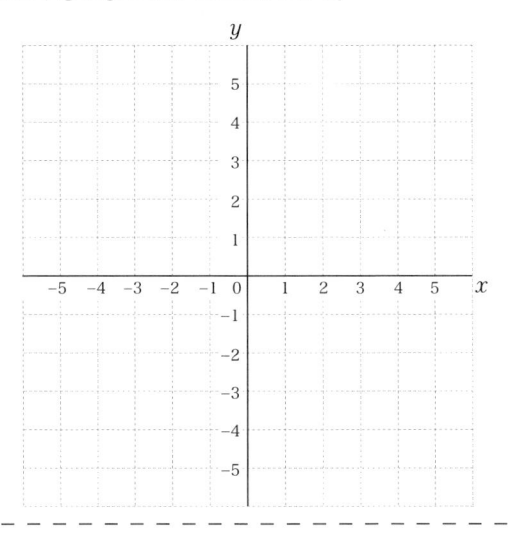

解説 p.171〜 p.172

　　解答　3　グラフは解説 p.171 参照　① なし　② 1
　　　　　4　グラフは解説 p.172 参照　① 2　　② −1

解答と解説

1章　単位や大きさの基礎知識

問題1
（問題：p.29）

参考ページ
p.8〜p.10
p.21〜p.22

単位を変更して表示する場合の計算式は、変更前の値 × $\frac{変更後の単位}{変更前の単位}$

(1) 0.01L　(p.8)
1L=1,000mL なので、10mL × $\frac{1L}{1,000mL}$ = 0.01L

(2) 32,000g　0.032 t　(p.8)
1kg=1,000g なので、32kg × $\frac{1,000g}{1kg}$ = 32,000g
1t=1,000kg なので、32kg × $\frac{1t}{1,000kg}$ = 0.032t

(3) 240,000N　(p.21)
1kN=1,000N なので、240kN × $\frac{1,000N}{1kN}$ = 240,000N
※構造力学では、24×10^4 N と表すこともあります。

(4) 3.42ha　(p.9)
1ha=10,000m² なので、34,200m² × $\frac{1ha}{10,000m^2}$ = 3.42ha
※東京の国立代々木競技場の建築面積が 3.4ha です。

(5) 1.68m　168cm　1.84yd　5.51ft　(p.9、p.10)
1yd=0.9144mなので、1.68m × $\frac{1yd}{0.9144m}$ = 1.8372… したがって、1.84yd
1yd=3ft なので、1.837yd × $\frac{3ft}{1yd}$ = 5.511 したがって、5.51ft

(6) 1.5 間　(p.10)
1 間 =1,820mm なので、2,730mm × $\frac{1間}{1,820mm}$ = 1.5 間

問題2
（問題：p.29）

参考ページ
p.10〜p.11

(1) 33.12m²　10.04 坪
2 間 = 1,820mm×2 = 3,640mm（3.64m）
5 間 = 1,820mm×5 = 9,100mm（9.1m）
2 間 ×5 間 = 3.64m×9.1m = 33.124m²　少数第 3 位を四捨五入すると、33.12m²
1 坪 ≒ 3.3m² なので 33.124m²÷3.3m² = 10.0375… したがって、10.04 坪

(2) 9.94m²　3.01 坪
1 帖の大きさが 3 尺 ×6 尺なので、0.91m×1.82m = 1.6562m²
6 帖なので 1.6562×6 = 9.9372m²　したがって、9.94m²
1 坪 ≒ 3.3m² なので、9.9372m²÷3.3m² = 3.0112… したがって、3.01 坪

問題3
（問題：p.29）

参考ページ
p.14

(1) 40%
% に変換するために 100 を掛けるので、$\frac{8}{20}$ ×100 = 40%

(2) 85%
10 割に対して 8 割 5 分ということは、$\frac{8.5}{10}$
% に変換するために 100 を掛けるので、$\frac{8.5}{10}$ ×100 = 85%

(3) 130%
1.3 倍 ×100 = 130%

問題 4
(問題：p.30)

参考ページ p.15

縮尺を変更する場合の計算式は、$\dfrac{\text{変換前の分母の値}}{\text{変換後の分母の値}}$　S=1:100（1/100）

(1) 0.67 倍　$\dfrac{10}{15} = 0.666\cdots$

(2) 0.75 倍　$\dfrac{150}{200} = 0.75$

(3) 1.33 倍　$\dfrac{400}{300} = 1.333\cdots$

問題 5
(問題：p.30)

参考ページ p.19

9m

平均地盤面までの高さ (H_0) を求める。

A,C面の面積　$6\text{m}\times 2\text{m}\times \dfrac{1}{2} = 6\text{m}^2$

B面の面積　$8\text{m}\times 2\text{m} = 16\text{m}^2$

$H_0 = \dfrac{\overset{\text{A面}}{6\text{m}^2}+\overset{\text{B面}}{16\text{m}^2}+\overset{\text{C面}}{6\text{m}^2}}{\underset{\text{a辺}}{8\text{m}}+\underset{\text{b辺}}{6\text{m}}+\underset{\text{c辺}}{8\text{m}}+\underset{\text{d辺}}{6\text{m}}} = \dfrac{28\text{m}^2}{28\text{m}} = 1\text{m}$

建築物の高さは、10m−1m = 9m

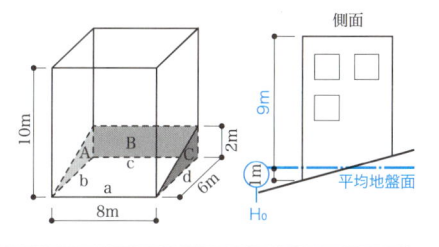

建物の形状、地盤の形状が一定の場合は、

$H_0 = \text{高低差} \times \dfrac{1}{2}$ で求められる。

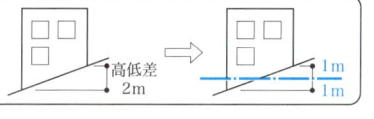

問題 6
(問題：p.30)

参考ページ
各階の床面積 p.24〜p.25
延べ面積 容積率 p.26〜p.27
建ぺい率 p.27〜p.28

① 288m²　② 50%または $\dfrac{5}{10}$　③ 33.33%または $\dfrac{3.3}{10}$

延べ面積は、1階と2階の床面積の和。

1階床面積　$\underset{a}{10\text{m}\times 12\text{m}}+\underset{b}{6\text{m}\times 6\text{m}} = 156\text{m}^2$

2階床面積　$11\text{m}\times 12\text{m} = 132\text{m}^2$　⇐吹抜は床面積に含まない。(p.24(3))

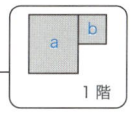

1階+2階 = 156m² + 132m² = 288m²

容積率は、敷地面積に対する延べ面積の割合。　容積率 = $\dfrac{\text{延べ面積}}{\text{敷地面積}}$

敷地面積 = 24m×24m = 576m²

$\dfrac{288\text{m}^2}{576\text{m}^2} \times 100 = 50\%$、または $\dfrac{5}{10}$

建ぺい率は、敷地面積に対する建築面積の割合。　建ぺい率 = $\dfrac{\text{建築面積}}{\text{敷地面積}}$

建築面積は、建物を上から見た場合の水平投影面積なので、16m×12m = 192m²

$\dfrac{192\text{m}^2}{576\text{m}^2} \times 100 = 33.333\cdots$　したがって、33.33%、または $\dfrac{3.3}{10}$

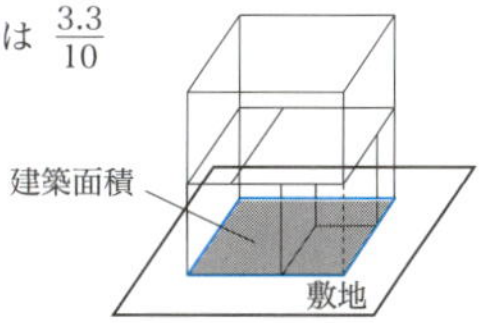

2章　数式の基礎知識

問題 1
(問題：p.53)

参考ページ p.32〜p.33

(1) 179m²

aの面積は、$3\times 14\times \dfrac{1}{2} = 21\text{m}^2$

bの面積は、$(16+14)\times 7\times \dfrac{1}{2} = 105\text{m}^2$

cの面積は、cとdを合わせて台形として計算し、その後dの面積を引く。

$\underset{\text{c+d の面積}}{(5+16)\times 6\times \dfrac{1}{2}} - \underset{\text{d の面積}}{4\times 5\times \dfrac{1}{2}} = 63 - 10 = 53\text{m}^2$

a+b+c = 21+105+53 = 179m²

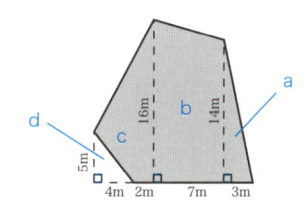

(問題：p.53)

参考ページ
p.34

(2) 24.82m³

1本の柱の体積は、0.6m×0.6m×5m ＝ 1.8m³
柱が6本あるので、1.8×6 ＝ 10.8m³
aの梁の1本の体積は、$\underbrace{0.4\times0.8}_{断面積}\times\underbrace{(8-0.6)}_{梁の長さ}$ ＝ 2.368m³
aの梁は3本あるので、2.368×3 ＝ 7.104m³
bの梁の1本の体積は、$\underbrace{0.4\times0.8}_{断面積}\times\underbrace{(6-0.6)}_{梁の長さ}$ ＝ 1.728m³
bの梁は4本あるので、1.728×4 ＝ 6.912m³
したがって、$\underbrace{10.8}_{柱}+\underbrace{7.104}_{aの梁}+\underbrace{6.912}_{bの梁}$ ＝ 24.816m³
小数第3位を四捨五入すると、24.82m³

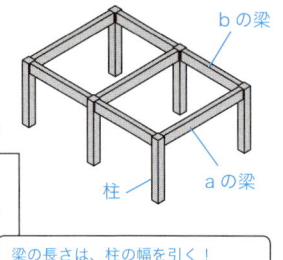

問題2
(問題：p.53)

参考ページ
p.36

(1) $0.68 < \frac{7}{9} < 1.2$

(2) $-\frac{11}{4} < -2.7 < -\frac{8}{3}$

分数は小数に変換してから比較するとわかりやすい。

(1) $\frac{7}{9} = 0.777\cdots$、 (2) $-\frac{8}{3} = -2.666\cdots$、 $-\frac{11}{4} = -2.75$

問題3
(問題：p.53)

参考ページ
p.38〜p.39

(1) $a : b : c = 3 : 2 : 15$

分数の分母を払うため、それぞれに5を掛けると、$10a = 15b = 2c$
10、15、2の逆数が比になるので、$a : b : c = \frac{1}{10} : \frac{1}{15} : \frac{1}{2}$
分母の値の最大公約数の30を掛けると、$a : b : c = 3 : 2 : 15$

(2) $Q_A : Q_B : Q_C = 1 : 2 : 8$

それぞれに共通する $\frac{h^3}{EI}$ を消すと、$\frac{2Q_A}{3} = \frac{Q_B}{3} = \frac{Q_C}{12}$
分数の分母を払うため、それぞれに12を掛けると、$8Q_A = 4Q_B = Q_C$
8、4、1の逆数が比になるので、$Q_A : Q_B : Q_C = \frac{1}{8} : \frac{1}{4} : \frac{1}{1}$
分母の値の最大公約数の8を掛けると、$Q_A : Q_B : Q_C = 1 : 2 : 8$

問題4
(問題：p.53)

参考ページ
p.40

比例式の計算は、 外項＝内項

(1) $x=3$

$x\times 1 = 1.5\times 2$ $x = 3$

(2) $x=16$

$\frac{3}{8}\times x = \frac{2}{5}\times \overset{3}{\cancel{15}}$ $\frac{3}{8}x = 6$ $x = \overset{2}{\cancel{6}}\times \frac{8}{\cancel{3}} = 16$

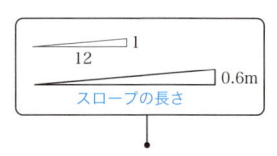

問題5
(問題：p.53)

参考ページ
p.41

7.2m

スロープの長さ ＝ 勾配の分母の値 × 高さ（段差） より、 12×0.6m ＝ 7.2m

問題 6
(問題：p.54)

参考ページ
p.44〜p.45

(1) $A=\pm\sqrt{3}$

(2) $x=\pm 2\sqrt{2}-5$

$x+5 = \pm\sqrt{8}$ 　5を右辺に移項する。
　　　　　　　　$\sqrt{8}$ を整理すると、$\sqrt{8}=\sqrt{2\times 2\times 2}=2\sqrt{2}$
したがって、$x = \pm 2\sqrt{2}-5$

> 同じ値を分母と分子の両方に掛けるということは？
> $\dfrac{a}{a} = 1$ 　したがって、$b \times \dfrac{a}{a} = b$
> 答えに影響しないね！

問題 7
(問題：p.54)

参考ページ
p.45

(1) $\dfrac{\sqrt{2}}{2}$ 　(2) $4(\sqrt{5}-\sqrt{3})$

分母のルートをとるために、分母と同じ値を<u>分母と分子の両方に掛ける</u>。

(1) $\dfrac{\sqrt{2}}{\sqrt{2}}$ を掛けると、$\dfrac{1}{\sqrt{2}} \times \dfrac{\sqrt{2}}{\sqrt{2}} = \dfrac{\sqrt{2}}{2}$

(2) (1)と同様に、$\dfrac{8}{\sqrt{5}+\sqrt{3}} \times \dfrac{\sqrt{5}-\sqrt{3}}{\sqrt{5}-\sqrt{3}} = \dfrac{8(\sqrt{5}-\sqrt{3})}{(\sqrt{5}+\sqrt{3})(\sqrt{5}-\sqrt{3})} = \dfrac{8(\sqrt{5}-\sqrt{3})}{(\sqrt{5})^2-(\sqrt{3})^2} = \dfrac{8(\sqrt{5}-\sqrt{3})}{5-3} = 4(\sqrt{5}-\sqrt{3})$

ただし、符号は反対に！　　p.42『基本的な公式の展開⑦』を参照

問題 8
(問題：p.54)

参考ページ
p.46〜p.47

(1) $x=2$ 、$y=1$

$\begin{cases} x+y = 3 & \cdots\cdots \text{(i)} \\ 2x+5y = 9 & \cdots\cdots \text{(ii)} \end{cases}$ 　(i)式を x について解く。
　　　　　　　　　$x = 3-y$ 　……(iii)
　　　　　　(ii)式に(iii)式を代入する。
　　　　　　　　　$2(3-y)+5y = 9$
　　　　　　　　　$6-2y+5y = 9$
　　　　　　　　　　　$3y = 3$
　　　　　　　　　　　$y = 1$
　　　　　　(iii)式に y の値を代入する。
　　　　　　　　　$x = 3-1 = 2$

(2) $x=8$ 、$y=-8$

$\begin{cases} 5x+2y = 24 & \cdots\cdots \text{(i)} \\ 3x+2y = 8 & \cdots\cdots \text{(ii)} \end{cases}$ 　2つの式の y の値を消去する。
　　　　　　　$5x+2y = 24$ 　……(i)
　　　　　$-)\underline{\ 3x+2y = 8\ }$ 　……(ii)
　　　　　　　$2x\ = 16$
　　　　　　　　$x = 8$
　　　　　(ii)式に x の値を代入する。
　　　　　　　$3\times 8+2y = 8$
　　　　　　　　$2y = -16$
　　　　　　　　$y = -8$

(3) $P = \dfrac{3}{2}$ 、$Q = 2$

$\begin{cases} 2P+2Q = 7 & \cdots\cdots \text{(i)} \\ -4P+3Q = 0 & \cdots\cdots \text{(ii)} \end{cases}$ 　2つの式の P の値を消去するために、(i)式の両辺に2を掛ける。
　　　　　　　$4P+4Q = 14$ 　……(i)×2
　　　　　$+)\underline{\ -4P+3Q = 0\ }$ 　……(ii)
　　　　　　　　$7Q = 14$
　　　　　　　　$Q = 2$
　　　　　(ii)式に Q の値を代入する。
　　　　　　$-4P+3\times 2 = 0$
　　　　　　　$-4P = -6$
　　　　　　　　$P = \dfrac{3}{2}$

解答と解説

問題9
(問題：p.54)

参考ページ
p.48〜p.49

(1) $x=-5$、3

左辺が0になるということは、$x+5=0$ または $x-3=0$
したがって、$x=-5$ または $x=3$

(2) $x=-2$、-6

　　　　　　　　　　　　　　p.42『基本的な展開式⑥』を利用して
　　　　　　　　　　　　　　因数分解をする！

式を因数分解すると、$(x+2)(x+6)=0$
$x+2=0$ または $x+6=0$　したがって、$x=-2$ または $x=-6$

(3) $x=-3$、-7

右辺の-21を左辺に移項すると、$x^2+10x+21=0$
これを因数分解すると、$(x+3)(x+7)=0$
$x+3=0$ または $x+7=0$　したがって、$x=-3$ または $x=-7$

問題10
(問題：p.54)

参考ページ
p.50〜p.52

(1) $x=\dfrac{3\pm\sqrt{5}}{2}$

解の公式は、$x=\dfrac{-b\pm\sqrt{b^2-4ac}}{2a}$

$a=1$　$b=-3$　$c=1$ なので、
解の公式に代入すると、$x=\dfrac{-(-3)\pm\sqrt{(-3)^2-4\times1\times1}}{2\times1}=\dfrac{3\pm\sqrt{9-4}}{2}=\dfrac{3\pm\sqrt{5}}{2}$

(2) $x=-1\pm\sqrt{3}$

右辺の$-x+2$を左辺に移項し、式を整理すると、$x^2+2x-2=0$
$a=1$　$b=2$　$c=-2$ なので、
解の公式に代入すると、$x=\dfrac{-2\pm\sqrt{2^2-4\times1\times(-2)}}{2\times1}=\dfrac{-2\pm\sqrt{4+8}}{2}=\dfrac{-2\pm2\sqrt{3}}{2}=-1\pm\sqrt{3}$

(3) $x=1$

式を展開すると、$x^2-2x+1=0$
$a=1$　$b=-2$　$c=1$ なので、
解の公式に代入すると、$x=\dfrac{-(-2)\pm\sqrt{(-2)^2-4\times1\times1}}{2\times1}=\dfrac{2\pm\sqrt{4-4}}{2}=\dfrac{2\pm\sqrt{0}}{2}=1$

3章　三角関数

問題1
(問題：p.69)

特定角の三角比の表（p.59）より、

① $\dfrac{1}{\sqrt{2}}$　② $\dfrac{1}{\sqrt{2}}$　③ $1\left(\dfrac{1}{1}\right)$　④ $\dfrac{1}{2}$　⑤ $\dfrac{\sqrt{3}}{2}$　⑥ $\dfrac{1}{\sqrt{3}}$　⑦ $\dfrac{\sqrt{3}}{2}$　⑧ $\dfrac{1}{2}$　⑨ $\sqrt{3}\left(\dfrac{\sqrt{3}}{1}\right)$

問題2
(問題：p.69)

参考ページ
p.56〜p.57

① $\dfrac{3}{5}$　② $\dfrac{4}{5}$　③ $\dfrac{3}{4}$

特定の辺の長さの比を持つ直角三角形（3：4：5）なので、残りの辺の長さは5。
p.56②参照
直角が右下、θが左下になるように三角形を反転させると、
3辺の関係は右図のようになる。

問題3
(問題：p.69)

参考ページ
p.60

(1) 2.5m

$x=5\cos60°=5\times\dfrac{1}{2}=2.5$

(2) 3.06m

問題2と同様に三角形を反転させる。 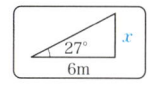
$x = 6\tan27°$　関数電卓を用いて計算すると、$x = 3.057\cdots$
したがって、3.06m

問題4
(問題：p.70)

参考ページ
p.62〜p.63

(1) 9.53

一般的な三角形の公式を用いるために、三角形の高さとなる辺 a の長さを求める。 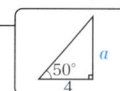
$a = 4\times\tan50° = 4.7670\cdots$
$S = 4\times4.767\times\dfrac{1}{2} = 9.534$

(2) 84

3辺がわかっているので、ヘロンの公式 $S = \sqrt{s(s-a)(s-b)(s-c)}$　$s = \dfrac{1}{2}(a+b+c)$ を用いると、
$s = \dfrac{1}{2}(15+13+14) = 21$
$S = \sqrt{21(21-15)(21-13)(21-14)} = \sqrt{21\times6\times8\times7} = \sqrt{7056} = 84$

(3) $\dfrac{5\sqrt{2}}{2}$

2辺とそのなす角がわかっているので、公式 $S = \dfrac{1}{2}bc\sin\theta$ を用いると、
$S = \dfrac{1}{2}\times2\times5\times\sin135° = \dfrac{1}{2}\times2\times5\times\dfrac{\sqrt{2}}{2} = \dfrac{5\sqrt{2}}{2}$

問題5
(問題：p.70)

参考ページ
p.56
p.62
p.67

12.16m²

右図のように敷地を①と②に分割する。
①の面積は、底辺と高さがわかる直角三角形なので、
　①の面積は $3\times4\times\dfrac{1}{2} = 6\text{m}^2$
また、①は特定の辺の長さの比を持つ直角三角形なので、
残りの辺の長さが 5m となる。　p.56 2参照
②の面積は、2辺とそのなす角がわかる三角形なので、
　②の面積は $\dfrac{1}{2}\times2.5\times5\times\sin80° = 6.1550\cdots$
2つの面積の合計は、$6+6.155 = 12.155$
したがって、12.16m²

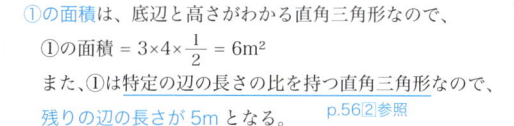

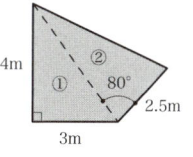

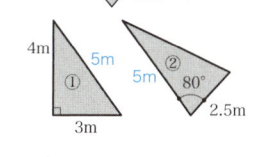

4章　ベクトル

問題1
(問題：p.85)

参考ページ
p.72

(1) ①と⑦、⑤と⑥

平行で矢印の向きが同じベクトルを選択する。大きさ（長さ）は関係しない。

(2) ①と⑦、③と④と⑧、②と⑥

同じ大きさ（長さ）のベクトルを選択する。角度や矢印の向きは関係しない。

(3) ①と⑦

角度と矢印の向き、大きさ（長さ）の全てが等しいベクトルを選択する。

問題 2
(問題：p.85)

参考ページ p.75

ベクトル $\overrightarrow{AB}$ は引き算で求める。

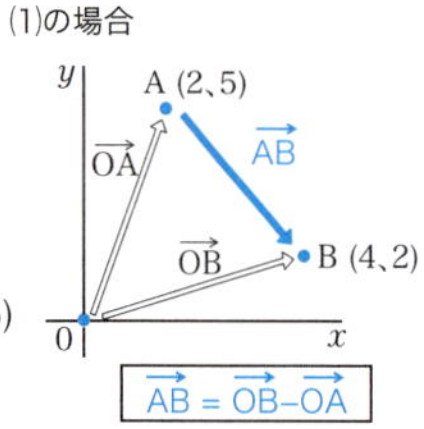

(1) $\overrightarrow{AB}=(2、-3)$
$\overrightarrow{AB} = \overrightarrow{OB}-\overrightarrow{OA} = (4、2)-(2、5) = (4-2、2-5) = (2、-3)$

(2) $\overrightarrow{AB}=(5、-5)$
$\overrightarrow{AB} = \overrightarrow{OB}-\overrightarrow{OA} = (3、-2)-(-2、3) = (3+2、-2-3) = (5、-5)$

(1)の場合: A(2,5), B(4,2), $\overrightarrow{AB} = \overrightarrow{OB}-\overrightarrow{OA}$

問題 3
(問題：p.85)

参考ページ p.76

ベクトルの計算は基本的な展開式（p.42）と同様に展開する。

(1) $4\vec{a}+6\vec{b}$
$6\vec{a}+2(-\vec{a}+3\vec{b}) = 6\vec{a}-2\vec{a}+6\vec{b} = 4\vec{a}+6\vec{b}$

(2) $-\dfrac{5}{6}\vec{a}-2\vec{b}$
$\dfrac{1}{3}(2\vec{a}-3\vec{b})-\dfrac{1}{2}(3\vec{a}+2\vec{b}) = \dfrac{2}{3}\vec{a}-\vec{b}-\dfrac{3}{2}\vec{a}-\vec{b} = -\dfrac{5}{6}\vec{a}-2\vec{b}$

問題 4
(問題：p.86)

参考ページ p.76

ベクトル $\vec{a}$、$\vec{b}$ のそれぞれの成分を式に代入する。

(1) $(8、-7)$
$2\vec{a}+3\vec{b} = 2(1、1)+3(2、-3) = (2、2)+(6、-9) = (2+6、2-9) = (8、-7)$

(2) $(-1、9)$
$3\vec{a}-2\vec{b} = 3(1、1)-2(2、-3) = (3、3)+(-4、6) = (3-4、3+6) = (-1、9)$
　　　　　　　+にする方が、後の計算がしやすい！

(3) $(10、-15)$
まず式を整理すると、$3(2\vec{a}-\vec{b})-2(3\vec{a}-4\vec{b}) = 6\vec{a}-3\vec{b}-6\vec{a}+8\vec{b} = 5\vec{b}$
ベクトル $\vec{b}$ の成分を代入すると、$5\vec{b} = 5(2、-3) = (10、-15)$

問題 5
(問題：p.86)

参考ページ p.76

ベクトルを合成してから大きさを求める。

(1) $\sqrt{26}$
$\vec{a}+\vec{b} = (2、3)+(-1、2) = (1、5)$　⇔ ベクトルの合成
$|\vec{a}+\vec{b}| = \sqrt{1^2+5^2} = \sqrt{26}$　⇔ 大きさを求める計算

(2) $\sqrt{89}$
$3\vec{a}-2\vec{b} = 3(2、3)-2(-1、2) = (6、9)+(2、-4) = (8、5)$
$|3\vec{a}-2\vec{b}| = \sqrt{8^2+5^2} = \sqrt{89}$

問題 6
(問題：p.86)

参考ページ p.77

P_1 や P_2 などを平行移動させて合力 R を求める。

(1)

(2) 解答例

求め方によっては、合力 R の位置が異なります。
ただし、矢印の方向と大きさ（長さ）は等しくなります。

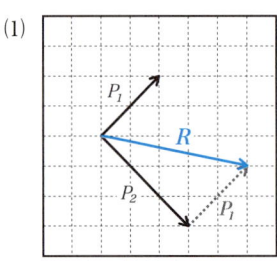

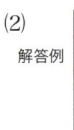

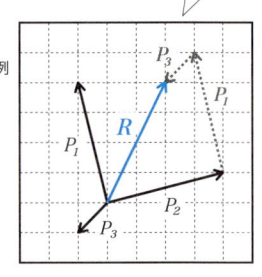

5章　平面角と立体角

問題1
(問題：p.92)

参考ページ
p.89

① 30°　② 60°　③ 120°　④ 150°　⑤ 360°　⑥ $\frac{1}{4}\pi$ rad　⑦ $\frac{1}{2}\pi$ rad　⑧ $\frac{3}{4}\pi$ rad
⑨ $\frac{11}{6}\pi$ rad

> 平面角 ⇒ 度数法 …… $\pi=180°$なので、π を180°に置き換える。
> 度数法 ⇒ 平面角 …… 平面角 $= \frac{\theta°}{180°} \times \pi$ rad（ラジアン）

① $\frac{1}{6}\pi = \frac{1}{6} \times 180° = 30°$　　②〜⑤も同様に計算する。

⑥ $\frac{45°}{180°} \times \pi = \frac{1}{4}\pi$ rad　　⑦〜⑨も同様に計算する。

問題2
(問題：p.92)

参考ページ
p.88

$\frac{5}{6}$ rad（ラジアン）

平面角を求める式は、　平面角 $\theta = \frac{弧の長さ\, l}{半径\, r}$　したがって、$\theta = \frac{5}{6}$

問題3
(問題：p.92)

参考ページ
p.90

弧の長さ 3π 、面積 6π

平面角と弧の長さを求め、次に扇形の面積を求める。

角度より平面角 θ を求める。

$\theta = \frac{135°}{180°} \times \pi = \frac{3}{4}\pi$ rad

平面角より弧の長さ l を求める。

$\theta = \frac{弧の長さ\, l}{半径\, r}$ より、弧の長さ $l = \theta \times$ 半径 $r = \frac{3}{4}\pi \times 4 = 3\pi$

扇形の面積 S を求める。

$S = \frac{1}{2}\, r\, l = \frac{1}{2} \times 4 \times 3\pi = 6\pi$

6章　指数と対数

問題1
(問題：p.105)

参考ページ
p.95〜p.96

(1) 10^4　　$10,000 = 10 \times 10 \times 10 \times 10 = 10^4$

(2) 9　　2乗して81になるのは9

(3) 64　　$4 \times 4 \times 4 = 64$

(4) ±7　　$x = \pm\sqrt{49} = \pm 7$

(5) 2^{-2}　　$\frac{1}{4} = \frac{1}{2^2}$ となるので、a^n の形式に変換すると 2^{-2}

(6) $5\sqrt{5}$　　$(\sqrt{5})^3 = \sqrt{5} \times \sqrt{5} \times \sqrt{5} = \sqrt{5 \times 5 \times 5} = \sqrt{5^2 \times 5} = 5\sqrt{5}$

(7) $75\sqrt{3}$　　$(\sqrt{5})^4 \times (\sqrt{3})^3 = \sqrt{5 \times 5 \times 5 \times 5} \times \sqrt{3 \times 3 \times 3} = \sqrt{5^2} \times \sqrt{5^2} \times \sqrt{3^2 \times 3} = 5 \times 5 \times 3\sqrt{3} = 75\sqrt{3}$

(8) $\frac{1}{81}$　　$3^{-4} = \frac{1}{3^4} = \frac{1}{3 \times 3 \times 3 \times 3} = \frac{1}{81}$　　> 指数がマイナスの場合は分数になる！

(9) 2　　$a^{\frac{1}{n}} = \sqrt[n]{a}$ より、$\sqrt[3]{8} = \sqrt[3]{2^3} = 2^{\frac{3}{3}} = 2$

(10) $\sqrt[5]{3^3}$　　$a^{\frac{m}{n}} = \sqrt[n]{a^m}$ より、$3^{\frac{3}{5}} = \sqrt[5]{3^3}$

(11) $\frac{1}{\sqrt[3]{5^2}}$　　$a^{-\frac{m}{n}} = \frac{1}{\sqrt[n]{a^m}}$ より、$5^{-\frac{2}{3}} = \frac{1}{\sqrt[3]{5^2}}$

(12) 2　　$a^n \times a^m = a^{n+m}$ より、$4^{\frac{1}{3}} \times 4^{\frac{1}{6}} = 4^{\frac{1}{3}+\frac{1}{6}} = 4^{\frac{1}{2}} = \sqrt{4} = 2$

問題2
(問題：p.105)

参考ページ p.97

右図参照

$y=3^x$ のグラフは、

$x=2$ のとき、$y=9$
$x=1$ のとき、$y=3$
$x=0$ のとき、$y=1$
$x=-1$ のとき、$y=\dfrac{1}{3}$
$x=-2$ のとき、$y=\dfrac{1}{9}$

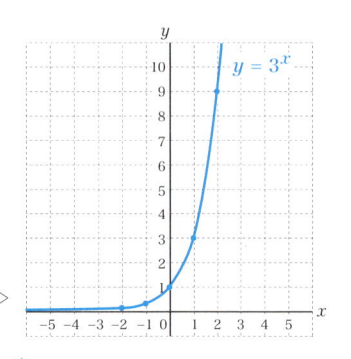

これをグラフで表すと、⟹

問題3
(問題：p.106)

参考ページ p.98

指数の式を対数の式に変換するには、 $a^n = M \implies \log_a M = n$ (指数→対数、底、真数)

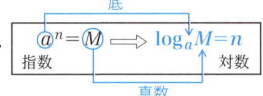

(1) $\log_2 64 = 6$

底が2、真数が64なので、$64 = 2\times2\times2\times2\times2\times2 = 2^6$ より、$\log_2 64 = 6$

(2) $\log_3 81 = 4$

底が3、真数が81なので、$81 = 3\times3\times3\times3 = 3^4$ より、$\log_3 81 = 4$

問題4
(問題：p.106)

参考ページ p.98

対数の式を指数の式に変換するには、 $\log_a M = n \implies a^n = M$ (対数→指数、真数、底)

(1) $x = 64$

$\log_4 x = 3$ なので、真数 $x = 4^3 = 64$

(2) $x = 16$

$\log_2 x = 4$ なので、真数 $x = 2^4 = 16$

問題5
(問題：p.106)

参考ページ p.98〜p.101

(1)と(2)は常用対数なので、$\log_{10} 10$ を省略しています。

(1) 3.301 (p.100 参照) (p.98 参照)

$\log 2 ≒ 0.301$　$\log 1{,}000 = 3$ より、 $0.301 + 3 = 3.301$

(2) 2.903

800は $2^3 \times 100$ と置き換えることができる。

したがって、$\log(2^3 \times 100) = 3\cdot\log 2 + \log 100$
（$\log 2^3 \Rightarrow 3\cdot\log 2$ (p.99 参照)、掛け算は足し算に！(p.99 参照)）

$\log 2 ≒ 0.301$　$\log 100 = 2$ より、 $3 \times 0.301 + 2 = 2.903$

(3) -2

$\log_2 \dfrac{1}{4} = \log_2 \dfrac{1}{2^2} = \log_2 1 - \log_2 2^2 = 0 - 2\cdot\log_2 2 = 0 - 2\times 1 = -2$

（$\log_2 1 = 0$ (p.99 参照)、割り算は引き算に！(p.99 参照)、$\log_2 2 = 1$ (p.99 参照)）

または、

$\log_2 \dfrac{1}{4} = \log_2 \dfrac{1}{2^2} = \log_2 2^{-2} = -2\cdot\log_2 2 = -2\times 1 = -2$

問題6
(問題：p.106)

参考ページ p.102

右図参照

$y=\log_3 x$ のグラフは、

$y=2$ のとき、 $x=9$

$y=1$ のとき、 $x=3$

$y=0$ のとき、 $x=1$

$y=-1$ のとき、 $x=\dfrac{1}{3}$

$y=-2$ のとき、 $x=\dfrac{1}{9}$

これをグラフで表すと、⟹

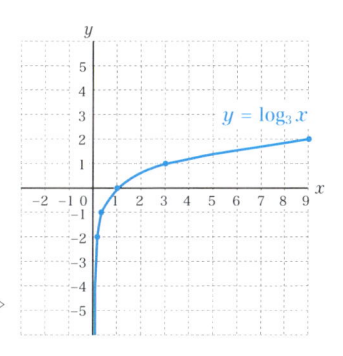

7章 微分と積分

問題1
(問題：p.140)

参考ページ p.113〜p.114

(1) $y'=0$

定数の場合より、$y=3 \Rightarrow y'=0$

(2) $y'=2$

x の場合より、$y=x \Rightarrow y'=1$ したがって、$y'=2\times 1+0=2$

(3) $y'=3x^2-4x$

累乗の場合より、$y=x^n \Rightarrow y'=n\times x^{n-1}$ したがって、$y'=3x^2-2\times 2x^1+0=3x^2-4x$

(4) $y'=4x+5$

式を展開をすると、$y=(x+3)(2x-1)=2x^2+5x-3$ ⇦ p.42『基本的な展開式⑧』を参照
したがって(1)〜(3)と同様に微分すると、$y'=2\times 2x+5\times 1+0=4x+5$

(5) $y'=-3x^{-4}$

逆数の場合より、$y=\dfrac{1}{x^n}=x^{-n} \Rightarrow y'=-nx^{-n-1}$ したがって、$y'=-3x^{-3-1}=-3x^{-4}$

(6) $y'=8x^7$

掛け算の場合より、$y'=5x^4\times x^3+x^5\times 3x^2=5x^7+3x^7=8x^7$
指数の掛け算は、指数同士を足す！ (p.96 参照)

または、$y=x^5\times x^3=x^{5+3}=x^8$ したがって、$y=x^8$ を微分すると、$y'=8x^7$

問題2
(問題：p.140)

参考ページ p.115

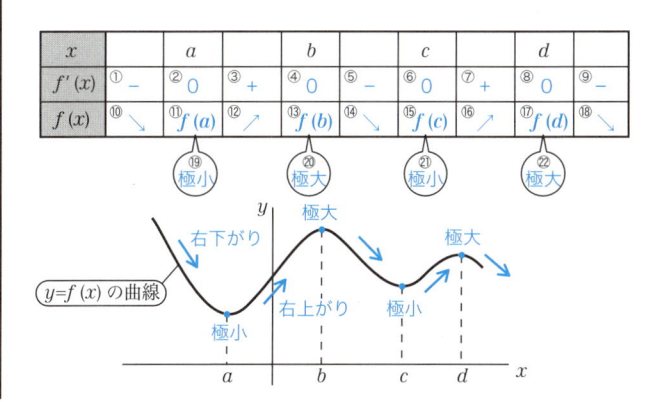

x		a		b		c		d	
$f'(x)$	① −	② 0	③ +	④ 0	⑤ −	⑥ 0	⑦ +	⑧ 0	⑨ −
$f(x)$	⑩ ↘	⑪ $f(a)$	⑫ ↗	⑬ $f(b)$	⑭ ↘	⑮ $f(c)$	⑯ ↗	⑰ $f(d)$	⑱ ↘

⑲ 極小 ⑳ 極大 ㉑ 極小 ㉒ 極大

問題3

(問題：p.141)

参考ページ
不定積分
p.118〜p.119

不定積分

(1) $2x+c$

定数の場合より、$\int 2\,dx = 2x+c$ （c は定数）

(2) x^2+c　　　定数倍の場合は、定数を $\int$ の前に移動！

定数倍の場合より、$\int 2x\,dx = 2\int x\,dx$

x は x^1 なので、指数の場合より、$2\int x\,dx = 2\times\frac{1}{2}x^2+c = x^2+c$ （c は定数）

(3) x^3+4x^2-x+c

式に $+$ または $-$ が含まれている場合より、

$\int(3x^2+8x-1)\,dx = 3\int x^2\,dx + 8\int x\,dx - 1\int dx$

$= 3\times\frac{1}{3}x^3 + 8\times\frac{1}{2}x^2 - 1\times x + c = x^3+4x^2-x+c$ （c は定数）

(4) $\frac{4}{3}x^3+9x^2+8x+c$

式を展開すると、$(4x+2)(x+4) = 4x^2+18x+8$

したがって、(1)〜(3)と同様に積分すると、

$\int(4x^2+18x+8)\,dx = 4\int x^2\,dx + 18\int x\,dx + 8\int dx$

$= 4\times\frac{1}{3}x^3 + 18\times\frac{1}{2}x^2 + 8\times x + c = \frac{4}{3}x^3+9x^2+8x+c$ （c は定数）

参考ページ
定積分
p.120〜p.121

定積分

(5) $\frac{21}{2}$　　　この展開は不定積分と同じ！

定積分の基本公式より、$\int_{-1}^{2} x^5\,dx = \left[\frac{1}{6}x^6\right]_{-1}^{2} = \frac{1}{6}\left[x^6\right]_{-1}^{2}$

$= \frac{1}{6}\times\{2^6-(-1)^6\} = \frac{1}{6}\times 63 = \frac{21}{2}$

(6) $\frac{5}{12}$

式を展開すると、$x^2(-x+2) = -x^3+2x^2$

積分すると、

$\int_0^1 (-x^3+2x^2)\,dx = -\int_0^1 x^3\,dx + 2\int_0^1 x^2\,dx = -\left[\frac{1}{4}x^4\right]_0^1 + 2\left[\frac{1}{3}x^3\right]_0^1$

$= -\frac{1}{4}\left[x^4\right]_0^1 + 2\times\frac{1}{3}\left[x^3\right]_0^1$

$= -\frac{1}{4}(1^4-0^4) + \frac{2}{3}(1^3-0^3) = -\frac{1}{4}+\frac{2}{3} = -\frac{3}{12}+\frac{8}{12} = \frac{5}{12}$

(7) 222

式を展開すると、$(2x+1)^3 = 8x^3+12x^2+6x+1$　　⇔ p.42『基本的な展開式⑪』を参照

積分すると、

$\int_2^3 (8x^3+12x^2+6x+1)\,dx = 8\int_2^3 x^3\,dx + 12\int_2^3 x^2\,dx + 6\int_2^3 x\,dx + 1\int_2^3 dx$

$= 8\left[\frac{1}{4}x^4\right]_2^3 + 12\left[\frac{1}{3}x^3\right]_2^3 + 6\left[\frac{1}{2}x^2\right]_2^3 + 1\left[x\right]_2^3$

$= 8\times\frac{1}{4}\left[x^4\right]_2^3 + 12\times\frac{1}{3}\left[x^3\right]_2^3 + 6\times\frac{1}{2}\left[x^2\right]_2^3 + \left[x\right]_2^3$

$= 2(3^4-2^4) + 4(3^3-2^3) + 3(3^2-2^2) + (3-2)$

$= 2(81-16) + 4(27-8) + 3(9-4) + 1$

$= 2\times 65 + 4\times 19 + 3\times 5 + 1$

$= 222$

(8) 3

それぞれの項を積分すると、
$$\int_1^2 (x+2)\,dx + \int_1^2 (x-2)\,dx = \int_1^2 x\,dx + 2\int_1^2 dx + \int_1^2 x\,dx - 2\int_1^2 dx$$
$$= 2\times \int_1^2 x\,dx = 2\times \left[\frac{1}{2}x^2\right]_1^2 = 2\times \frac{1}{2}\left[x^2\right]_1^2 = \left[x^2\right]_1^2$$
$$= 2^2 - 1^2 = 4 - 1 = 3$$

問題 4
(問題：p.141)

参考ページ
p.122

$\dfrac{9}{2}$

放物線 $y = -x^2 + 3x$ は x 軸と 0 と 3 の位置で交差しているので、0–3 の範囲の面積を求める。

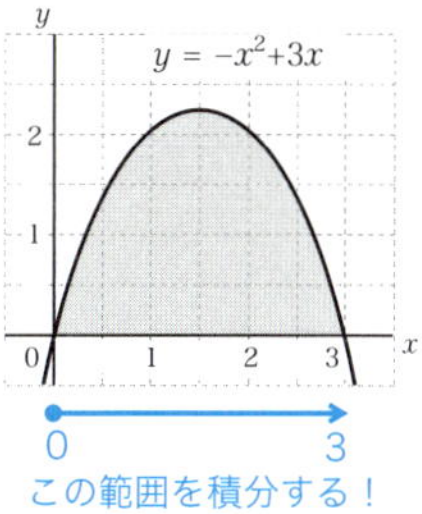

定積分の式にすると、$S = \int_0^3 (-x^2 + 3x)\,dx$

したがって、
$$\int_0^3 (-x^2 + 3x)\,dx = -\int_0^3 x^2\,dx + 3\int_0^3 x\,dx$$
$$= -\left[\frac{1}{3}x^3\right]_0^3 + 3\left[\frac{1}{2}x^2\right]_0^3$$
$$= -\frac{1}{3}\left[x^3\right]_0^3 + 3\times\frac{1}{2}\left[x^2\right]_0^3$$
$$= -\frac{1}{3}(3^3 - 0^3) + \frac{3}{2}(3^2 - 0^2) = -\frac{1}{3}\times 27 + \frac{3}{2}\times 9 = -9 + \frac{27}{2}$$
$$= -\frac{18}{2} + \frac{27}{2} = \frac{9}{2}$$

構造力学の問題

問題 1
(問題：p.142)

参考ページ
p.126〜p.129

$30\,\text{kN}\cdot\text{m}$

① 反力を求める式は？（力の合計 = 0）
$$12 - (V_A + V_B) = 0$$

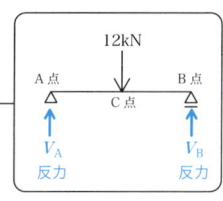

② A 点のモーメントを計算すると、反力 V_B が求められる！
（モーメントの合計 = 0）
$$-V_B \times 10 + 12 \times 5 = 0$$
$$10 V_B = 60$$
$$V_B = 6\,\text{kN}$$

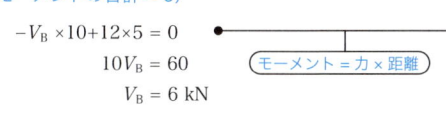

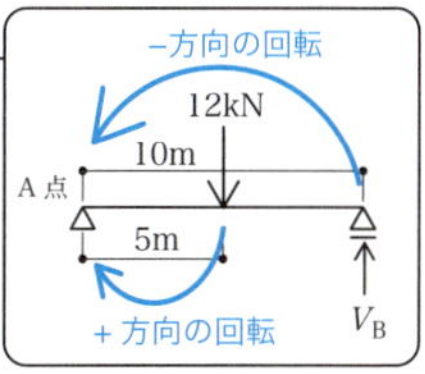

③ C 点の曲げモーメントは？
部材の変形方向を考えると、曲げモーメントの符号は + になる。(p.128 参照)
$$M = +V_B \times 5 = +6 \times 5 = +30$$

したがって、曲げモーメントの値は、$30\,\text{kN}\cdot\text{m}$

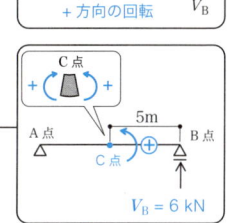

問題 2

(問題：p.142)

参考ページ
p.126〜p.129

54kN・m

① 等分布荷重を集中荷重に変換する。(p.129 下参照)

$$3\text{kN/m} \times 12\text{m} = 36 \text{ kN}$$

② 反力を求める式は？ (力の合計 = 0)

$$36 - (V_A + V_B) = 0$$

③ A点のモーメントを計算すると、反力 V_B が求められる！
(モーメントの合計 = 0)

$$-V_B \times 12 + 36 \times 6 = 0$$
$$12 V_B = 216$$
$$V_B = 18 \text{ kN}$$

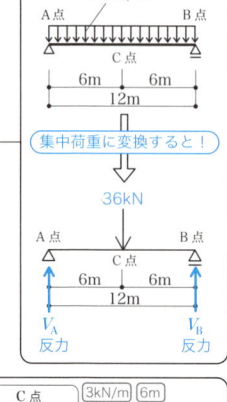

④ C点の曲げモーメントは？

部材の変形方向を考えると、曲げモーメントの符号は + になる。(p.128 参照)

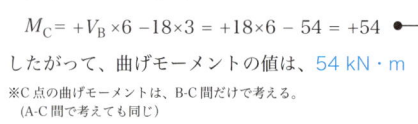

$$M_C = +V_B \times 6 - 18 \times 3 = +18 \times 6 - 54 = +54$$

したがって、曲げモーメントの値は、54 kN・m

※C点の曲げモーメントは、B-C間だけで考える。
(A-C間で考えても同じ)

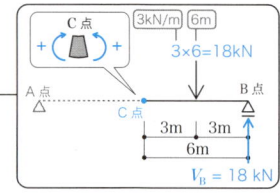

問題 3

(問題：p.142)

参考ページ
p.136〜p.137

500cm⁴

中立軸と図心軸が一致しているので、
断面二次モーメントの公式 (p.137 ③(1)) より、

断面二次モーメント $I = \dfrac{bh^3}{12} = \dfrac{6 \times 10^3}{12} = 500\text{cm}^4$

断面二次モーメントの単位は 4 乗になる！
(p.136 参照)

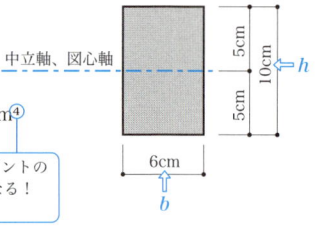

8章 グラフ

問題 1

(問題：p.155)

参考ページ
p.144

グラフは右図（ブルーのライン）を参照

$y = 2x$ のグラフを考えると、
　$x = 1$ のとき、$y = 2$
　$x = -1$ のとき、$y = -2$
したがって、グラフはグレーのラインになる。

⇩

$y = 2x - 2$ は、$y = 2x$ のグラフに対して、y 軸方向に 2 下がるので、グラフはブルーのラインになる。

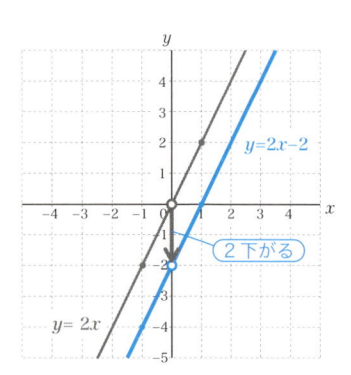

問題2

(問題：p.155)

参考ページ
p.144
p.151

グラフは右図（グラフ１のブルーのライン）を参照

① 4　② −1

問題１と同様に、$y=x+2$ は、
$y=x$ のグラフに対して、
y 軸方向に２上がるので、グラフはブルーのラインになる。（グラフ１）

⬇ 最大値、最小値は？

x の範囲が −3 以上２以下なので、
グラフ２より、
最大値 = 4、最小値 = −1

※ x の範囲の最大値の２と最小値の−3 を $y=x+2$ の式の x にそれぞれ代入しても求めることができる。

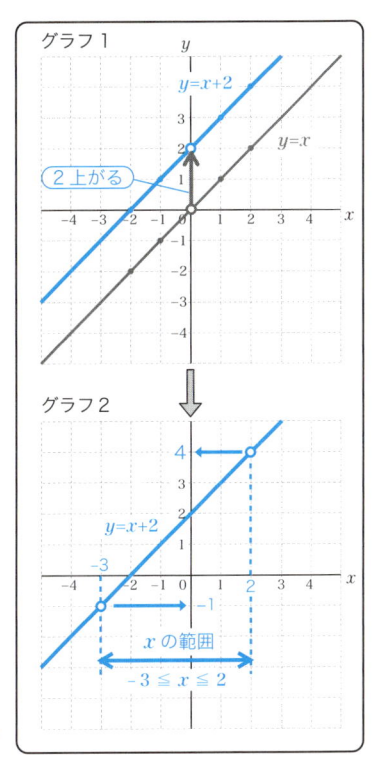

グラフ１

$y=x+2$
$y=x$
２上がる

グラフ２

$y=x+2$
x の範囲
$-3 \leqq x \leqq 2$

問題3

(問題：p.156)

参考ページ
p.146
p.152

グラフは右下図（グラフ１のブルーのライン）を参照

① なし　② 1

$y=x^2$ のグラフは、
$x=1$ のとき、$y=1$
$x=2$ のとき、$y=4$
$x=-1$ のとき、$y=1$
$x=-2$ のとき、$y=4$
したがって、グラフはグレーの放物線になる。

⬇

$y=x^2+1$ は、$y=x^2$ のグラフに対して、
y 軸方向に１上がるので、グラフはブルーのラインになる。（グラフ１）

⬇ 最大値、最小値は？

グラフ２より
最大値は無限に大きくなるのでなし、
最小値は放物線の頂点になるので１になる。

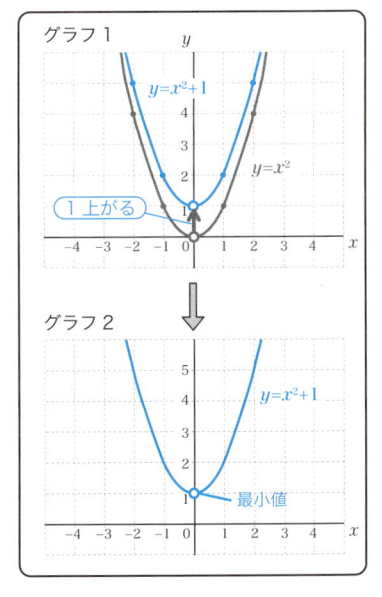

グラフ１

$y=x^2+1$
$y=x^2$
１上がる

グラフ２

$y=x^2+1$
最小値

解答と解説

問題 4

(問題：p.156)

参考ページ
p.146〜p.147
p.150

グラフは右図（グラフ2）参照

① 2   ② −1

$y=-\frac{1}{2}(x-1)^2-1$ のグラフは、$y=-\frac{1}{2}x^2$ のグラフを、 x 方向に 1、y 方向に −1 に平行移動したもの。

⇩

$y=-\frac{1}{2}x^2$ のグラフは、

$x=1$ のとき、$y=-\frac{1}{2}$

$x=2$ のとき、$y=-2$

$x=-1$ のとき、$y=-\frac{1}{2}$

$x=-2$ のとき、$y=-2$

したがって、グラフは放物線になる。

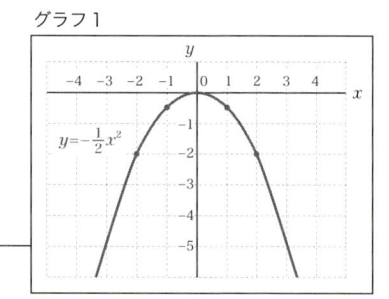

グラフ 1

$y=-\frac{1}{2}x^2$

⇩

x 方向に 1、y 方向に −1 平行移動させると？

グラフ 2

$y=-\frac{1}{2}(x-1)^2-1$ 頂点 (1、−1)

$x=-1$ と $x=2$ の場合の傾きは？

⇩

傾きを求めるために式を微分する。

まず、式を展開すると、

$y = -\frac{1}{2}(x-1)^2-1 = -\frac{1}{2}(x^2-2x+1)-1$
$= -\frac{1}{2}x^2+x-\frac{1}{2}-1 = -\frac{1}{2}x^2+x-\frac{3}{2}$

⇩ したがって、

$y = -\frac{1}{2}x^2+x-\frac{3}{2}$ を微分すると、

$y' = -\frac{1}{2}\times 2x+1-0 = -x+1$

⇩

傾きを求めたい位置の x の値を上式に代入すると、

$x=-1$ の場合の傾きは、$-(-1)+1 = 2$

$x=2$ の場合の傾きは、$-2+1 = -1$ となる。

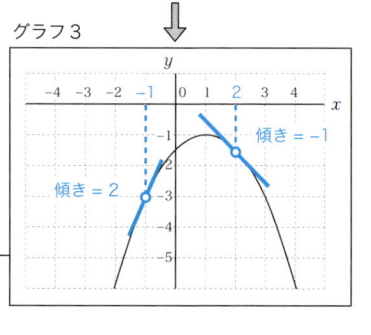

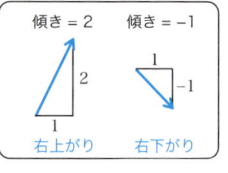

グラフ 3

傾き = 2   傾き = −1

傾き = 2 （右上がり）   傾き = −1 （右下がり）

索　引

【あ】

圧縮力	128
因数分解	48
インチ（in）	9
インテグラル（∫）	117
円グラフ	154
鉛直力	124
黄金比	18
音のレベル	104
帯グラフ	154
折れ線グラフ	154
音圧レベル	10

【か】

外積	40
解の公式	50
加減法	47
傾き	108,110,148
片持梁	123,130
環境	6
関数電卓	12,16
基本単位	20
逆関数	64,82
逆数	17,39
極小	115
極小値	115
極大	115
極大・極小の表	115
極大値	115,138
極大点	138
極値	115
組立単位	20
蹴上げ（けあげ）	41
間（けん）	10
建築基準法	26
建築計画	6
建築面積	27
建ぺい率	28
構造力学	6,124
光束	91
光度	21,91
合力	77,82
国際単位系	21
コサイン（cos）	57
弧度法	88

【さ】

採光	37
最小値	115,151
最大値	115,151
サイン（sin）	57
三角スケール	14
三十三間堂	13
散布図	154
三平方の定理	62
敷地面積	26
軸方向力	127
指数	94,95
自然対数	99
質量（重さ）	21
尺貫法	10
重解	51
集中荷重	129,130
縮尺	14
10進法	61
常用対数	98
真数	98,100
水平面照度	68
水平力	124
数直線	36
図心	134
図心軸	137

ステラジアン（sr）………………………	91
スロープ………………………………………	41
寸法線………………………………………	12
積算…………………………………………	6
積分………………………………………	108,116
接線………………………………………	109
せん断力…………………………………	127,130,131
せん断力図（Q図）…………………………	130
素因数分解…………………………………	49
増減表………………………………………	115
測量…………………………………………	6

【た】

対数………………………………………	94,98
対数軸………………………………………	103
体積…………………………………………	32
代入法………………………………………	46
タンジェント（tan）………………………	57
単純梁……………………………………	123,130
断面一次モーメント………………………	134
断面二次モーメント………………………	136
力のつり合い………………………………	124
中心軸………………………………………	136
坪……………………………………………	10
底（てい）…………………………………	98
定積分……………………………………	117,120
鉄筋比………………………………………	37
展開式………………………………………	42
点光源………………………………………	68
電流…………………………………………	21
導関数………………………………………	111
等分布荷重………………………………	129,130
特定角の三角比……………………………	59
度数法………………………………………	88

【な】

内積…………………………………………	40
なす角………………………………………	62

二次方程式…………………………………	48
ニュートン（N）…………………………	21
布基礎………………………………………	34
熱力学温度…………………………………	21
延べ面積……………………………………	26

【は】

パーセント（%）…………………………	14
白銀比………………………………………	18
柱……………………………………………	34
梁……………………………………………	34
反比例……………………………………	17,145
判別式………………………………………	51
反力…………………………………………	126
比……………………………………………	38
引張力………………………………………	128
比の値………………………………………	38
微分………………………………………	108,109,153
比例………………………………………	17,144
比例式………………………………………	40
フィート（ft）……………………………	9
物質量………………………………………	21
不定積分……………………………………	117
不等式………………………………………	35
踏面（ふみづら）…………………………	41
分力…………………………………………	80
平均地盤面…………………………………	19
平均値………………………………………	19
平均の天井高さ……………………………	19
平方根………………………………………	44
平面角……………………………………	21,88
ヘクタール（ha）…………………………	9
ベクトル……………………………………	72
ベクトルの合成…………………………	73,76
ヘロンの公式………………………………	62
法規…………………………………………	6
棒グラフ……………………………………	154
放物線………………………………………	146

補助単位………………………………………	21

【ま】

間口………………………………………………	13
曲げモーメント……………………	127,128,130,131
曲げモーメント図（M図）……………………	130
無理数……………………………………………	43
面積………………………………………………	32
モーメント………………………………	72,124,125
モジュール………………………………………	11

【や】

ヤード（yd）……………………………………	9
有理化……………………………………………	45
有理数……………………………………………	43
床面積……………………………………………	24
容積率……………………………………………	26
用途地域…………………………………………	27

【ら】

ラジアン（rad）…………………………………	88
立体角……………………………………………	21,91
レーダーチャート………………………………	154
連立方程式………………………………………	46
60進法……………………………………………	61

【わ】

y切片……………………………………………	150
割合………………………………………………	14

■参考文献

・斎藤 斉・高遠 節夫 他 著
　『新訂 線形代数』大日本図書
・上田耕作 著
　『計算の基本から学ぶ 建築構造力学』オーム社
・浅野清昭 著
　『図説 やさしい構造力学』学芸出版社
・原口秀昭 著
　『構造力学 スーパー解法術』彰国社
・原口秀昭 著
　『ゼロからはじめる 建築の［数学・物理］教室』
　彰国社
・岡島孝雄 著
　『イラスト建築数学入門Ⅱ ［完結編］』東洋書店
・小西敏正 監修、中野達也・大貫愛子 執筆
　『超入門 建築数理』市ヶ谷出版社
・矢野健太郎 監修、春日正文 編
　『モノグラフ24 公式集』3訂版、科学新興社

●著者

今村仁美（いまむら さとみ）
1969年生まれ、修成建設専門学校卒業。二級建築士。
1995年 アトリエ イマージュ設立、主宰。
1997～2000年 修成建設専門学校非常勤講師、1999年 関西デザイン造形専門学校非常勤講師、2000～2008年 湖東カレッジ情報建築専門学校非常勤講師を歴任。
著書（共著）に、『図と模型でわかる木構造』（辻原仁美著、2001）、『図説やさしい建築一般構造』（2009）、『図説やさしい建築環境』（2009）、『改訂版 図説やさしい建築法規』（2019）、『住まいの建築計画』（2021）、『住まいの建築設計製図』（2021）（以上、学芸出版社）がある。

大谷一翔（おおたに いっしょう）
1985年生まれ、崇城大学工学部建築学科卒業。
2007～2010年 長野聖二・人間建築探検處勤務、2011年 archestra設立、主宰。

図説 やさしい建築数学

2011年 7月 1日　第1版第1刷発行
2013年 11月 30日　改訂版第1刷発行
2024年 3月 20日　第3版第4刷発行

著　者　今村仁美・大谷一翔
発行者　井口夏実
発行所　株式会社 学芸出版社
　　　　京都市下京区木津屋橋通西洞院東入
　　　　〒600-8216　　tel 075-343-0811
　　　　http://www.gakugei-pub.jp/
　　　　E-mail：info@gakugei-pub.jp

イチダ写真製版／新生製本
装丁：KOTO DESIGN Inc.

© 今村仁美・大谷一翔 2011　　Printed in Japan
ISBN 978-4-7615-2514-9

JCOPY 〈(社)出版者著作権管理機構委託出版物〉
本書の無断複写（電子化を含む）は著作権法上での例外を除き禁じられています。複写される場合は、そのつど事前に、(社)出版者著作権管理機構（電話 03-5244-5088、FAX 03-5244-5089、e-mail: info@jcopy.or.jp）の許諾を得てください。
本書を代行業者等の第三者に依頼してスキャンやデジタル化することは、たとえ個人や家庭内での利用でも著作権法違反です。